ARTISANAT QUÉBÉCOIS

1. Les bois et les textiles

Couverture

- Maquette:
  MICHEL BÉRARD

- Photos:
  DANIEL FYEN
  MUSÉE DU QUÉBEC
  ÉDITIONS FORMART

Maquette intérieure

- Conception graphique:
  MICHEL BÉRARD

- Dessins et croquis:
  CYRIL SIMARD

DISTRIBUTEURS EXCLUSIFS:

- Pour le Canada
  AGENCE DE DISTRIBUTION POPULAIRE INC.,*
  955, rue Amherst, Montréal H2L 3K4, (514/523-1182)
  * Filiale du groupe Sogides Ltée

- Pour l'Europe (Belgique, France, Portugal, Suisse,
  Yougoslavie et pays de l'Est)
- OYEZ S.A. Muntstraat, 10 — 3000 Louvain, Belgique
  tél.: 016/220421 (3 lignes)

- Ventes aux libraires
  PARIS: 4, rue de Fleurus; tél.: 548 40 92
  BRUXELLES: 21, rue Defacqz; tél.: 538 69 73

- Pour tout autre pays
  DÉPARTEMENT INTERNATIONAL HACHETTE
  79, boul. Saint-Germain, Paris 6e, France; tél.: 325.22.11

Cyril Simard

ARTISANAT QUÉBÉCOIS

1. Les bois et les textiles

LES ÉDITIONS DE L'HOMME*

CANADA: 955, rue Amherst, Montréal 132
EUROPE: 21, rue Defacqz — 1050 Bruxelles, Belgique

*** Filiale du groupe Sogides Ltée**

2

© 1975 LES ÉDITIONS DE L'HOMME LTÉE

TOUS DROITS RÉSERVÉS

Bibliothèque nationale du Québec
Dépôt légal — 4e trimestre 1975

ISBN-0-7759-0478-3

Sommaire

à Monique,

Marie-Eve,
Dominique
et Marisol

Baie Saint-Paul
Charlevoix. 75

Remerciements

Cet ouvrage de synthèse s'est fait avec l'appui d'une bonne équipe ... et la façon m'a été indiquée clairement par Mgr Félix-Antoine Savard, il y a dix ans, à l'occasion du premier festival de Baie-Saint-Paul. Je l'ai suivi comme tant d'autres Québécois à qui il a permis de se découvrir eux-mêmes à travers leur milieu, leur environnement, leur monde, et *d'en être fier.* Il m'a ouvert les yeux sur les belles choses créées par « la main de l'homme », tout au long de mon cheminement personnel, que ce soit à Baie-Saint-Paul, à la faculté de l'Aménagement de l'Université de Montréal ou à la Centrale d'artisanat du Québec. Je rends hommage à ce grand homme et je le remercie de tout coeur de me faire l'honneur de signer la préface de cet ouvrage. Un jour, je lui offrirai une belle catalogne tissée par ma mère!

Plus tard, j'ai rencontré des centaines et des centaines d'artisans, j'ai discuté avec eux de forme et de fonction, de la beauté de leur métier et de leurs problèmes. J'ai aussi rencontré un large public qui m'a demandé de parler de l'artisanat, des artisans et de leurs créations. C'est ainsi que s'est développé chez moi ce goût de diffuser les belles choses, de faire connaître les gens qui les font et d'apprécier les contributions importantes de nombreuses associations comme celles des fermières, de l'A.F.E.A.S., de la ceinture fléchée, des sculpteurs de Saint-Jean-Port-Joli, des métiers d'art et de plusieurs autres groupements sociaux, culturels ou professionnels qui s'enracinent depuis quelque temps à la grandeur du territoire, comme pour défendre notre intégrité culturelle.

Je veux aussi remercier collectivement les artisans, pour le bagage de connaissances qu'ils m'ont apporté et que je veux transmettre à un plus grand nombre d'intéressés. Je suis bien conscient que cette esquisse sera incomplète, car ni plan ni devis ne sauraient décrire avec précision et justice ces hommes et leurs oeuvres, ces témoignages incalculables qui parlent d'amour, de terre et de pays.

Au cours de ce long cheminement, Michel Lessard et Huguette Marquis, auteurs bien connus, m'ont toujours appuyé. Ils ont été, par leur contribution à la « québécité », un exemple et une source d'inspiration dès la publication de leur ouvrage. Ils ont dû en convaincre bien d'autres, puisqu'ils ont diffusé plus de 100,000 volumes en quatre ans. Ils contribuent désormais à maintenir un réseau de communications et d'entraide entre de nombreux chercheurs, signe d'une interdépendance féconde et possible entre les différentes disciplines qui touchent notre environnement.

Yves Laframboise, de la direction du patrimoine du ministère des Affaires culturelles, ainsi que Thérèse Latour, conservatrice en ethnologie, du Musée du Québec, Robert Langevin, de la direction des musées régionaux, auront permis à de nombreux Québécois de voir et de comprendre davantage leur patrimoine à cause des précieuses informations qu'ils ont recueillies et m'ont communiquées. Mes remerciements s'adressent également à l'Editeur du Québec, M. Charles-Henri Dubé.

Des hommes de la distinction de Jean Sarrazin, directeur de la revue *Forces*, Armour Landry, président de la Société historique de Montréal, Paul Imbeau, ingénieur et conseiller en administration et Guy Landry, du Conseil des arts populaires du Canada, m'ont apporté leurs conseils spécialisés d'hommes au service de la communauté.

En m'ouvrant ses studios, depuis quatre ans, Télé-Métropole m'a permis, chaque jeudi dans le cadre de l'émission « Pour vous mesdames », de rejoindre près de 200,000 auditeurs et de leur présenter quelque deux cents artisans du Québec. A « Mains habiles », grâce à l'intelligence et au raffinement de Nicole Germain et à l'esprit d'équipe de la réalisatrice Rolande Morin, j'ai pu établir un contact direct avec un grand nombre de gens de divers milieux. En les écoutant, j'ai pu comprendre leurs préoccupations et j'ai cherché dans ce volume à répondre aux questions les plus fréquemment exprimées.

Dans le même sens, la chronique mensuelle « Artisanat Québec » que je tiens dans la revue *Décormag* m'a également permis de rejoindre un autre public, grâce à la collaboration soutenue de Ginette Gadoury, Claude Béland, Marcelle Paré, Jean Lessard et Daniel Fyen.

Enfin, le dévoué personnel de la Centrale d'artisanat du Québec, en contact permanent avec le public et les artisans autant à Montréal qu'à Québec, m'a continuellement apporté des commentaires et des informations constructives sur la production artisanale. Depuis cinq ans déjà, le soutien et la compétence de Louise Bonneterre, Aline Jarry, Rose Tanguay, Emma Giroux, Georgette Jobin, Gilberte Pelt, Denise Gatien, Nicole Maheux et de tous les autres ont créé une solidarité et un esprit de confiance réciproque dont je leur suis reconnaissant. Je remercie tout particulièrement M. Gilles Huot, c.a., directeur des services administratifs de la maison, pour qui j'ai tant d'estime. Mes remerciements rejoindront aussi les membres du Conseil d'administration et spécialement M. René Buisson, président, qui a toujours manifesté pour les artisans du Québec un très grand respect et une haute considération.

Les principaux recherchistes et conseillers qui ont collaboré à la réalisation de cet ouvrage sont les suivants et je les remercie pour leur exceptionnelle collaboration.

Bois sculpté

CONSEILLERS: — Léo Gervais, sculpteur et auteur de Montréal.
— Alphonse Paré, sculpteur de Sainte-Anne-de-Beaupré.

COLLABORATEUR: — Jocelyn Caron, sculpteur et industriel de Saint-Jean-Port-Joli.

Mobilier

RECHERCHISTES: — Gisèle B. Olivier et Claude Olivier des Artisans du meuble québécois du Vieux-Montréal.

CONSEILLERS: — J.-Roland Morrissette, artisan-menui-
                     sier, Le Bahutier de Saint-Hyacinthe.
                   — Mathieu Kaden, designer pour Meu-
                     bles Tella.
                   — Jean-Pierre Gadoury, architecte, pré-
                     sident de D.Q.B.
COLLABORATEUR: — Jacques Roy, designer, Design et
                     Communications.

Les jouets

CONSEILLERS: — François Ladouceur, designer.
                   — Madeleine Saucier, concepteur de
                     Montréal.
                   — Yves Bélanger, Réjean Fiset et Jean
                     Lambert, du Bureau fédéral de la
                     protection du consommateur.
COLLABORATEUR: — Line Desjardins, concepteur de Mont-
                     réal.

Les teintures végétales

RECHERCHISTE: — Soeur Pauline Roy, artisane et auteur,
                     Congrégation Notre-Dame, Montréal.
CONSEILLERS: — Paulette-Marie Sauvé, artiste-lissier de
                     Montréal.
                   — Madame Arsène Simard, artisane de
                     Baie-Saint-Paul, comté de Charlevoix.
                   — Monsieur François-Xavier Simard, ar-
                     tisan de Saint-Hilarion.

Le fléché

RECHERCHISTE: — Monique Leblanc, artisane et auteur
                     de Brossard.
CONSEILLERS: — Lucie Lavigne, artisane et auteur de
                     Montréal.

14

— Françoise Bourret, artisane et auteur de Ville Saint-Laurent.
— Thérèse Brousseau, artisane de Longueuil.

Les techniques de récupération
(courtepointe, patchwork, etc.)

RECHERCHISTES:
— Marthe Fleury-Bourassa, artisane et directrice de la boutique Le Vieux Comptoir, de Boucherville.
— André Bourassa, professeur d'art.

CONSEILLERS:
— Lucien Desmarais, tisserand et auteur de Montréal.
— Madame Aimée Simard de Baie-Saint-Paul, Charlevoix.
— Madame François-Xavier Simard de Baie-Saint-Paul, Charlevoix.

COLLABORATEURS:
— Françoise Gaudet-Smet, journaliste et auteur, de Nicolet.
— Georges-Edouard Tremblay, de Pointe-au-Pic, Charlevoix.

Le macramé

RECHERCHISTE:
— Abbé Jacques Laroche, secrétaire de la Commission d'art sacré du diocèse de Saint-Jean-de-Boucherville.

CONSEILLERS:
— Lucette Galipeau, artisane et auteur de Longueuil.
— Murielle Dion, artisane et auteur de Longueuil.
— Paulette Hervieux, artisane et auteur de Laval.

15

Le batik

RECHERCHISTES: — Arlette Carreau-Kingwell, professeur d'art à Montréal.
                   — Denise Landry-Aubin, artiste-professeur et directrice de la boutique Le Bastion, de Laprairie.

CONSEILLERS: — Thérèse Brassard, émailliste de Québec.
                   — André Gauvreau, artisan et professeur de Montréal.
                   — Soeur Jeannette Girard, professeur d'art à Saint-Césaire.

Le tissage

RECHERCHISTE: — Soeur Cécile Auger, c.n.d., professeur d'art dans le Vieux-Montréal.

CONSEILLERS: — Carole Simard-Laflamme, artiste-lissier de Saint-Lambert.
                   — M. et Mme François-Xavier Simard de Saint-Hilarion.
                   — Mme Arthur Desgagné, artisane de l'Ile-aux-Coudres.
                   — Mme Lionel Simard de Baie-Saint-Paul, Charlevoix.
                   — Mme Rita Fortin-Simard, de Baie-Saint-Paul, Charlevoix.

COLLABORATEURS: — Lucien Desmarais, tisserand et auteur de Montréal.
                   — Robert Leclerc, président des Métiers Leclerc de L'Islet.
                   — Claude Clément, des Métiers Clément de Saint-Justin.

La tapisserie

RECHERCHISTE: — Carole Simard-Laflamme, artiste-lissier de Saint-Lambert.

16

CONSEILLER: — Lucien Desmarais, tisserand et auteur de Montréal.

COLLABORATEURS: — Denise Beaudin, tisserande et auteur de Saint-Lambert.
— Suzelle Carle, directrice de la Boutique Soleil de Montréal.
— Mariette Rousseau-Vermette, artiste-lissier et auteur de Sainte-Adèle.

Je veux remercier d'avance toutes les personnes qui collaboreront aux deux prochains volumes et dont on trouvera la mention au début des ouvrages en préparation. Leurs conseils et leur collaboration m'ont aidé à préparer l'ouvrage en entier. Dans cette veine, je remercie Jacques Laurin, qui m'a convaincu d'écrire ces ouvrages, René Bonenfant et Huguette Laurent, des Editions de l'Homme, qui ont été de solides conseillers, assistés par le dévouement et la compétence de Colette Pilon, à la coordination des textes, et de Michel Bérard, à la réalisation graphique, qui a dû supporter mes caprices d'artiste. Quant à Pierre L'Espérance, président des Editions de l'Homme, son enthousiasme fut un soutien pour l'équipe.

Les nombreuses photos qui illustrent cet ouvrage ont été réalisées par Daniel Fyen, Armour Landry, Jean Mercier et Patricia Ling. D'autres sont dues à la courtoisie d'éditeurs ou de maisons reconnues comme La Boutique Soleil, Le Rouet, la galerie La Relève et *Décormag*. La participation du Gouvernement du Québec, qui a été assurée par l'intermédiaire des Services de l'inventaire des biens culturels, de la Bibliothèque nationale, du Musée du Québec, de la Centrale d'artisanat du Québec et de l'Editeur du Québec, pour les Editions Formart, nous a été d'un grand secours. Un bon nombre de photos, de dessins et de croquis nous ont été fournis par des artisans et des créateurs qui voulaient s'associer à notre travail et nous les en remercions.

Je veux aussi remercier Madame Germaine Brassard-Dumas pour son patient travail de dactylographie et pour les précieux conseils qu'elle m'a donnés lors du déchiffrage du premier manuscrit; Manon Charest a assumé la relève avec autant de courage pour les deuxième, troisième et quatrième versions du texte.

La version finale a été revisée par Hélène Ouvrard, bien connue dans le milieu des artisans pour sa participation à l'excellente collection « Initiation aux Métiers d'art du Québec », publiée par les Editions Formart. Elle a apporté à ce travail ses connaissances techniques et son expérience professionnelle d'écrivain.

A Carole Simard-Laflamme, je veux témoigner ma gratitude pour la collaboration technique, les recherches continuelles et les expériences pratiques qu'elle a dû faire pour moi dans le domaine du tissage et de la tapisserie afin d'illustrer certaines parties de ce projet. A Soeur Cécile Auger, de la Congrégation Notre-Dame, et à Monique Leblanc, je me dois de témoigner cette même reconnaissance pour leur inlassable dévouement dans les techniques du tissage et du fléché. Enfin, je veux m'excuser auprès de nombreuses personnes dont nous ne pouvions, à regret, mentionner les noms, mais qui au cours de conversations m'ont exprimé leurs idées.

A ma femme Monique et à mes trois filles, Marie-Eve, Dominique et Marisol, je promets maintenant des soirées, des fins de semaine et des vacances avec un père ... au bout de la table, puisque les deux prochains ouvrages consacrés principalement aux arts du feu et à l'art amérindien (esquimaux et indiens) sont presque terminés et prêts à être mis sous presse très prochainement.

Montréal, le 6 octobre 1975

Cher Monseigneur Savard,

J'ai besoin que vous me tendiez la main, ... cette main de l'homme et de l'artisan dont vous m'avez parlé avec tant de respect. D'autres doivent entendre ces paroles.

L'ouvrage que j'ai entrepris est justement pour tendre la mienne à tant d'autres qui ont besoin de retrouver des objets beaux et utiles qui s'inscrivent dans la lignée de l'ancêtre, de notre identité collective et de notre dépassement.

Mon ouvrage est un livre de "vulgarisation". Il n'est pas prétentieux, je l'espère, car il est fait dans un esprit de service sous le thème de "la belle ouvrage", thème de réconciliation entre ceux qui se disent professionnels ou amateurs. Ce volume sera aussi facile à consulter, car il est présenté méthodiquement avec beaucoup de croquis et d'illustrations pour mieux communiquer ce que tant d'artisans m'ont appris de leur noble métier.

"Tous ces artisans attendent tout de leurs mains,
chacun d'eux est sage en son métier
Sans eux tous, nulle ville ne serait bâtie
ni habitée, ni fréquentée.....
...Mais ils maintiennent les choses en ce
monde " (Ecclésiastique, 38, 25-39)

Je vous serais donc reconnaissant de préfacer cet ouvrage et de nous y introduire en homme de Charlevoix.... car vous êtes l'étoffe du pays.

Sincèrement
Guffinard

Préface de
Mgr Felix-Antoine Savard

Bas-relief représentant Mgr Félix-Antoine Savard, exécuté par le sculpteur Alphonse Paré, de Sainte-Anne-
de-Beaupré.

Il me fait grand plaisir de préfacer ce très utile et complet ouvrage sur l'artisanat québécois. Ayant heureusement vécu, comme l'auteur, au milieu des nobles artisans et artisanes de Charlevoix, j'ai été à même de comprendre et d'apprécier ce que représentent de vital pour un pays les métiers traditionnels. Ils font intégralement partie des ressources profondes, élémentaires qui assurent la durée de notre peuple.

Pour s'en convaincre, il n'est que de lire le savant ouvrage de mon ami Pierre Deffontaines: L'Homme et l'Hiver au Canada. (Collection géographie humaine, dirigée par l'auteur, éditée à Paris en 1957 par la librairie Gallimard).

On ne peut, en effet, parler d'artisanat sans connaître sa continuité historique. On constate alors combien dures ont été les conditions primitives que nos Pères ont dû affronter pour survivre à l'austère climat d'un pays si nouveau et si étrange pour eux.

Les multiples nécessités de la vie: nourriture, maison et mobilier, chauffage, vêtements et outils de travail ont alors développé un courage à toute épreuve et un génie artisanal qui émerveille encore. Il n'est que de voir certaines collections du XVIIe siècle. Le cri vainqueur de l'intendant Talon: « J'ai de quoi me vêtir

21

des pieds à la tête » résume l'ingéniosité multiforme et inventive de nos Pères.

Tous ces humbles objets nés de la vie pour la vie, parlent encore. La plupart éparpillés et relégués dans l'ombre, ils mériteraient d'être rassemblés dans un musée de nos traditions populaires. Avec nos chansons et nos contes, ils compléteraient, pour l'étonnante histoire de notre civilisation, le saint témoignage de nos vieilles églises, là où, pour la gloire de Dieu, architectes, sculpteurs, orfèvres, « saintes artisanes » dixit Marius Barbeau, ont élevé l'artisanat au niveau du grand art sacré.

Un souvenir me revient ici de mon temps de curé. Il me plaît de l'évoquer. Alors que, pour la nouvelle paroisse de Clermont, en Charlevoix, nous essayions de construire un baldaquin d'autel avec quelques débris mutilés de l'ancienne église de La Malbaie, je découvris sous les sculptures, rinceaux et chapiteaux de la frise . . . Mais quoi donc? Des signatures cachées là par des maîtres de la gouge et du ciseau dont, hélas, on a perdu les noms. Ces signes discrets et pieux comme une prière révèlent la qualité d'âme de nos artisans-artistes d'autrefois.

Mais au XVIIIe siècle, le machinisme est venu. Il a fonctionné lentement d'abord puis, dès le dix-neuvième, s'est ouverte toute grande l'ère industrielle et commerciale où nous sommes aujourd'hui.

Un texte du grand philosophe Henri Bergson me revient ici en mémoire: « Sans contester, écrit-il, les services que le machinisme a rendus aux hommes en développant largement les moyens de satisfaire des besoins réels, nous lui reprocherons d'en avoir trop encouragé d'artificiels, d'avoir poussé au luxe, d'avoir favorisé les villes au détriment des campagnes . . ., et transformé les rapports entre le patron et l'ouvrier, entre le capital et le travail. » (Bergson, Deux sources morale et religieuse, page 327.)

On peut, en somme, reprocher à notre machinisme d'avoir mécanisé l'homme. Les troubles ouvriers d'aujourd'hui, exploités par des manoeuvriers de tout poil et de toute allégence, les grèves à la chaîne n'ont point le salaire comme cause unique. Ces phénomènes alarmants sont des signes que l'homme usiné s'ennuie, et que la partie la plus noble, j'allais dire la plus humai-

22

ne de son être n'est plus dans un travail qu'il n'a pas conçu. Travail devenu machinal, compliqué de servitudes et sans ces motivations profondes, naturelles que les calmants industriels, grèves, contestations, violences, ne sauraient apaiser.

J'ai toujours pensé qu'à moins d'être définitivement et lamentablement sclérosé, le travail de l'homme normal se pratique sur deux plans: sur celui du gagne-pain ou salaire et sur un plan beaucoup plus haut où travaillent et protestent parfois les irréductibles puissances créatrices, lesquelles puissances innées, tandis que l'artisanat naturel les libère, le machinisme les asservit.

Ce grave phénomène, et pour me servir d'une expression latine, cette diminutio capitis, devait provoquer une salutaire réaction. Ce livre en témoigne. Contre ceux qui refusent le passé parce qu'ils ne le connaissent pas, j'estime qu'il n'est heureusement jamais mort. Il vit dans la mémoire du présent non comme simples et inertes bibelots mais comme une force énergétique poussant l'homme dans le sens de la continuité. C'est dire que l'artisanat d'aujourd'hui est une oeuvre à la fois psychologique et nouvelle de retour, même s'il emprunte des techniques modernes, même s'il invente, comme il le doit, des formes nouvelles.

Il a pris grande valeur marchande. Les maisons de style traditionnel, leur meublant et même leurs menus bibelots sont recherchés et se vendent à haut prix. Ce qu'on aime y retrouver, c'est le signe pensé et paisible de l'homme, c'est son histoire,

c'est une matière à d'infinies réflexions souvent nostalgiques. En bref, c'est un retour vers la civilisation dont nous sommes issus et qui respectait la subordination de l'homme à Dieu, du corps à l'âme et de l'expédient au principe.

Les innombrables bibelots, la plupart d'une parfaite banalité, dont la machine a inondé les comptoirs n'ont donc pas tué les oeuvres de la main de l'homme, de ce mystérieux et admirable homo faber qu'Aristote définissait comme un être ayant une intelligence et des mains. Et c'est ainsi que l'artisanat s'est mis à revivre un peu partout dans notre pays.

En 1961, alors que je fréquentais Oscar Bériau, Jean-Marie Gauvreau, fondateur de l'Ecole du Meuble et le grand folkloriste Marius Barbeau, et que j'étais tout impressionné par le travail de mon Cercle de Fermières, je dirigeai, avec l'aide financière d'un bon ami, une enquête sur l'artisanat dans Charlevoix. Elle était surtout motivée par le chômage qui sévissait alors à l'état endémique. Elle fut conduite par mademoiselle Huguette Dufour, diplômée de l'Ecole du Meuble.

Je rédigeai un mémoire. J'avais consulté des artistes. J'en résume les conclusions: les talents étaient nombreux; l'intérêt porté à l'artisanat était encore très vif, chez les femmes surtout intéressées tout particulièrement au tissage domestique. Nous réclamations l'organisation de centres et comptoirs régionaux, la tenue d'expositions ambulantes pour l'évocation du goût, pour le rajeunissement des idées créatrices menacées par la routine, vu la répétition des mêmes formes. Mais ce mémoire tendu comme une main fraternelle vers des mains d'oeuvre qui languissaient n'eut, hélas, aucun écho.

Je persiste quand même à croire que ce problème de l'artisanat est actuel et d'une importance peut-être aussi grande que celle de la grande industrie mécanisée. Parce qu'il intéresse d'innombrables talents demeurés inertes et obscurs et d'innombrables forces que notre économie condamne à l'oisiveté et aux secours improductifs de l'Etat.

Parce que, de plus, il est aussi un problème . . . d'âme!

On s'étonnera, peut-être, que je parle d'âme dans les oeuvres de l'artisanat. Hé! oui. Quelque chose de spirituel émane de cette matière qu'ont travaillée les mains, mais aussi l'esprit et le coeur de l'homme et de la femme.

Pénélope à son métier, que tisse-t-elle le jour? que détisse-t-elle la nuit? Durant la cruelle et trop longue absence de son époux, pour déjouer les prétendants, c'est son amour, c'est sa fidélité, son espoir, c'est son Ulysse qu'elle entrelace inlassablement dans sa laine.

Et chez nous, on ne saura jamais au juste ce que tant et tant de femmes ont inséré de leur être dans ces couvre-pieds de lit, et dans ces belles catalognes que les grands peintres impressionnistes n'auraient pas méprisées, et même dans ces tissus où nos fermières économes fabriquaient du neuf avec du vieux, comme si le texte un peu usé des vieilles étoffes repartait avec chaleur vers une vie nouvelle où s'entremêlaient harmonieusement le passé et l'avenir.

Ces mystérieux, ces ineffables rapports entre la matière et l'esprit et le coeur m'avaient vivement frappé lorsqu'au milieu des paysans et des coureurs-de-bois de Charlevoix, j'écrivis Menaud. On me permettra de citer:

... Marie s'était rassise à son métier.

Et l'on n'entendit plus que le frappement du ros qui tassait la tissure entre les fils de la chaîne.

Leur rythme la berçait de droite à gauche. De ses deux bras harmonieusement levés l'un après l'autre, elle semblait battre la mesure à quelque mystérieuse musique, cependant qu'à la trame de cette lourde étoffe grise, elle insérait toute la chaleur de son être pour son père, pour Jason qu'elle protégerait ainsi contre le froid qui glace là-bas le coeur des hommes.

Et c'était sa manière à elle de dire à chaque coup de marchette: « Une race qui ne sait pas mourir! »

... Elle ouvrit la grande armoire, et, ses mains croisées, contempla religieusement les hautes piles du beau linge.

... Marie sortit, pieusement, avec des caresses, les couvertures grises aux larges bordures pourpres, puis les lourdes catalognes barrées où, par bandes, sa mère avait étalé

*la couleur des paysages et des saisons: du bleu de montagne,
du jaune de blé mûr, et, entre deux, de larges quartiers tout
blancs comme les champs de neige de son pays . . .*

*. . . Menaud va, vient autour de sa cabane, cherchant à
libérer les désirs captifs qui le battent de leurs élans.*

*Il a repris son travail de la veille, ne trouvant d'autre
réponse que celle-là.*

*Patiemment, suivant le rite hérité des ancêtres, il lace
les nerfs de ses raquettes. Ainsi apaise-t-il sa tête peuplée
d'idées en marche par des gestes d'artisan qui signifient
volonté de conquête et passion de libre espace.*

Il noue, il entrecroise.

*Il célèbre, en fredonnant, ce lacis de nerfs et de force
avec lequel ses Pères ont battu les neiges qui, depuis trois
cents ans sont tombées du ciel, ce signe de leur victoire
sur le champ rigoureux des hivers infinis . . .*

*En terminant j'émets un voeu que ce livre m'a inspiré: veuille
notre Ministre des Affaires culturelles déjà, je crois, gagné à cette
cause de notre artisanat québécois, créer une sorte d'office ou
sous-ministère afin de promouvoir jusque dans nos plus humbles
campagnes cet art traditionnel où notre race a trouvé l'expression
de son génie et de sa liberté!*

Félix-Antoine Savard, ptre.

novembre 1975

Introduction

C'est sous le titre de « La belle ouvrage » que devait être publié l'ensemble de ces trois volumes, car cette expression de chez nous est témoin de certains liens entre le passé et le présent, entre le professionnel et l'amateur, ce qui me plaît en terme de convergences.

Malheureusement, les expressions « faire du bel ouvrage » et « la belle ouvrage », utilisées au temps des saintes artisanes de Barbeau, et qui traduisaient le culte de l'ouvrage bien fait, ne font plus partie de notre langage populaire actuel.

Comme l'objectif premier de cet ouvrage est de rejoindre le plus grand nombre de gens possible pour leur parler d'artisans, de racines et de production actuelle, je m'en suis tenu à la désignation populaire actuelle qui englobe sous le nom d'ARTISANAT tout ce qui touche la main de l'artisan d'hier et d'aujourd'hui.

En respectant davantage le verdict populaire et en utilisant le mot ARTISANAT, dans son sens large, j'ai pensé qu'on identifierait plus facilement le contenu de ce livre.

Pour articuler davantage ma pensée, j'ai tenté d'établir une classification qui m'apparaît refléter la situation actuelle car le mot artisanat recouvre des réalités bien différentes selon que l'on se réfère aux productions et aux types d'artisans du passé ou du présent.

Artisanat québécois

Par rapport au mode d'expression	Par rapport à la conception et à la réalisation	
Catégories de production	**Types d'artisans**	

—TRADITIONNELLE
 	
A) d'expression populaire
 	
Réalisation sans règle définie et née de l'expression spontanée d'un individu. Répond en général à des besoins. (Art anonyme)
 	
B) d'expression artisanale
 	
Exécution des objets issus d'une tradition populaire, exigeant un processus d'apprentissage qui se transmet de père en fils
 	
—CONTEMPORAINE
 	
A) de création populaire
 	
Manifestation actuelle de la spontanéité ou de l'activité manuelle du peuple (bricolage, « patentage », etc.)
 	
B) de création artisanale
 	
Forme d'activité en partie intuitive ou soutenue par un métier de base dont les produits n'excluent pas en principe toute considération à fins commerciales et touristiques
 	
C) de création, désignée sous les noms de:
  1. métier d'art,
  2. art artisanal ou
  3. artisanat d'art.
 	
En relation avec la fabrication d'objets adaptés au commerce contemporain.
	—ARTISAN AMATEUR
	
	Forme d'activité en vue du développement de la personne
	
	—ARTISAN CONCEPTEUR ET EXÉCUTANT
	Conception d'une pièce et exécution complète
	
	—ARTISAN CONCEPTEUR
	
	Conception d'une pièce, réalisation du prototype et exécution en petite et moyenne série par des artisans exécutants
	
	—ARTISAN EXÉCUTANT
	
	Exécution d'un prototype réalisé par un autre artisan ou exécution d'une étape du processus complet de fabrication
	
	—ARTISAN « NÉO-DESIGN »
	
	Création ou exécution, en tout ou en partie, par des professionnels intéressés à l'environnement comme:
	  — architectes
	  — designers
	  — décorateurs
	  — ingénieurs
	  — peintres
	  — graphistes
	  — sociologues . . .	

Par rapport au temps et aux revenus	Par rapport à la qualité	Par rapport à l'industrie
Genres d'emplois	**Modes de fabrication**	**Importance de l'atelier**
— PASSE-TEMPS Loisirs	— PIÈCE UNIQUE Aboutissement d'une recherche personnelle matérialisée dans un objet.	— ATELIER ARTISANAL de 1 à 10 artisans approximativement
— DEMI-TEMPS Revenu d'appoint	— PIÈCE DE SÉRIE ARTISANALE de 1 à 100 pièces approximativement	— ATELIER OU PETITE ENTREPRISE de 10 à 50 artisans approximativement
— TEMPS PLEIN Revenu professionnel	— PIÈCE DE SÉRIE SEMI-INDUS-TRIELLE Edition de pièces en quantité illimitée à partir d'un proto-type	— ATELIER OU MOYENNE ENTREPRISE de 50 à 100 artisans approximativement

Le plan de l'ouvrage et la méthode de travail

Le plan que j'ai adopté pour cet ouvrage n'est pas celui d'une oeuvre ethnologique ou d'une histoire de la technologie. Il tient davantage compte des réalités du marché actuel, des secteurs d'activités de ce marché et des besoins pratiques du Québécois. Il est destiné à un grand public afin de l'éclairer rapidement sur les produits et leurs principales caractéristiques et il a pour but de fournir des réponses aux gens de plus en plus intéressés par le marché de l'artisanat. Une présentation simple, claire et classifiée veut rendre le tout facilement accessible à tous. J'espère, entre autres, que les illustrations détaillées rendront compte de ce souci de communiquer et d'être accessible.

Les grands plans de l'ouvrage et de chaque technique ont évidemment été déterminés par l'auteur, après qu'il eût pris connaissance de nombreuses études spécialisées concernant l'un ou l'autre des secteurs touchés. Mais, ont été sélectionnées pour le moment, les techniques les plus connues qui soulèvent le plus de questions et d'intérêt de la part du public. Evidemment, l'élaboration de chacune des techniques mentionnées a nécessité de nombreuses consultations auprès des professionnels du métier, dont on retrouvera les noms au début de l'ouvrage. Ce fut aussi le cas pour tout ce qui concernait la recherche ainsi que la lecture définitive des textes. Il n'en demeure pas moins que le choix des techniques, des artisans et des oeuvres présentées restera toujours plus ou moins subjectif . . . Avec le recul du temps, d'autres noms viendront se greffer à cette fresque qui demeurera sans doute incomplète et probablement, malgré toutes nos précautions, injuste pour quelques-uns . . .

Pour faciliter la consultation, chacune des techniques a été divisée en six volets d'informations que l'on reconnaîtra facilement sous les sigles ou indicatifs suivants:

30

Contribution au développement

— les artisans
— les institutions
— les événements
— l'art populaire et l'artisanat d'art
— l'apparition du design
— les associations professionnelles
— les associations populaires
— les manifestations importantes

Technique

— l'origine de la technique
— la définition de la technique
— le procédé de fabrication
  et le cheminement
— la matière de base
— la classification des techniques
— les outils et accessoires principaux
— le temps d'exécution
— les trucs de métier

Critères d'authenticité et de qualité

— la forme et la fonction
— les mesures standard et les normes
— les principaux produits sur le marché
— l'authentique et le faux
— l'étiquette d'authenticité culturelle
— la perfection de l'exécution
  et la valeur humaine de la solution
— pièce unique, de série artisanale
  ou semi-industrielle

31

**Entretien, conservation
et restauration**

— l'entretien des oeuvres
— leur rangement et leur conservation
— mise en garde et protection
— restauration
— les éléments destructeurs

Lectures suggérées

— pour le professionnel
— pour l'amateur
— pour le spécialiste
— pour le touriste
— pour le débutant
— pour le collectionneur
— pour le connaisseur
— pour le professeur

A voir

— les musées d'Etat
— les musées régionaux
— les expositions permanentes
— les oeuvres d'art dans les endroits
  publics
— les collections étrangères
  facilement accessibles
— les monuments intéressants
— les villes à visiter
— les événements populaires

Chaque technique sera étudiée séparément. On trouvera dans le volet d'informations intitulé « Contribution au développement », les principaux événements qui ont caractérisé l'avancement de chacune de ces techniques. Nous avons tenté d'identifier les groupes importants et les artisans principaux de différentes époques. Nous sommes bien conscients que ce travail n'est pas complet, mais il sera d'une bonne utilité pour ceux qui veulent obtenir une vue générale de l'évolution technologique depuis les premiers temps de notre histoire. Nous avons insisté davantage sur les événements marquants de l'époque actuelle.

A titre de référence, voici les principales étapes chronologiques du développement de l'artisanat québécois.

Quelques étapes importantes du développement de l'artisanat au Québec

1658   Formation de la Confrérie des menuisiers de Dame Sainte-Anne à Québec.

1669   Fondation par Mgr de Laval de la première école d'arts et métiers à Saint-Joachim, près de Québec.

1685   Fondation d'une école d'arts domestiques pour « les Filles du Roy », à la Maison Saint-Gabriel, à Montréal, par Marguerite Bourgeoys, fondatrice de la Congrégation Notre-Dame.

Maison Saint-Gabriel, Pointe Saint-Charles, 1662. Lithographie d'un tableau peint par Paul Caron vers 1898.

Maison actuelle restaurée. (Photo Denis Allaire)

1882   Fondation de la première école d'enseignement ménager à Roberval, par Soeur Saint-Raphaël, ursuline.

1905   Fondation des écoles d'agriculture par Mgr J.-C. Allard, en collaboration avec les religieuses de la congrégation Notre-Dame, à Saint-Pascal de Kamouraska.

1906   Création de *The Canadian Handicraft Guild* (La Guilde canadienne des métiers d'art) à Montréal.

**Guilde
Canadienne
des Métiers d'Art,
Québec**

1915   Fondation des cercles de fermières, par Georges Bouchard et Alphonse Desilets, agronomes.

1929   L'Ecole des arts domestiques est fondée à Québec, à la demande des cercles de fermières, sous l'égide du Service de l'économie domestique du ministère de l'Agriculture. Premier directeur: Oscar-A. Bériau.

Les écoles ménagères régionales ainsi que les écoles ménagères moyennes sont nées de l'initiative de Mgr Albert Tessier.

1934   Lancement du *Journal de l'Agriculture* (150,000 exemplaires), avec chroniques sur l'artisanat par Françoise Gaudet-Smet.

1934   Fondation à Trois-Rivières de « A l'araignée d'or », organisme de promotion de l'artisanat, par Mgr Albert Tessier. Premier étalage des sculptures de Bourgault hors de Saint-Jean-Port-Joli.

Enseigne « A l'Araignée d'Or », exécutée à Trois-Rivières par la P'tite Forge des frères Lebrun.

1937   Création de l'Ecole du meuble de Montréal par Athanase David, secrétaire de la Province. Premier directeur: Jean-Marie Gauvreau.

1937   Création de la revue *Paysana* dont la fondatrice est Mme Françoise Gaudet-Smet (parue jusqu'en 1949).

La revue *Paysana,* fondée par Françoise Gaudet-Smet.

Jean-Marie Gauvreau, grand nom de l'artisanat du Québec: « La spécialisation régionale est la seule et unique formule heureuse qui soit. Parcourons les pays dont l'artisanat est célèbre et nous ne ferons point d'autres constatations. »

1937 Début de l'inventaire des oeuvres d'art de la province de Québec par Gérard Morisset, conservateur du Musée de la province.

1939 Première grande exposition d'artisanat du Québec à l'Ile Sainte-Hélène, Montréal.

1939 Création du premier atelier-école du gouvernement à Saint-Jean-Port-Joli. Directeur: Médard Bourgault, sculpteur.

1939 Première participation officielle de l'artisanat québécois hors frontières, c'est-à-dire au World's Fair (Etats-Unis), sous la responsabilité du ministère du Tourisme dont le directeur du moment était M. Gaston Marquis.

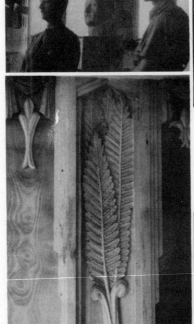

Les trois frères Bourgault: Médard, Jean-Julien et André.

L'école de sculpture de Saint-Jean-Port-Joli en pleine activité.

1941   Paul Gouin ouvre « Le Beaumanoir » et expose les collections artisanales du patrimoine.

Participation du Québec à la foire de New York.

1942   Fondation de l'Ecole des arts graphiques de Montréal. Directeur: Louis-Philippe Beaudoin. Directeur artistique: Albert Dumouchel.

1944   Fondation des Archives de folklore de l'Université Laval par Marius Barbeau et Luc Lacoursière.

1944   Fondation des concours artistiques de la Province. Premiers récipiendaires du grand prix: Gilles Beaugrand, (orfèverie), Alfred Pellan (carton de crocheté), Louis Grypinich (reliure), Aline Piché (vitrail).

1945   Le ministère de l'Industrie et du Commerce crée l'Office provincial de l'artisanat et de la petite industrie. Premier président: Jean-Marie Gauvreau.

Participation de l'Office aux expositions provinciales de Québec. Photos de 1950 et 1955.

1949   Fondation de l'A.P.A.Q. (Association professionnelle des artisans du Québec). Premier président: Hubert Boyer.

ASSOCIATION
PROFESSIONNELLE DES
ARTISANS DU
QUÉBEC

1950   Fondation du *Potters Club* (Club des potiers) par Eillen Reid.

1950   Ouverture de la Centrale d'Artisanat par l'Office de l'Artisanat. Ce service est sous la direction de Madeleine Marcoux.

1951   Fondation du grand prix de l'artisanat de la province de Québec. Les premiers récipiendaires en 1952 sont: J.-M. Gauvreau (médaille d'or), Médard Bourgault, Anne-Marie Matte-Desrosiers, Georges-Edouard Tremblay, Mme Edmond Chamard, Véronique Arseneault, Cécile Barot (médailles de bronze).

1955   Premier Salon de l'artisanat au Palais du commerce, organisé par l'Office provincial de l'artisanat. Président: Jean-Marie Gauvreau.

Salon de l'artisanat, décembre 1955, au Palais du Commerce.

Le Salon nous donne l'occasion de saluer les oeuvres des grands artisans. Sur la photo, on peut voir Jean-Marie Gauvreau, assisté de Madeleine Marcoux (directrice technique) et entouré des récipiendaires du prix: Jacques Chamard, Michel Lacombe, Mme Skalichy, Armande Saint-Arnaud-Caron, Edith Martin, Jean Roy, Pierre Legault et Jordi Bonet.

1958   Création de l'Institut des arts appliqués du Québec, annexé en 1968 au Collège du Vieux-Montréal.

1958   Première exposition européenne: Jean-Marie Gauvreau, avec la collaboration de Gérard Morisset, présente un comptoir d'artisanat au Grand Magasin du Louvre.

1959   Fondation de la Fraternité des artisans de Saint-Jean-Port-Joli par Albert Nadeau, devenue en 1971 L'Association des artisans de Saint-Jean-Port-Joli Inc.

1961   Ouverture de la boutique d'artisanat Madame de Bellefeuille à la Place Ville-Marie.

1963   L'Office provincial de l'artisanat devient un organisme à but non lucratif et s'appelle: « La Centrale d'artisanat du Québec ».

Centrale d'Artisanat du Québec

1964   Fondation de l'entreprise Le Rouet par Pierre Bouvrette.

1965   Fondation de Tournesol, coopérative de mise en marché, par Arsenault, Beaudin, Chaudron, De Passillé-Sylvestre, Gervais, Juneau, Legault, Martin, Saint-Arnaud-Caron.

1967   Formation de la Fédération des coopératives esquimaudes du Québec.

1968   Premier Salon des métiers d'art de Montréal organisé par les Métiers d'art du Québec Inc., anciennement l'A.P.A.Q.

1968   Premier Salon des métiers d'art dans les Cantons de l'Est organisé par l'Association des métiers d'art des Cantons de l'Est.

1970   Fondation de l'Association de la ceinture fléchée du Québec. Président fondateur: Lucien Desmarais.

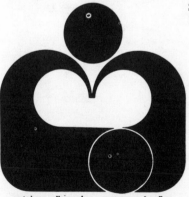

métiers d'art des cantons de l'est

Sigle de l'Association des artisans de la ceinture fléchée du Québec.

41

1970   René Derouin fonde la maison d'éditions Formart et publie les oeuvres de plus de 30 artisans professionnels du Québec. En 1975, l'Editeur du Québec assume la relève.

1971   Le *Potters Club* devient le Centre des arts visuels de Montréal.

1971   Début du projet de « Relance des Métiers d'Art » dans l'Est du Québec. En 1972, formation de 12 CREA par la Centrale d'artisanat. La Corporation des artisans de l'Est du Québec prend la relève en 1973 et identifie ses produits par la marque de commerce « e ».

Croquis de l'implantation du réseau CREA.
« L'entreprise a bien débuté. Dans les cercles de fermières on en discute avec beaucoup d'intérêt et d'espoir. Et les centres d'artisanat apparaissent aux Gaspésiens comme des organismes bien à eux et non plus comme des cadeaux octroyés par une administration lointaine et sourde, qu'elle soit à Montréal, à Québec ou même à Rimouski. »
                    Jean-Paul Soulié, in *La Presse* du 14 novembre 1972.

Causapscal, novembre 1972.

Réunion de consultation à Grande-Ri-
vière.

A Causapscal, le président de la Centrale d'artisanat, M. René Buisson,
écoute les explications techniques d'une artisane.

A Paspebiac, en novembre 1972, la présidente de la Fédération des fermières de la Gaspésie, Mme Alma Nadeau, informe la population.

Les douze CREA exposent au Salon des métiers d'art de la Place Bonaventure en 1972.

C'est la marque de commerce que les
artisans de l'Est du Québec ont adop-
tée pour la mise en marché de leurs
produits de qualité.

1972   Concept « Artisanat-design », pavillon du Québec (Voir
        Culture Vivante no 25 par Cyril Simard). Création d'une
        agence-école à la Faculté de l'aménagement, en collabora-
        tion avec la Centrale d'artisanat du Québec, réunissant ar-
        tisans, architectes et designers.

1973   Premier Salon des artisans de Québec, organisé par la
        Corporation des artisans de la région de Québec.

—Sigle de la Corporation des métiers
d'art de Québec.

1973   Formation des Métiers d'art des Bois-Francs.

—Sigle de l'Association des métiers d'art des Bois-Francs.

—Sigle de l'Association des artisans du Richelieu.

1973   Fondation de l'Association des artisans du Richelieu.

1973   Fondation de la Corporation des artisans indiens du Québec. Michel Noël en est l'instigateur.

1974   Les Métiers d'art du Québec participent au Salon annuel des métiers d'art français et représentent les artisans du Québec.

A Paris . . . au Salon des métiers d'art français. (Photo Marthe Blackburn)

Le nouveau sigle de Métiers d'art du Québec 1975.

Le Salon des métiers d'art 1974 a accueilli plus de 300,000 visiteurs.

La Galerie CREA de la Centrale.
(Photo Armour Landry)

Le 1450 Saint-Denis, siège social de la Centrale d'artisanat du Québec; vitrine permanente de l'artisanat québécois. (Photo Daniel Fyen)

Croquis du Village canadien à la Ronde. Participation de la Centrale d'artisanat du Québec à Terre des Hommes, 1967. (Croquis du concept par Cyril Simard, architecte.) Réalisation en collaboration avec Jean-Luc Poulin et Paul-E. Ayotte, architectes.

Techniques.

Dans la civilisation traditionnelle, chaque individu est gardien d'une partie de la mémoire de la collectivité. C'est ainsi que le rôle de l'artisan est de conserver la technologie du métier, comme le conteur garde les histoires de tout un peuple. Les métiers sont issus de ce passage à travers les générations, de traditions qui remontent jusqu'à nos origines. Ce sont des choses qui se sont perpétuées. En ce qui nous concerne, la plupart de nos traditions sont venues de France. Mais, on peut dire qu'elles sont devenues réellement québécoises à cause du climat, des matériaux disponibles, du goût et d'une habileté qui nous étaient bien particuliers. Une tradition du Québec s'est établie. C'est ce que nous découvrirons dans les chapitres consacrés à identifier ces continuités québécoises dans chacun des domaines de l'artisanat qui nous apparaissent les plus connus et les plus populaires actuellement.

Toutefois, mon but ici n'est pas de présenter une histoire des métiers anciens, mais de montrer la filiation entre certaines de nos plus anciennes techniques et un métier encore pratiqué aujourd'hui avec, bien entendu, un outillage beaucoup plus perfectionné dans la majorité des cas. J'ai voulu parler de différentes techniques telles que pratiquées par des artisans d'excellente réputation dans chacun de ses métiers.

J'ai délibérément choisi de ne point aborder certaines techniques, faute de temps et d'espace. Il aurait été intéressant de parler de lutherie, de bois tourné et de marqueterie, de tricot, de broderie ou de cervolanterie. Il n'est pas impossible que nous en parlions un jour!

Critères d'authenticité et de qualité

L'établissement des critères d'authenticité et de qualité n'est pas chose facile. Cette délicate opération peut toutefois nous permettre de discerner le vrai du faux, le subtil du banal, et également l'objet fait ici de l'objet vendu sous une fausse représentation. Nous emploierons ici la méthode classique d'analyse des produits tout en veillant à ne pas tomber dans l'institution de normes rigides, ce qui irait à l'encontre même de nos objectifs. Nous voudrions toutefois dégager quelques caractéristiques et particularités qui font que les objets traversent le temps et survivent aux modes.

Forme:

— emploi juste de la matière de base
— authenticité des motifs et qualité
  des éléments graphiques
— originalité de la création
— utilisation rationnelle des matériaux
  locaux

Fonction:

— bonne adaptation de l'objet
  à son emploi
— perfection de l'exécution
— facilité d'entreposage et d'entretien

Adaptation au marché:

— prix en rapport avec la qualité
  et la quantité
— garanties attachées au produit
— protection légale s'il y a lieu

Implication sociale:

— harmonie et unité de l'oeuvre
— création personnelle
— intégration de l'artisan à son milieu
  par l'emploi de la technique et des
  matériaux

Afin de protéger l'artisan et la classe artisanale dans son ensemble ainsi que le consommateur intéressé à acheter des objets de chez nous, nous pensons qu'il serait intéressant que les produits mis sur le marché portent certaines garanties qui seraient apposées soit sur le produit lui-même, soit sur une étiquette dite « étiquette d'authenticité culturelle ». Cette coutume est en voie d'adoption dans le milieu artisanal.

Etiquette d'authenticité culturelle

Si vous achetez directement de l'artisan, il y a deux façons de vérifier l'authenticité québécoise:

1. Signature ou poinçon de l'artisan intégré dans le produit lui-même

   et/ou

2. Etiquette de l'artisan indiquant:

   — nom et adresse de l'artisan

   — détails sur la technique et procédé de fabrication:

   pièce unique

   petite série artisanale

   série semi-industrielle

   — entretien et conservation.

Si vous achetez chez un vendeur ou un distributeur, il y a deux possibilités de vous assurer de cette authenticité:

1. Examinez si la pièce est signée, poinçonnée ou étiquetée par l'artisan

   et/ou

2. Exigez du vendeur une déclaration d'authenticité culturelle identifiant son commerce dans le cas de fabrication non identifiée, car certains excellents artisans ne désirent pas toujours révéler leur nom et leur adresse au public.

Que vous achetiez directement de l'artisan ou du vendeur, vous obtenez dans les deux cas une protection commerciale en conservant une preuve d'achat.

Nous présenterons ici des trucs de métier et des recettes qui proviennent non seulement d'amateurs qui ont à faire face à des problèmes d'entretien mais également de professionnels en conservation et en restauration qui vivent quotidiennement ces mêmes problèmes. Ce ne sont là bien sûr que quelques conseils et possibilités parmi tant d'autres, mais l'amateur ou le professionnel sauront sans doute nous communiquer leurs trouvailles. Nous référons la plupart du temps le lecteur à des ouvrages très avancés dans ce domaine.

Lectures suggérées

J'ai moi-même pris connaissance de presque tous les volumes de consultation indiqués dans ces pages. J'ai également fait des commentaires sur ceux qui m'ont le plus intéressé et qui seraient susceptibles d'intéresser le plus grand nombre de gens. J'ai accordé un plus grand soin aux ouvrages québécois et de langue française et j'espère ne pas avoir oublié d'ouvrages importants.

J'ai classé les ouvrages séparément, selon chaque technique, pour faciliter la consultation et permettre une vue d'ensemble plus juste.

Une bibliographie générale paraîtra à la fin du troisième volume, regroupant des ouvrages bibliographiques, des thèses, des études, des recherches et peut-être des films ou des diaporamas.

À voir

Je n'ai pas la prétention de couvrir la totalité des collections à voir. D'ailleurs, les plus merveilleuses sont dans de nombreux cas des collections privées, non accessibles au public, tandis que d'autres sont inconnues. C'est à partir de certains voyages et de précieuses informations reçues de mes collaborateurs que je crois pouvoir indiquer certaines des plus intéressantes choses à voir.

Le lecteur en connaît sûrement d'autres et j'espère que les artisans que nous aurons oubliés ou ceux que n'aurons pu rejoindre nous feront parvenir leurs informations, au cas où une deuxième édition serait nécessaire. Nous nous excusons d'avance pour l'impossible! ...

Les bois

Les bois sculptés

Il reste extrêmement important pour les générations à venir que des spécialistes, dès maintenant, s'attardent à inventorier, répertorier ces productions actuelles dans le vaste champ des arts populaires car ces objets témoins d'une époque apparaissent comme l'art ethnographique contemporain, qui permettra dans l'avenir de saisir après analyse une période de l'homme d'ici.

Michel Lessard
L'Art traditionnel au Québec, 1975

Ange adorateur, vers 1850. (Photo Musée du Québec)

Les premiers artisans ont apporté de France non seulement un métier mais des traditions et des coutumes qu'ils ont conservées et adaptées. Comme corps de métier et comme corporations anciennes, ils se sont unis en confréries ayant chacune leur saint patron.

Construction de Québec, document ancien.

La première association d'artisans professionnels, la Confrérie des menuisiers de Madame Sainte-Anne, a vu le jour le 1er mai 1658 et voici, selon Marius Barbeau, dans *Les archives de folklore* de 1946, quels étaient les objectifs qu'elle poursuivait.

« A la fondation de la Confrérie de Sainte-Anne en 1658, nous assistions aux débuts explicites des arts utilitaires et esthétiques du pays. Les « Règles et Statuts de la Confrérie établie dans la paroisse de Notre-Dame de Québec », en douze clauses, portent pour la plupart sur les devoirs religieux de la corporation. Ils définissent aussi le choix et le mode d'élection de nouveaux membres; ils donnent les règles à suivre pour les assemblées, la tenue des comptes et la garde du coffre, l'entretien de la chapelle, la cotisation, le secours des membres nécessiteux, enfin l'enterrement de la dépouille et les messes pour le repos de l'âme. Trente-quatre ans plus tard, en 1694, la bulle demandée par les confrères menuisiers fut accordée par le pape Innocent XII ».

Ainsi donc naquit la première association professionnelle d'artisans au Québec, édictant des règlements sévères et formant des apprentis qui devaient travailler pendant cinq à sept ans avant d'obtenir leur carte de compétence. Cette tradition de compagnonnage a duré jusqu'à la fin du XIXe siècle.

Mgr de Laval et l'intendant Talon

1670 — A la suite du recensement effectué par Talon, on dénombre la totalité des colons en Nouvelle-France à 8,800. On éprouve la nécessité de fonder une école pour pallier au besoin d'artisans dans la colonie. L'Ecole des arts et métiers de Saint-Joachim, fondée par Mgr de Laval, voit le jour à Cap Tourmente.

« C'est une espèce de ferme où les jeunes gens qui paraissent moins propres aux études ecclésiastiques apprenaient à lire, à écrire et s'appliquaient aux travaux de la terre et à pratiquer différents métiers. »

1671 — Talon écrit à son roi pour lui parler de ses entreprises.

« J'ai fait faire cette année de la laine qu'ont porté les brebis que Sa Majesté a fait passer ici, du droguet, du bouraguan, de

Ecole de Saint-Joachim, maître-autel, vers 1700. Provient de l'ancienne église de l'Ange Gardien, sauvée de l'incendie en 1931.

l'estamine et de la serge du seigneur. On travaille les cuirs du pays près du tier de la chaussure et présentement j'ai de quoi me vêtir des pieds à la tête; rien en cela ne me paraît plus impossible et j'espère qu'en peu de temps le pays ne désirera rien de l'Ancienne France que très peu de chose du nécessaire à bon usage s'il est bien administré. »

Sous son administration, on voit naître sur les bords du fleuve la double rangée de seigneuries, de communes et de paroisses. Les constructions d'inspiration française sont modifiées sous l'influence du climat et des besoins nouveaux. Une véritable architecture québécoise naît.

Les ruines de la première Ecole d'arts et métiers, à partir d'une aquarelle de l'abbé Ovide Brunet. (Archives du Séminaire de Québec)

Effigie de Mgr de Laval (timbre canadien)

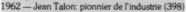
1962 — Jean Talon: pionnier de l'industrie (398)

1685 — L'intendant des Meules écrit: « L'on y établira aussi des métiers pour les faire apprendre aux enfants du pays et l'on enseigne actuellement la menuiserie, la sculpture, la peinture, la dorure pour l'ornement des églises, la maçonnerie et la charpente ».

De cette école naquirent les Leblond dit Latour, Mallet, Chaboillez, Gerner, Fauchois et plusieurs autres, connus principalement sur la Côte de Beaupré. Puis, vint le XVIIIe siècle avec les Levasseur, Baillargé à Québec, les Labrosse et les Liebert, puis Quevillon à Montréal.

1759 — La conquête coupe les artisans de tout contact avec la France. Néanmoins, tout au long de ce siècle, les traditions et les styles qu'ils ont hérités de la Métropole survivent.

L'exemple de Louis Quevillon, sculpteur-architecte (1749-1823), est probant. Il fonde avec ses associés, Pépin, Saint-James et Rollin, la Maîtrise des Açores, à Saint-Vincent-de-Paul près de Montréal. Cet atelier de sculpteur est itinérant et observe la vieille coutume médiévale du compagnonnage. Quevillon, secondé par ses associés et plusieurs apprentis qui suivent les conseils du maître et doivent poursuivre leur apprentissage pour une période de cinq à sept années, parcourt la province, de village en village, et travaille à la construction des églises de paroisse. L'esprit coopératif préside à cette démarche.

Dans la Nouvelle-France d'après la conquête, on aura d'un côté la tradition française et canadienne avec ses consciencieux artisans formés à l'antique formule du compagnonnage et filtrant avec prudence tout élément de nouveauté et, de l'autre, divers engouements plus ou moins viables de l'Europe, apportés au pays par le flot de l'immigration et adoptés naïvement par des artisans du cru qui ont le goût de l'imitation.

Eglise de Neuville près de Québec; chaire et voûte en bois sculpté par
Normand, Lafontaine et Routier, 1826-1828. (Photo Inventaire des biens
culturels du Québec)

Saint Pierre et saint Paul, provenant de la chaire de Baie-Saint-Paul, sculptée par François et Thomas Baillargé vers 1818. (Photo Musée du Québec)

64

Pointe-aux-Trembles: école de Montréal à la même époque. (Musée du Québec)

Au XIXe siècle, la relève de Quevillon à Montréal est assurée par de nombreux artisans comme Louis-Thomas Berlinguet et Urbain Desrochers, tandis qu'à Québec, on retrouve les oeuvres de Thomas Baillargé, Léandre Parent, André Paquet et des Dion. Louis Jobin fut l'un des derniers de cette génération.

L'art populaire

Tout au long de notre histoire et hors des circuits professionnels, l'art populaire, ou identifié comme tel par les ethnologues
actuels, a tracé des lignes qui s'effritent avec le temps. Avec
l'apparition de la télévision, des revues et des autres média d'information, l'art paysan, créé par des gens simples, a pratiquement
disparu. Développé autrefois dans les campagnes, il était le fruit
de la collectivité et d'une culture qui plongeait ses racines dans
l'événement et les besoins quotidiens autant que dans l'isolement
naturel. De nos jours, les « patenteux » qui utilisent des objets
de consommation pour créer leurs oeuvres sont les symboliques
témoins d'un monde en changement. Sont-ils cependant les véritables héritiers de l'art populaire?

Moule à beurre ou à sucre traditionnel. (Musée du Québec)

66

Moule à sucre d'érable, XIXe siècle. (Musée du Québec)

Moule à sucre d'érable de la Beauce; collection Raynald Hardy. (Photo Inventaire des oeuvres d'art, Québec)

Coq sculpté en bois, XIXe siècle. Hauteur: 61 cm; largeur: 48 cm. (Musée du Québec)

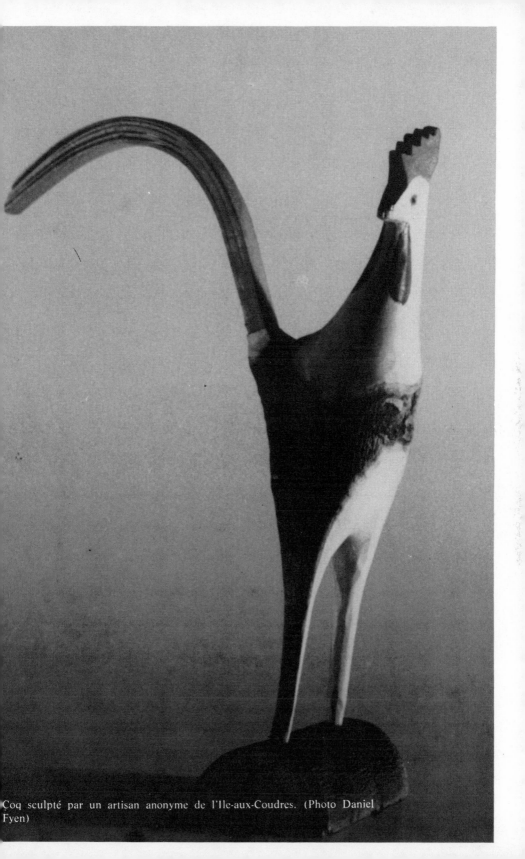

Coq sculpté par un artisan anonyme de l'Ile-aux-Coudres. (Photo Daniel Fyen)

Bois sculpté à Port Daniel, en Gaspésie. (Photo Centrale d'artisanat du Québec)

Cadre, motifs sculptés et superposés; fin du XIXe siècle. Appelé cadre à piton. Longueur: 52 cm; largeur: 44 cm.

Canne du XIXe siècle. Motifs sculptés, coeurs et billes dans une cage. Manifestation de l'art populaire régional. (Musée du Québec)

La continuité historique

Hors des sentiers de l'art populaire, la grande tradition de la sculpture d'église s'est maintenue jusqu'à nos jours. En témoignent les sculpteurs de Saint-Jean-Port-Joli qui décorent eux-mêmes leurs églises et d'autres artisans comme Plamondon, Sylvia Daoust et Elzéar Soucy. C'est le cas aussi d'Alphonse Paré, de Sainte-Anne-de-Beaupré, qui a su s'adapter à la nouvelle liturgie. Sa sculpture, quand il s'agit d'oeuvres d'église, est forte, structurée et présente des synthèses liturgiques émouvantes. Il faut visiter l'église Saint-Joseph-de-la-Rive dans Charlevoix, l'église Saint-Louis-de-Courville à Québec, la chapelle du Collège Saint-Maurice de Saint-Hyacinthe et l'église de Bienville près de Lévis, pour voir tout ce qu'il a réalisé en collaboration avec l'architecte Charles Michaud.

D'autres artisans comme Suzanne Guité, Jean-Pierre Boivin, Hubert Durocher, Paul Guillemot, Anne Kahane, Jacques Chapdelaine, Armand Filion, Robert Roussil et Armand Vaillancourt se détachent de ce groupe pour s'orienter résolument vers le profane ou le non figuratif.

Triptyque. (Collection permanente de la Centrale d'artisanat du Québec)

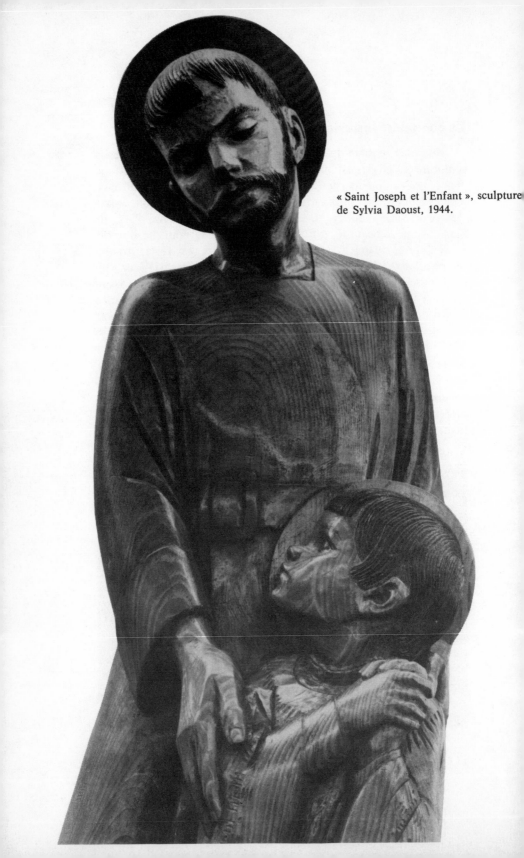

« Saint Joseph et l'Enfant », sculpture de Sylvia Daoust, 1944.

Maquette d'Alphonse Paré pour l'autel de la chapelle du collège Saint-Maurice de Saint-Hyacinthe.

Détails de l'autel de l'église de Bienville près de Lévis.

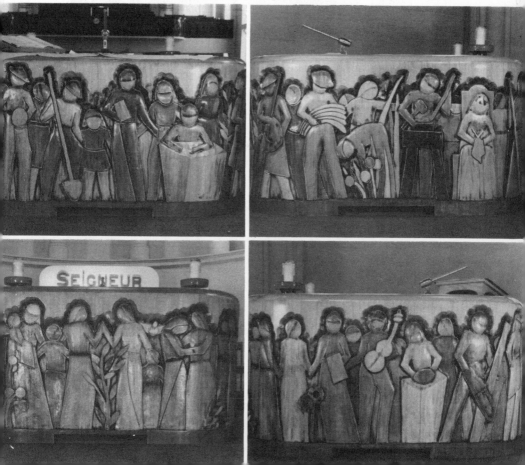

La contribution économique et sociale des artisans de Saint-Jean-Port-Joli

Le bois demeure le matériau de la continuité. Après la grande époque de la sculpture religieuse, la sculpture populaire s'est développée principalement à Saint-Jean-Port-Joli.

Un fils du pays, Gérard Ouellet, a décrit dans *Ma paroisse, Saint-Jean-Port-Joli* le miracle de son village.

« Quand, en 1929, la crise économique mondiale éclata, Saint-Jean-Port-Joli n'était encore qu'un modeste hameau québécois du Bas-du-Fleuve n'ayant guère de résonance en dehors de la région, qu'auprès des lecteurs des *Anciens canadiens* de Philippe-Aubert de Gaspé et des touristes capables de se payer le luxe estival de son site aux couchers de soleil d'une splendeur toute particulière. Typiquement rural, le milieu comptait quelques très modestes ateliers de fabrication: huisserie, voitures hippomobiles, cercueils, etc. Peut-être par le jeu de la loi des compensations, la dépression économique allait permettre à des mains habiles de ressusciter l'art paysan. Aussi bien ne fallut-il que quelques années pour que Saint-Jean-Port-Joli puisse se réclamer à bon droit d'être la « capitale de l'artisanat ». Ces mains intelligentes, aurait écrit Maurice Barrès, étaient, je m'en tiens à l'ordre alphabétique, celles des Bourgault, dans la sculpture sur bois, des Chamard dans le tissage domestique et des Leclerc dans le voilier miniature. Heureusement épaulés par des gens des plus désintéressés, ces artisans conquirent la renommée. Aujourd'hui, plus de cent paires de mains vivent de leur art ou métier dans la « capitale de l'artisanat ». Là est le miracle! » (1)

Désormais, l'école de sculpture fondée en 1940 par Médard Bourgault, continuée par ses frères André et Jean-Julien et maintenant par Pier Bourgault, assure, avec l'association locale, le renouvellement d'artisans capables de combiner le génie inventif du créateur au génie technique de l'exécutant. Ces deux qualités fondamentales devaient coopérer pour maintenir, d'une part, la

---

(1) Voir le catalogue de la Collection Rothman's.

74

production de pièces uniques et, d'autre part, les productions touristiques en petites et grandes séries, identifiées comme telles.

Un jour ou l'autre, nous disait-on, il faudra bien sortir de la Centrale d'artisanat du Québec la sculpture des « gosseux » de Saint-Jean-Port-Joli. Ce jour qui semblait venir, ne viendra plus. Chaque semaine, des touristes de tous les coins du monde viennent admirer une des productions les plus typiques de chez nous: celle qui contient notre sang et notre race, celle qui nous distingue par cette spécificité culturelle dont on parle tant. A travers la réussite de l'expérience de Saint-Jean-Port-Joli, s'articule en termes de facteurs de développement économique, social et culturel l'importance capitale de l'artisanat.

1) Facteurs de développement économique

— développement touristique: effet d'entraînement important sur la venue des visiteurs;
— développement industriel: création de nombreux petits ateliers de production;
— création de nouvelles usines pour la fabrication de pièces semi-industrielles pour souvenirs et exportation;
— auto-financement par les gens du milieu;
— entraînement d'une main-d'oeuvre spécialisée et locale;
— création de nouveaux emplois à coûts peu élevés, la base technologique étant déjà acquise.

2) Facteurs de développement social

— valorisation du milieu;
— regroupement d'artisans par techniques et par familles;
— maintien de l'enseignement par compagnonnage;
— fierté d'appartenance à une communauté originale et typique;
— enracinement des générations nouvelles.

3) Facteurs de développement culturel

— stabilisation de l'historique et du culturel;
— affirmation de la personnalité régionale;

— développement des manifestations populaires axées sur la mise en valeur des ressources régionales comme les festivals et les fêtes populaires;
— participation à des créations collectives;
— conservation des contes, motifs, techniques et traditions populaires;
— émergence de créateurs nouveaux inscrits dans une continuité historique authentique.

 Techniques.

Les bois sculptés désignent les formes dégagées du bois au moyen de couteaux et de gouges. On retrouve dans cette catégorie:

1. l'art de la figurine: pièces uniques ou semi-industrielles;
2. l'art de la miniaturisation: bateaux et animaux;
3. l'art de la figuration et de l'interprétation.

Un artisan au travail. (Photo Armour Landry)

Les outils du sculpteur dessinés par un sculpteur, Benoit Deschênes, dans le volume *Gens de bois*.

1. L'art de la figurine

Les figurines de Saint-Jean-Port-Joli peuvent être considérées comme notre portrait de famille. Elles sont connues mondialement.

Pièces uniques

Les pièces uniques sont réalisées en général à partir de blocs entiers de bois mou: pin blanc, tilleul et noyer canadien. Des pièces de bois sont aussi précollées pour construire un bloc de dimensions plus importantes. Le morceau de bois à sculpter étant bien fixé au chevalet ou dans l'étau, on dégage le personnage à l'aide de gouges de toutes sortes. Un dessin de Benoit Deschênes, sculpteur, explique le procédé.

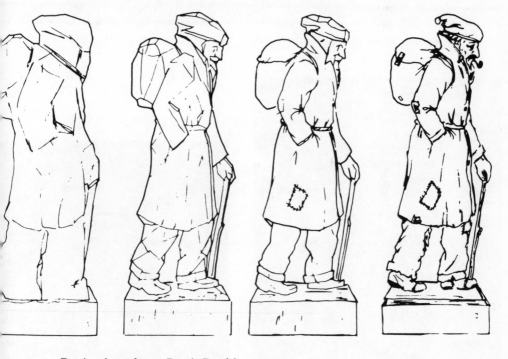

Dessins du sculpteur Benoit Deschênes

Sculptures polychromes illustrant différentes scènes de la vie paysanne. Sculptées à Saint-Jean-Port-Joli.

Photos historiques de la première exposition d'artisanat québécois tenue dans les casernes de l'Ile Sainte-Hélène en 1939. L'exposition a été réalisée par Léon Trépanier et J.-Marie Gauvreau. 150,000 visiteurs en moins de quinze jours. On remarque sur ces photos les sculptures de Zénon Alarie.

Pièce unique d'Amédée Gaudreault: « Jos et Fred », deux causeurs. (Photo Daniel Fyen)

Pièces semi-industrielles

Depuis quelques années, la « machine à sculpter » fonctionne à Saint-Jean-Port-Joli. Il s'agit en fait d'une machine calibrée (importée d'Allemagne) capable de dégrossir sept ou huit morceaux de bois à la fois. Forme et mouvement sont donnés par l'outil mécanique, mais le caractère de la pièce n'est pas définitif. Des artisans sculptent à la main des détails qui font vivre la figurine et lui donnent sa force d'expression. Jocelyn Caron, dont les qualités d'homme d'affaires et l'esprit d'entreprise sont bien connus, rode actuellement son atelier pour satisfaire la demande. Il dit lui-même qu'il n'est pas tellement intéressant d'avoir à refuser des commandes américaines de plus de $250,000, dont la moitié est payée comptant, faute de pouvoir livrer le produit. Ce type de production que d'aucuns appelleront du mimétisme à la chaîne est une réponse correcte à ces problèmes d'économie régionale. La solution qu'apporte la machine permet à une main-d'oeuvre plus spécialisée d'investir elle-même dans son propre développement tout en contribuant largement à la diffusion d'une identité régionale reconnue. L'important pour l'acheteur c'est de savoir distinguer entre la pièce unique et un produit de type touristique. Il faut donc que les produits soient identifiés comme tels.

Pièces semi-industrielles de l'Atelier Caron.
Les étapes de fabrication d'une sculpture semi-industrielle. (Photo Atelier Jocelyn Caron)

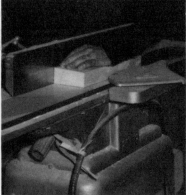

Les madriers. Le bois au planeur. Les morceaux de bois sont collés pour former une grosse pièce qui résistera mieux au fendillement.

L'opérateur de la machine dégrossit le bois selon les contours d'un prototype de la sculpture à réaliser.

Figurine telle que produite par l'opérateur et prête à être terminée à la main par l'artisan.

Le visage est très important.

Sablage et pose des feutres.

Finition au vernis par le chef de l'entreprise.

2. L'art de la miniaturisation

Les bateaux miniatures

« Ils ont tellement vu de bateaux sur le fleuve qu'ils ont entrepris de les reconstituer en petit. » (1) Mais l'art de la miniaturisation n'est pas connu au Québec, trop de gens l'identifiant aux bibelots purs et simples. Comme le costume à travers les âges, la plupart des maquettes de bateaux ont été construites avec les véritables proportions, à l'échelle. Cette méthode rassurait plus que les calculs abstraits. Les marins eux-mêmes reproduisaient les navires de guerre, puis les compagnies de navigation les faisaient construire pour servir leur publicité à travers le monde comme c'est actuellement le cas pour les avions.

Il y a deux types de production dans ce domaine:

1. LE BATEAU FAIT COMPLÈTEMENT À LA MAIN. Le bateau de Lucien Leclerc, par exemple, est exclusif et de grand

« Artic », fait à la main par Lucien Leclerc. Réplique du bateau avec lequel le capitaine Bernier fit l'exploration du Grand Nord. 45 po x 28 po ou 114 cm x 71 cm. (Photo collection Rothman's)

---

(1) Gauvreau, J.-M., *Artisans du Québec*.

Bateau fait à la main en Gaspésie. Bois naturel et toile. (Photo Jean Mercier)

prix. Cet artisan fabrique presque uniquement des voiliers, « parce qu'ils sont morts », dit-il. Leurs proportions sont précises et exactes dans les moindres détails. Cette catégorie comprend aussi toutes les productions originales nées de l'interprétation de l'artisan et qui sont de facture domestique.

2. LE BATEAU SEMI-INDUSTRIEL. Celui-ci est fait à la main dans les ateliers d'Honoré Leclerc qui, depuis deux ans, produit en grande série des miniatures et des « modèles prêts à être assemblés ». L'atelier Leclerc est devenu une véritable industrie et regroupe près de trente employés, ce que Eugène Leclerc, le père, n'aurait pu imaginer de son temps.

Jean-Marie Gauvreau écrivait en 1940: « En 1932, Eugène Leclerc fabrique onze goélettes pour un particulier de Kitchener, Ontario. En 1933, il vendait quatre-vingts navires de toutes tailles dont le prix variait entre trois dollars et demi et cinquante-cinq dollars. En 1934, il en fabrique plus de cent; en 1939, il a exécuté et vendu la flotte imposante de quatre cent cinquante navires

Bateau de Honoré Leclerc. (Photo Jean Mercier)

dont environ deux cent vingt-cinq à $350. Eugène Leclerc et sa famille (c'était en 1940) vivent parfaitement heureux, à l'abri de la misère. Le souci du père est de garder tous ses enfants près de lui et de consolider cette industrie domestique. Huit membres de cette famille de onze enfants travaillent à la fabrication de petites goélettes. »

Même si le « modèle prêt à être assemblé » n'a pas de valeur artisanale comme telle, puisque le produit est presque complètement industrialisé, il est important de souligner ici le cheminement parcouru par ces artisans de la première heure devenus industriels presque à plein titre.

Les animaux miniatures

Petites grues, fous de Bassan, poules d'eau ... La passion de la pêche et de la chasse et le sens de l'observation ont fait identifier ce type d'artisan à ce qu'il est convenu d'appeler un « animalier ». De nombreux artisans de Saint-Jean-Port-Joli et de la Gaspésie reproduisent fidèlement l'anatomie des animaux. Ils suivent en cela une tradition qui connut son perfectionnement majeur avec Zénon Alarie, qui savait utiliser à ses fins les lignes et les grains du bois.

Miniature de Lionel et Marcel Racette, Tétreauville. (Centrale d'artisanat du Québec)

3. L'art de la figuration et de l'interprétation

« Sculpture figurative » est un terme qui convient bien au travail de ceux qui oeuvrent selon les thèmes que leur inspire la nature tout en manifestant un grand respect pour leur matériau: le bois. On reconnaît là les Léo Viau, Léo Arbour, Lewis Pagé, Léo Gervais, Jacques Lisée et bien d'autres qui ont choisi de s'évader d'un mode de représentation directe pour exprimer d'abord l'âme des formes d'oiseaux et d'animaux qu'ils sculptent. On pourrait joindre à ce groupe de nombreux artistes comme Jean-Marc Morin, de Saint-Césaire, et les Bouchard, de Baie-Saint-Paul, qui ont tracé et sculpté dans les bois de grèves et les textures de nos bois des formes d'une fantaisie surprenante.

Il semble toutefois que des sculpteurs comme Serge Bourdon, des Ateliers du Vieux Longueuil, envisagent leur métier d'une façon originale, en inventant des sculptures multiples qui rappellent le passé et le présent par la forme, mais qui s'installent déjà dans le futur par leur conception très particulière.

Léo Viau et ses poules d'eau. (Photo Centrale d'artisanat du Québec)

Témoignage d'un ami
à Léo Gervais

de la sève de l'arbre à la fleur du fruit
m'est venu le goût
un goût de forêt, un goût de vie
un goût de vent, un goût de violence
et de mes bras, âmes, yeux
m'est venue l'invitation
à cueillir
et de mes yeux à mes mains
m'est venue la tendresse
la tendresse du bois brut
à prendre vie
à prendre forme
à animer
dans mes yeux, par mes doigts
pour ma main possessive
possédée, possédante
l'oiseau du vent est vie
de cette caresse

Léo Gervais fait partie de l'équipe «Artisanat Design 1972», de la Centrale d'artisanat du Québec.

l'émotion m'est venue
par le bois dans le bois
de la racine tourmentée à la feuille émue
par la force du tronc à la résistance de l'écorce
l'émotion m'est venue
et j'ai dit
dit péniblement
« le poids du jour » de « l'homme au travail »
sa « détresse », sa « bouche amère »
et j'ai chanté
chanté allégrement
« l'oiseau du vent »
et la paisible force du « boeuf musqué »

Sculpture de Léo Gervais, sculpteur de réputation internationale.

Sculpture de Léo Arbour
(Gracieuseté de Opus Production)

Jacques Lisée, de Thetford Mines, peut sculpter n'importe quelle scène d'hier ou d'aujourd'hui.

« Gaspésie 1 », en sapin Douglas, de Hubert Durocher. (Photo Christian Lambert)

Avoir le moyen de se payer une sculpture à l'échelle du monde avec Serge Bourdon, des Ateliers du Vieux Longueuil. La sculpture est intitulée « La foule ».

« Le Chant de la Terre », sculpture en acajou de Anne Kahane, de Montréal. Foyer Beau-chemin, Salle Wilfrid-Pelletier, Place des Arts, Montréal. (Photo Studio Welsch).

Miroirs sculptés. (Gracieuseté de la boutique Le Rouet)

« Rire », sculpture de Hubert Durocher, Ile Bigras . (Photo Christian Lambert)

Voici quelques considérations pratiques.

Les figurines

— L'équilibre de la figurine est essentiel.
— Une feutrine doit être collée sous la base de la figurine pour protéger les meubles, s'il s'agit d'une grosse pièce.
— Le visage de la figurine doit être très soigné; une vendeuse disait que c'est le visage qui fait la figurine.

Finis utilisés

— Couleurs: miel (très pâle) ou antique (brun pâle).
— L'étiquette doit indiquer s'il s'agit d'une pièce unique ou semi-industrielle.

Dessins du sculpteur Benoit Deschênes, tirés du livre *Gens de Bois*.

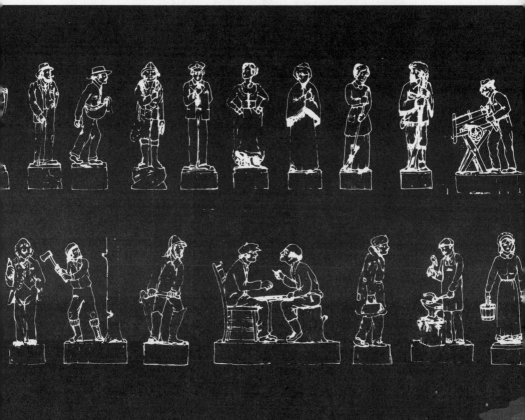

Les bas-reliefs

— Voir à ce que la pièce ne se torde pas à cause des joints mal faits. Les lisières de colle apparentes ne sont pas permises.

— S'assurer qu'un scellant, mat de préférence, protège la pièce contre l'humidité et la poussière.

— L'épaisseur du bois doit être proportionnelle au relief.

— Attention aux teintures trop sombres qui cachent la richesse du bois.

— Les bas-reliefs exécutés à même la bûche finissent toujours par se fendiller. Accepter ce phénomène comme naturel à l'achat.

CONSEIL . MUNICIPAL

Les miniatures

— Il est très difficile de respecter à l'échelle les proportions anatomiques d'un animal ou la technique de fabrication d'une petite chaise, par exemple. Proportion et réalisme sont des critères essentiels lorsque la miniature se veut maquette et non objet d'expression sans limites ni contraintes.

— Les miniatures d'objets étrangers comme les moulins à vent hollandais et la tour Eiffel n'ont rien à voir avec l'artisanat québécois (ce qui n'empêche personne de bricoler à sa guise).

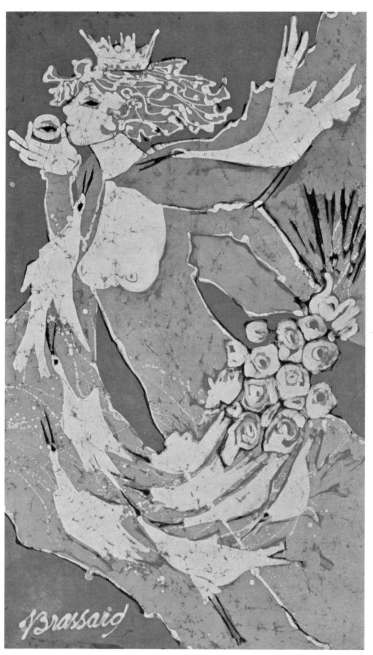

Batik créé spécialement à l'occasion de l'Année de la Femme par Thérèse Brassard. (Photo Jean Lessard, *Décormag)*

Miniatures créées par les artisans de Saint-Jean-Port-Joli. (Photo Jean Mercier)

Tapisserie de Mariette Rousseau-Vermette, à l'hôpital Jean Michel, Longueuil. La catalogne d'ici magnifiée. (Photo Jean Guimond)

Sculptures sur bois de Léo Gervais. (Photo Formart, Editeur du Québec)

— Les miniatures qui combinent fleurs, cendriers, porte-crayons, etc., ne sont pas des miniatures de collection. Ce sont des objets de décoration qui, en général, ne répondent pas très bien aux besoins pour lesquels ils ont été fabriqués. Ils sont de mauvais objets utilitaires.

— Toute miniature constituant une maquette devrait porter sur son étiquette l'échelle à laquelle elle a été réalisée (combien de pouces au pied ou combien de centimètres au mètre).

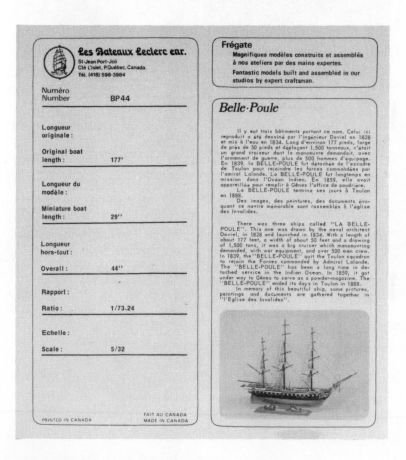

Exemple d'une fiche technique des Bateaux Leclerc, enrg.

Miniatures de meubles anciens.
(Photo Centrale d'artisanat
du Québec)

Les lampes en bois

— Il est absolument nécessaire qu'une lampe possède une étiquette d'approbation de la C.S.A. *(Canadian Security Association)*.

— Une lampe approuvée doit en principe contenir une tige de métal à l'intérieur et des noeuds de retenue pour le fil intérieur. Le fabricant obtient un permis pour le montage et pour utiliser l'étiquette légale après que la lampe a subi avec succès les tests de résistance au feu. Cette étiquette est placée en vue sur la corde de la lampe. Ceci vaut pour tous les genres de lampe.

Etiquette CSA: produit approuvé contre le feu.

98

L'étiquette d'authenticité culturelle

En plus de la signature sculptée sur la pièce, l'étiquette doit indiquer si possible:
— le nom et l'adresse de l'artisan;
— s'il s'agit d'une pièce unique faite à la main, d'une pièce faite en série, à la main ou semi-industrielle.

Si l'étiquette de l'artisan n'y est pas, tout vendeur sérieux pourra vous fournir ces informations.

Entretien, conservation, restauration

Figurines

— En bois naturel ou teint, il faut les laver avec du varsol; les corps gras et les marques de doigts disparaîtront. La térébenthine est un excellent produit mais elle coûte plus cher. « Ce qui est ciré à la cire doit se traiter à la cire »; c'est un conseil de Madame Emma Giroux de la Centrale d'artisanat du Québec.

Bateaux miniatures

— On ne doit jamais utiliser de l'eau pour les laver; un linge humide et un pinceau suffisent.
— Les manipuler très délicatement.
— La restauration peut se faire par l'artisan à des coûts abordables et vous êtes certain d'obtenir les mêmes couleurs et le même fini.
— On conseille d'acheter les bateaux avec mâts et fils. Les voiles en toile jaunissent facilement et ne s'entretiennent à peu près pas à moins de conserver les bateaux dans des châsses hermétiques.

99

Ouvrages généraux sur le bois

BARBEAU, Marius, *Maîtres artisans de chez nous*, Le Zodiaque, Montréal, 1942.

BARBEAU, Marius, *Louis Jobin, statuaire (1845-1928)*, Mémoires de la Société Royale, Sect. 1, 3e série, 1943.

BARBEAU, Marius, LASNIER, Rina, *Madones canadiennes*, éditions Beauchemin, Montréal, 1944.

DOYON-FERLAND, Madeleine, *Les arts populaires*, Esquisses du Canada français, l'Association des éducateurs, Fides, 1967.

GAUVREAU, J.-M., *Secrets et ressources des bois du Québec*, éditions Fides, Montréal, 1943.

GAUVREAU, J.-M., *Notes de technologie du bois*, Direction générale de l'enseignement technique, 1935.

GERVAIS, Léo, *La sculpture sur bois*, Editions Formart, no 25, Editeur du Québec, 1974.

LAVALLÉE, Gérard, *La sculpture traditionnelle*, Canadian Antiques Collection, mai-juin 1974, vol. 9 no 3.

Ministère des Affaires culturelles, *Sculpture traditionnelle au Québec*, Editeur du Québec.

MORISSET, Gérard, *Les arts au temps de Garneau*, Société historique de Montréal, 1945.

Musée du Québec, *Profil de la sculpture québécoise*, Editeur du Québec, 1969.

SÉGUIN, Robert-Lionel, *La civilisation traditionnelle de l'habitant aux XVIIe, XVIIIe et XIXe siècles*.

SÉGUIN, Robert-Lionel, *Les moules du Québec*, Musée national du Canada, 1963.

TRAQUAIR, Ramsey, *The old Architecture of Québec*, Macmillan, Toronto, 1947.

TRUDEL, Jean, *La sculpture ancienne du Québec, manifestation d'art populaire*, Vie des Arts no 71, été 1973.

WILLCOX, Donald J., *New Design in Wood*, Van Nostrand Reinhold, N.Y., 1970. Une recherche internationale des plus beaux objets faits en bois (traditionnels et contemporains).

Ouvrages sur la sculpture de Saint-Jean-Port-Joli

Association des Artisans de Saint-Jean-Port-Joli, *Collection d'oeuvres,* catalogue d'une exposition itinérante présentée par la compagnie Rothman's de Pall Mall, Canada. Présentation illustrée par 35 artisans avec le choix d'une pièce significative de leur oeuvre.

DUHAMEL, Alain, *Gens de bois,* Editions Port-Joly, 1975. Volume bilingue admirablement bien illustré par les croquis de Benoit Deschênes. L'histoire de Saint-Jean-Port-Joli à travers la vie de ses sculpteurs et leurs productions. 100 pages.

GAUVREAU, Jean-Marie, *Artisans du Québec,* éditions Beauchemin, 1940. Entrevues avec Médard Bourgault, Elzéar Soucy, Zénon Alarie, Léo Arbour et Eugène Leclerc, pionniers de la sculpture sur bois des années 1930. Volume de collection.

KRIEBER, Johan, *Saint-Jean-Port-Joli: au pays des bonshommes de bois, une école de sculpture moderne,* Culture vivante no 19, novembre 1970.

MARQUIS, Maurice, *L'artisanat de Saint-Jean-Port-Joli,* Québec — Histoire vol. 2 no 1, automne 1972.

OUELLET, Gérard, *Hommage à Jean-Julien Bourgault,* Québec — Histoire vol. 2, no 1, automne 1972.

OUELLET, Gérard, *Ma paroisse, Saint-Jean-Port-Joli,* Editions des Piliers, Québec, 1946.

SAINT-PIERRE, Angéline, *Médard Bourgault, sculpteur,* Garneau, 1973, 128 pages. La pensée profondément religieuse de Bourgault.

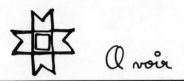

1. Une visite à Saint-Jean-Port-Joli

Nous avons extrait du dépliant touristique de la ville les principaux ateliers d'artisans où le visiteur est le bienvenu. Il trouvera au Musée des anciens Canadiens les plus importantes collections des oeuvres d'André Bourgault et de plusieurs autres grands sculpteurs.

Beaucoup de gens nous demandent si le coût des sculptures est moins élevé à Saint-Jean-Port-Joli qu'ailleurs. Une enquête rapide nous révèle que les pièces coûtent de 10 à 20% moins cher chez l'artisan. Compte tenu des déboursés qu'exige le voyage, il semble que le plus avantageux soit de connaître l'artisan et son milieu de travail. Aller à Saint-Jean-Port-Joli est un vrai pèlerinage que vient de décrire Alain Duhamel dans *Gens de bois*, volume que nous vous conseillons de lire avant d'entreprendre le voyage.

Intérieur de l'église de Saint-Jean-Port-Joli, sculpté par les artisans. La chaire est une oeuvre de Médard et Jean-Julien Bourgault, réalisée en 1939.

OUEST   Dépliant de la ville intitulé: « Saint-Jean-Port-Joli, capitale de l'artisanat ».

L'Islet-sur-Mer   MUSÉE MARITIME   H & L TREMBLAY   VALÈRE FORTIN   MARCEL GUAY   DENYS HEPPELL   BATEAUX LECLERC   LUCIEN LECLERC   CENTRE D'ARTISANAT   MÉDARD BOURGAULT   LUCIEN BOURGAULT   L'AUBE

L & A THIBAULT   ARTISANAT BLANCHET   LE GITE   J & A NADEAU   M E PERRAULT   LA VASTRINGUE   Mme O. BÉLANGER   J J & G BOURGAULT   RAYMOND BOURGAULT

sortie 247
exit

2. Musées

Musée maritime de L'Islet. Musée d'histoire maritime. Maquettes de navires du XVIIIe siècle de Lavallée. Ouvert au public: du 1er juin au 31 août.

Musée des Augustines de l'Hôtel-Dieu de Québec, 32, rue Charlevoix, Québec. Musée d'histoire situé dans les voûtes du Vieux Monastère (1692). L'art religieux est représenté par des oeuvres de Paul Lambert, Claude Ballin et Laurent Amyot. Sculptures importantes.

Musée du Séminaire de Québec, 6, rue de l'Université, Québec. L'architecture de la bâtisse est une sculpture en elle-même.

Musée du Québec, Québec. Pièces de sculpture paysanne et professionnelle de très grande valeur. Voir catalogues d'exposition.

Musée historique de Vaudreuil, 431, boul. Roche, Vaudreuil, Québec. Ce musée possède une très belle collection de moules à sucre anciens du Québec. Sculptures et instruments aratoires intéressants.

3. Collections et oeuvres particulières

Oeuvres de Médard Bourgault: collection du Dr Gabriel Nadeau. Exposition permanente dans la salle de lecture, Bibliothèque nationale du Québec, rue Saint-Denis, Montréal, Québec.

Oeuvres d'Alphonse Paré: Collège Saint-Maurice de Saint-Hyacinthe, église Saint-Louis-de-Courville, Québec, église Saint-Joseph-de-la-Rive. Eglise de Bienville près de Lévis.

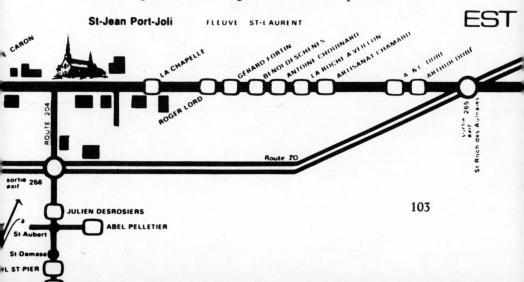

Bas-relief de Jacques Lisée: Institut d'hôtellerie du Québec, Carré
Saint-Louis, Montréal.

Oeuvres de Serge Bourdon: Atelier du Vieux Longueuil.

Bas-reliefs exécutés par les sculpteurs de Saint-Jean-Port-Joli:
Rôtisseries Saint-Hubert à Laval et au Carré Dominion à
Montréal.

Les
jouets

En interrogeant l'histoire, on constate
que le jouet prend quelquefois un
caractère d'immuabilité; sans doute,
parce que les rêves et les désirs de
chaque âge ne varient guère.
L'enfant éprouve les mêmes joies
et souhaite les mêmes choses depuis
des temps immémoriaux.

Robert-Lionel Séguin
Les jouets anciens du Québec

Cheval ancien. (Photo Musée du Québec)

Les
jouets

Le livre de Robert-Lionel Séguin, *Les jouets anciens du Québec,* a présenté avec discernement le panorama des jouets anciens. Conformément aux disciplines ethnographiques, il en a déterminé les catégories:

1. première enfance
2. garçonnet
3. fillette
4. de métal
5. jouets animés
6. de plein air
7. jeux d'adresse.

Comme nous nous intéressons seulement aux jouets de bois, qui caractérisent actuellement la fabrication artisanale des jouets, nous parlerons de la nouvelle génération d'artisans, principalement

Jeux, plutôt que jouets, créés dans l'Est du Québec, Matane. (Photo Jean Mercier)

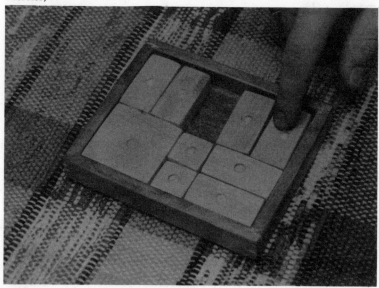

des artisans de La Vastringue de Saint-Jean-Port-Joli, dont les thèmes ont marqué la démarche de nombreux projets Perspective-Jeunesse et Initiatives locales.

Pour notre orientation, Michel Lessard a retenu de belles paroles de Pier et Nicole Bourgault: « L'ancêtre québécois était un bonhomme qui aimait profondément son environnement, il comprenait ses rabots et ses ciseaux et rendait témoignage de son milieu et de son temps en réalisant différents objets de facture artisanale, dont des meubles et des jouets. » « ... Nous, tout comme les anciens, nous vivons au Québec, mais en 1972. » « ... Le Québécois contemporain possède des caractères propres: les développements technologiques, les facilités de communication, les courants culturels nouveaux, les modes ont sensiblement transformé sa vision des choses et son action. L'autarcie domestique a fait place à des courants d'échange à l'échelle de la planète. L'esthétique aussi profite de ces changements. On ne vit plus en vase clos. » « ... L'entente entre la machine, le concepteur et le Québécois sensible débouchera obligatoirement sur quelque chose de bien de chez nous, mais un chez-soi ouvert sur le monde. » (1)

Créer de bons jouets n'est pas chose facile. Il faut évidemment qu'ils soient amusants, mais ils doivent répondre à de nombreux critères: détails de finition, sécurité pour les enfants, etc.

La Vastringue a réussi au cours des dernières années à répondre à ces questions, à faire oeuvre de civilisation en alliant d'une façon subtile l'esprit traditionnel et une technique simple de fabrication. Même si la forme de l'objet a changé, l'esprit de l'ancêtre est demeuré caractérisé par la simplicité, la mise en valeur du bois et l'utilisation de détails de construction ancienne comme la queue d'aronde, l'assemblage par cheville et rivet de bois. Cette continuité visuelle est la marque d'une tradition toute naturelle que l'on n'avoue pas toujours dans le milieu. L'exposi-

_____

(1) *Des jouets si simples,* revue Maclean, décembre 1972, pages 25-28.

Jouet inspiré du jaquemart qui était une figurine animée, sculptée, représentant un homme d'armes muni d'un marteau avec lequel il frappe les heures sur une cloche. Des jouets allemands de ce type étaient vendus au Québec vers 1920. Fait à Causapscal. (Photo Jean Mercier)

Jaquemart sur le thème des oiseaux du Bas-du-Fleuve. (Photo Jean Mercier)

109

tion itinérante organisée conjointement par les Métiers d'art du Québec et le ministère des Affaires culturelles en 1973 exprimait ceci par le langage de Hélène Ouvrard:

« On peut dire d'eux qu'ils ont appris à manier la gouge en même temps que le crayon, que leur premier cahier d'école fut un bloc de bois à tailler, et qu'ils ont fait de bonnes classes. Si bien qu'ils n'ont pas jugé utile de copier leurs aînés. Pas assez vieux pour avoir perdu le goût des couleurs brillantes mais nantis des toutes dernières données de la pédagogie, ils ont créé pour les enfants modernes, les jouets qu'eux-mêmes se sont peut-être donnés dans leur enfance. Ce ne sont que des blocs de bois vivement colorés qui attirent les mains et s'ordonnent aussitôt pour former un arbre étonnant, un train, une drôle de petite bête. Ou c'est un jeu de construction abstrait, sans couleur, mais fascinant par sa conception et ses possibilités d'agencement: une préparation aux mathématiques modernes. Il leur manquait un nom; ils l'ont sorti de la même boîte à surprise que toutes leurs inventions; c'est « La Vastringue ». Pier Bourgault continue: « Le temps est venu de faire un produit que l'on va conserver et transmettre. »

Dans un esprit totalement différent, est apparu l'atelier de Pierre et Myriam Tassé, en qui tout le monde a reconnu des innovateurs fort habiles. Ils réussissent des jeux amusants en utilisant des pièces de bois déjà tournées ou produites dans l'industrie modulaire en y ajoutant finesse et imagination. En mouvement, ces jouets qui rajeunissent d'anciennes trouvailles deviennent parfois des sculptures vivantes.

sur un air de queue d'aronde !

Un des premiers jouets de bois de La Vastringue

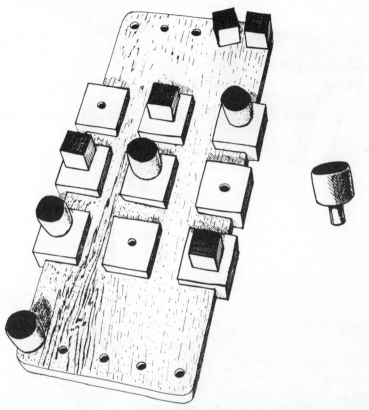

Tic-Tac-Toc. (Croquis de Serge Trinque)

Train. (Croquis de Serge Trinque)

Tricycle. (Croquis de Serge Trinque)

Poussette en bois avec roulettes industrielles. (Gracieuseté de la boutique Le Rouet)

112

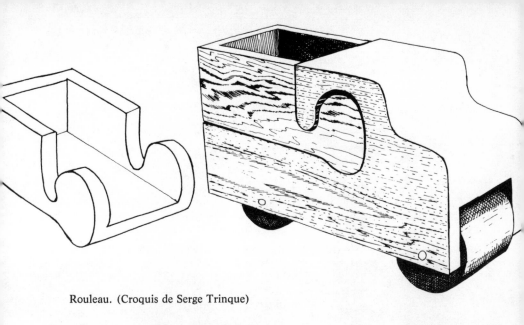

Rouleau. (Croquis de Serge Trinque)

La Vastringue expose au Salon des métiers d'art, dès le début.

Les ateliers Désy, de Sherbrooke, nous offrent de très très petits jouets, vraiment conçus pour les enfants. (Gracieuseté de la boutique Le Rouet)

Les véhicules anciens nous reviennent avec un petit « air jeune ». Création Québois.

Jouets de Québois. Petit camion polyvalent. (Gracieuseté de la boutique Le Rouet)

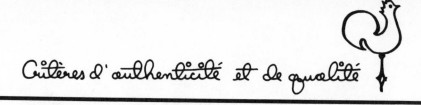

Le facteur sécurité est très important. La Division fédérale de la sécurité des produits demande de vérifier certains points que nous résumons. Les artisans peuvent se procurer de plus amples informations techniques en s'adressant aux services gouvernementaux.

Parties détachables du jouet

« Pour les jouets destinés aux enfants de moins de trois ans, il est important de vérifier que les pivots, roues, personnages, etc., soient assez gros ou qu'ils soient fixés assez solidement pour ne pas être détachés suivant l'usage raisonnablement prévisible d'un enfant. »

Toxicité du matériel utilisé pour recouvrir le bois

« Les enduits décoratifs ou protecteurs des jouets de bois doivent être essentiellement non toxiques. C'est-à-dire qu'ils ne doivent pas contenir de plomb, de cadmium ou d'autres métaux lourds en quantités supérieures à celles qui sont permises dans la Loi sur les produits dangereux. » Le meilleur moyen pour vous de vous assurer que le jouet que vous achetez est non toxique est de le demander au fournisseur ou à l'artisan. Les teintures ou peintures non toxiques sont maintenant en vente partout et les artisans professionnels les connaissent bien.

Pour les jouets de bois, il est également important de voir à ce que le fini soit lisse sur toutes les surfaces, toutes les arêtes et tous les coins de bois à découvert.

Autres conseils

Surveillez bien le poids des jouets. Les jouets en petits modules sont préférables aux grosses pièces dans certains cas (surtout si elles tombent sur les orteils des petits). Les sacs de plastique peuvent être dangereux; pour éviter les dangers de suffocation, ne laissez pas ces sacs à la portée des enfants.

115

L'étiquette d'authenticité culturelle

L'étiquette doit fournir à l'acheteur:
— les nom et adresse de l'artisan;
— les indications concernant la toxicité ou la non-toxicité du produit utilisé;
— l'assurance que la pièce est originale ou fabriquée en série.

Lectures suggérées

ALLEMAGNE, Henri-René d', *Histoire des jouets*, Hachette, Paris, 1922.

DOYON-FERLAND, Madeleine, *Jeux, jouets et divertissements de la Beauce*, Les archives de folklore, vol. 3, Université Laval, Québec, 1948.

FOURNIER, Edouard, *Histoire des jouets et des jeux d'enfants*, Dentu, Paris, 1889.

LESSARD, M., MARQUIS, H., *Des jouets si simples*, Revue Maclean, décembre 1972, pages 25-28.

RABECQ-MILLARD, M.-M., *Histoire du jouet*, Hachette, Paris, 1962.

SÉGUIN, R.-Lionel, *Les jouets anciens du Québec*, Leméac, Montréal, 1969. La bible du jouet ancien au Québec, écrite par l'un de nos plus grands ethnologues.

Cheval de bois de Jean-Yves et Louise Dufour, Val-David.

Le mobilier actuel d'inspiration traditionnelle

. . . et quand je parle de tradition, ma pensée ne se porte pas à la reproduction intégrale, mais plutôt vers une évolution préoccupée des mêmes principes de composition et de technique qui ont fait le charme des styles du passé.

Nos ancêtres nous ont laissé à cet égard, des exemples de goût et de virtuosité d'exécution qui, même aujourd'hui, forcent l'admiration de tous.

Jean-Marie Gauvreau
Evolution et tradition des meubles canadiens, Mémoires de la Société royale du Canada, 1944.

Les meubles
d'autrefois

Le mouvement d'organisation des fêtes du troisième Centenaire est officiellement lancé. On dit que le comité a déjà de la bonne besogne de taillée et les mêmes rumeurs laissent entendre que le projet d'organiser une exposition historique est de plus en plus sérieusement étudié.

Cette exposition aura sans doute pour but d'étaler à la vue des étrangers, les progrès de notre race, de notre culture, et l'évolution de notre idéal à travers trois siècles d'existence.

L'âme d'un peuple est mise à jour, par l'exposition, sous toutes ses formes, de l'art qu'elle a su créer. C'est l'art de la décoration d'intérieur, l'art que reflète le mobilier familial, qui nous fait mieux connaître sa vie intime; c'est bien cet art qui porte la marque la plus visible de la race. Le vieux mobilier de chez-nous, ainsi que l'art décoratif paysan, méritent d'être au premier plan dans cette exposition en perspective.

"French Canada offers a field of exceptional variety and interest", nous dit Douglass Leechman, au sujet de notre mobilier du bon vieux temps. La vue des meubles d'autrefois, et des vieux bahuts relégués dans nos greniers, c'est souvent plus éloquent que bien des pages écrites par quelques-uns des meilleurs auteurs du terroir; les vieux meubles, c'est notre histoire taillée à grand coup de hache, puis finement sculptée dans l'érable, l'orme, ou le bouleau. Les vieux meubles méritent d'être collectionnés aussi précieusement que les bouquins qui relatent les gestes magnifiques de nos ancêtres.

C'est au cap Tourmente que fut le berceau de l'art, au pays. L'école des arts et métiers, organisée en cet endroit par Mgr de Laval, en 1668 forma un noyau solide d'arti-

sans, qui ont excellé dans la sculpture sur bois et dans la fabrication de meubles solides, portant le cachet en vogue de l'époque, tout en offrant suffisamment de caractéristiques particulières pour nous permettre de dire que le mobilier ancien était d'un style canadien.

En relisant les vieux documents, nous voyons que Trois-Rivières avait, jadis, sa bonne part de fabricants de meubles qui excellaient dans leur métier. J'ai sous les yeux une caisse d'horloge fabriquée ici aux Trois-Rivières, au début du XIXe siècle, par un nommé Bellerose; ce meuble est remarquable par ses proportions harmonieuses, et la teinte des bois employés pour sa construction révèle un heureux mélange de noyer canadien et d'érable ondé.

Si, dans le bon vieux temps, on pouvait faire de jolis meubles, ici-même, en notre ville, avec des essences du pays, pourquoi ne pourrait-on pas en faire autant aujourd'hui?... Nous sommes à la recherche de nouvelles industries, pourquoi ne pas restaurer celle du meuble, en l'adaptant à l'art et aux besoins modernes?...

Tous les yeux de l'Amérique sont tournés vers nos intérieurs anciens pour y admirer le vieux style canadien. Pourquoi ne pas perpétuer la tradition de l'école du Cap Tourmente en créant un style canadien qui serait inspiré de l'art de notre époque?

C'est l'idéal que se propose Monsieur Jean-Marie Gauvreau, de l'École Technique de Montréal; appuyons-le! En agissant ainsi nous rendrons plus populaire l'idée d'utiliser les bois de chez-nous pour la fabrication des meubles.

L'Exposition proposée pour 1934 devra faire large la part du mobilier canadien, et, qui sait... ce sera peut-être le moyen de promouvoir l'établissement d'une nouvelle industrie en notre milieu?...

ARMOR

Article rédigé par le réputé photographe et historien Armour Landry, sous le pseudonyme « Armor », en 1931. Collaboration spéciale au *Bien Public* en vue de préparer l'opinion publique pour la célébration du 3e centenaire de la fondation de Trois-Rivières.

En 1972, la Centrale d'artisanat du Québec rend hommage au fondateur de la Centrale d'artisanat et de l'Ecole du meuble, M. Jean-Marie Gauvreau, au pavillon du Québec à Terre des Hommes. (Photo Daniel Fyen)

Jean-Marie Gauvreau et l'Ecole du meuble

La section d'ébénisterie de l'Ecole technique de Montréal, créée en 1930, est devenue l'Ecole du meuble en 1933 sous la direction de Jean-Marie Gauvreau. Sa fondation a été ratifiée officiellement par une loi en 1937.

Bien que spécialisé en sciences sociales, Gauvreau fait des études à l'Ecole Boulle de Paris, reconnue comme la plus célèbre école dans l'enseignement du meuble, et revient au Québec avec le projet de former une école axée sur l'interprétation de la tradi-

119

tion. Pour lui, le succès ne réside pas dans la copie des meubles canadiens, mais plutôt dans l'apprentissage d'une technique solide qu'il ramène de France. « Il m'est impossible, dit-il, dans un cadre aussi restreint, d'étudier l'évolution de certains meubles de style français ou d'essayer de vous en faire comprendre toutes les subtilités. C'est la France qui dans ce domaine, comme dans tant d'autres, nous a tracé la voie. Le meuble français n'a jamais cessé d'être une chose rationnelle embellie et parée par la main des artisans et des artistes ». C'est dans cet esprit français mais déjà bien enraciné chez nous que s'est développée l'Ecole. On y fera de la recherche sur l'utilisation de nos propres bois, comme les souches de merisier, et on y expérimentera des techniques nouvelles comme le placage d'érable en bois lamellé. Même si l'Ecole du meuble suggère l'idée d'un enseignement axé uniquement sur la construction du mobilier, il faut dire que l'enseignement qu'on y donne forme des artistes complets, capables de créer des formes nouvelles, d'apprécier et d'intégrer l'apport d'autres artisans, comme la sculpture et le tissage. En somme, l'Ecole fournit une formation complète sur les arts de l'ameublement. Cette école a donné naissance en 1958 à l'Institut des

Cabinet de travail du Premier ministre Duplessis, mobilier exécuté en cerisier sauvage par les élèves de l'Ecole du meuble. Plan de Marcel Parizeau, architecte, avec la collaboration d'Alphonse Saint-Jacques.

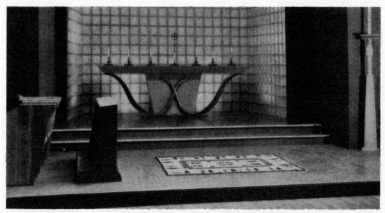

Autel de l'oratoire de l'Université de Montréal. Erable moucheté et ornements d'aluminium poli. Création de l'Ecole du meuble.

arts appliqués de Montréal, oeuvre de polyvalence à n'en point douter quand on connaît le nombre de ses diplômés qui font désormais l'orgueil du Québec, soit comme artisans professionnels, soit comme professeurs, décorateurs ou artistes dans tous les domaines.

Le témoignage de centaines d'artisans réputés classe Jean-Marie Gauvreau comme la figure dominante de l'artisanat québécois. Son action dont le temps a dégagé les lignes de force marque encore profondément l'époque actuelle.

Jean-Marie Gauvreau
à l'Ecole du meuble
qu'il a fondée.

Formation technique

Pendant que l'Institut des arts appliqués formait des artisans pour le petit atelier, l'Ecole du meuble à Victoriaville formait des techniciens pour la grande usine et les productions de masse ou « industrie lourde ». Sa contribution économique dans cette région et l'ensemble du Québec n'est plus à démontrer.

Aujourd'hui, dans le domaine industriel comme artisanal, la formation qu'on donne conduit à des spécialisations. On dénote une absence d'orientation en ébénisterie pour former des artisans capables de produire des petites séries de meubles originaux à des

Bouvet à rainures de fabrication artisanale, XVIIIe ou XIXe siècle. (Photo Musée du Québec)

prix convenables. Il semble que les étudiants intéressés à concevoir un meuble dans son ensemble, à le dessiner et à l'exécuter soient de moins en moins nombreux. N'est-il pas extrêmement difficile pour le designer actuel de faire fabriquer un meuble qu'il a conçu? On observe que le Danemark a adopté une politique toute particulière dans ce domaine. Les petits fabricants et les artisans, au lieu de s'opposer à la grosse industrie par une lutte compétitive, s'allient à elle dans une certaine mesure. En développant des lignes « marginales », ils apportent une aide de base à l'industrie danoise, l'industrie employant des artisans pour développer des modèles. Ainsi, la production apportée au produit national brut par la grosse et petite industrie artisanale est presque identique: 19% pour la petite et 19.5% pour la grosse.

Or, au Québec en 1971, sur 464 industries de meubles, 411 comptaient moins de 50 employés. Celles-ci, loin d'intervenir dans le processus d'identité nationale, comme c'est le cas au Danemark, se contentent trop souvent de véhiculer par la copie des concepts étrangers. Disons cependant qu'il y a actuellement une prise de conscience à différents niveaux. Le ministère de l'Industrie et du Commerce offre différents services et programmes d'aide à la production. L'Association des fabricants de meubles, pour sa part, organise depuis quelques années, en collaboration avec ce ministère, un concours annuel de design de mobilier qui donne un essor nouveau à cette industrie bien de chez nous.

Diffusion du produit québécois

On parle d'un design moderne, contemporain, adapté à nos besoins et enraciné dans notre spécificité culturelle. On parle d'achat québécois, et pourtant, point de « véhicule » spécialisé pour faire connaître au grand public notre production artisanale et industrielle.

C'est pour répondre à ces deux impératifs qu'est née la revue *Décormag*. Depuis août 1972, la revue *Décormag* apporte chaque mois dans les foyers du Québec le témoignage de nouvelles réalisations qui sont autant de défis lorsqu'il s'agit du produit « Fait au Québec ».

Ceux qui ont supporté en 1972 le projet de Ginette Gadoury et de l'équipe de base qui l'entourait doivent se féliciter du large appui populaire que la revue s'est acquise et dont témoigne, en 1975, son tirage mensuel de 55,000 exemplaires.

Décormag, revue de décoration québécoise.

Perspectives de développement
et culte de l'étranger

Au cours de cette étude, nous parlerons surtout du mobilier actuel qui a adopté les caractéristiques de l'ancien. Toutefois, il ne faut pas interpréter ce choix comme un refus d'accepter d'autres tendances du design contemporain. Nous cherchons à découvrir en nous-mêmes les perspectives de notre développement plutôt qu'à trouver à l'extérieur des solutions toutes faites.

Nos manufacturiers ont du succès avec les copies de styles espagnol, français ou colonial. Les statistiques de vente en 1971 au Québec et en Ontario nous indiquent la faveur du public pour ces différents styles: 60% est en faveur du style espagnol et provençal, 12% est en faveur du style colonial et 8% est en faveur du style contemporain. Le terme « provençal français », est rarement employé par les marchands de meubles qui disent

plutôt « provincial »; ceci ne veut rien dire puisque la France était jadis divisée en provinces (Poitou, Lorraine, Bretagne, Normandie, etc.), lesquelles avaient chacune leur style de meubles bien défini. Le style « provençal », c'est du Louis XV exécuté dans des bois massifs (chêne, noyer, etc.) teints foncé et encaustiqués. Les sièges sont paillés, sculptés, et les pieds sont de biche. Pas de placage.

Devant cet engouement pour des styles qui n'ont rien à voir avec notre tradition, Sid Bersulsky écrit dans une brochure du ministère de l'Industrie et du Commerce du Canada que « cela résulte en partie des habitudes d'achat des détaillants, qui sont apathiques et ne veulent pas risquer, et de celles de certains consommateurs qui soutiennent que « si c'est importé, c'est de la qualité ». C'est ainsi, du reste, que certaines compagnies ob-

tiennent leurs nouveaux produits: le fabricant s'empresse de copier un produit parce qu'il se vend bien aux Etats-Unis. Son concurrent canadien copie peut-être le même produit pour la même raison. Le marché est donc inondé de copies de modèles américains. Or, puisque nos frais de production sont incontestablement plus élevés que ceux des Etats-Unis, les copieurs canadiens se voient concurrencer par le modèle importé qu'ils ont copié et qui se vend moins cher que le leur.» « On ne s'explique pas le goût qu'ont les Nord-américains pour ce style de meubles surchargés de moulures et de sculptures pâtissières et poussiéreuses, nous affirme Mathieu Kaden, designer et ébéniste. Il se peut que les bourgeois considèrent que ce sont là des signes extérieurs de richesse, comme les clous d'argent et d'or qui ornaient les harnachements des cow-boys qui n'avaient pas d'autre moyen de montrer leur réussite. Pourtant, certains styles extrêmement dépouillés viennent des Etats-Unis, comme les meubles de Herman Miller. »

Il en résulte donc une confusion sur le plan du marché et une prolifération de concepts très étrangers à notre fond culturel. Pourtant, il serait avantageux pour l'industrie québécoise de l'ameublement de mieux se sensibiliser aux aspirations du fort contingent de jeunes Québécois qui recherchent la ligne du passé et la touche artisanale, tout en répondant aux contraintes des besoins actuels.

La question qui se pose actuellement est de savoir comment concilier ce retour aux sources et ce culte de l'étranger.

La tradition dans le mobilier

Le pin est le bois le plus courant en ce qui concerne le meuble traditionnel parce qu'il existait autrefois en très grande quantité. C'est un bois tendre qui se travaille facilement avec des outils de facture domestique. L'ancêtre n'était pas toujours un artisan professionnel en titre, bien qu'il était d'une habileté exceptionnelle. Souvent, il n'avait pas les outils nécessaires à la fabrication de ses propres meubles: il devait faire ses outils dans un acier moins dur que l'outil des artisans professionnels. L'artisan employait pour la fabrication de ses meubles des bois provenant de sa terre que nous énumérons par ordre d'importance: le pin, le merisier, le sapin, le chêne, le noyer tendre, le frêne et parfois l'érable, qui était un bois très dur. Il fabriquait ses propres teintures à base végétale, minérale et animale; par exemple, le sang de boeuf servait à faire du rouge, le bleu était fabriqué avec du jus de bleuets mélangé à du lait écrémé, le vert provenait des épinards écrasés et du lait écrémé et le blanc n'était pas autre chose que de la chaux . . . tout simplement!

Chose étonnante, on retrouve sur les meubles traditionnels du Canada français les mêmes dessins et motifs que sur les meubles européens de la Méditerranée et de la Scandinavie. Les meubles du Canada français étaient fabriqués dans les règles de l'art du temps, c'est-à-dire en bois massif assemblé en tenon et mortaise, barré par des véritables chevilles de bois carrées, avec ferrures forgées à la main. Le mobilier traditionnel d'autrefois était fabriqué avant tout par des menuisiers et non par des ébénistes professionnels. D'ailleurs, nous n'avons retrouvé aucune marqueterie dans le meuble du XVIIe et du XVIIIe siècles, sauf peut-être quelques très rares exceptions.

Grâce à la collaboration de Madame Gisèle Olivier des Artisans du meuble québécois, voici quelques caractéristiques de ce mobilier ancien de la Nouvelle-France, d'après l'ouvrage magistral de Jean Palardy, *Les meubles anciens du Canada français*.

Le coffre

Le coffre a un couvercle plat fixé par de grosses pentures et est fermé sur le devant par une serrure à clé solide. Sa construction est simple mais robuste. Il peut être ornementé de losanges, pointes de diamant, coeurs, plis de serviette, etc. Il était placé près du lit et il servait de marchepied pour monter dans le lit. Placé dans la salle commune, il servait de siège.

Coffre-bahut

Le bahut a un couvercle bombé. Il est surtout considéré comme une malle. Il est souvent recouvert de peau de marsouin fourré ou de veau. Au XVIIe siècle, le coffre-bahut, rempli de dentelles et de vêtements, était apporté en trousseau par la mariée.

Le berceau

Le berceau ou « ber » fit son apparition au tout début de la colonie. Généralement, il a quatre quenouilles tournées et de lourds patins courbés. Certains berceaux sont ornés de dessins géométriques ou de panneaux. Quelques berceaux ont au chevet un abri cintré appelé têtière. De petits trous perforés dans les côtés permettaient d'attacher l'enfant. Agréable dans l'ensemble, mais condamné par la pédiatrie, le berceau est en voie de disparition.

Coffre orné de
losanges,
début du XIXe
siècle.

n l'appelait aussi
"coffre d'espérances".

Le ber
à quenouilles,
fin du XVIIIe
siècle.

129

La commode

La commode est un des meubles les plus curieux du mobilier traditionnel. Nous la retrouvons ici, au tout début de la colonie. Au XVIIIe siècle, elle pénètre de plus en plus dans les milieux paysans. Elle est robuste, avec de gros montants et un léger chantournement de la traverse inférieure. Les pieds sont droits et le tour des tiroirs moulurés. La commode « arbalète », d'inspiration anglaise ou américaine, accuse des formes sinueuses et courbes avec un retrait central. Le côté des tiroirs est assemblé au moyen d'une énorme queue d'aronde centrale et de deux demi-queues d'aronde, l'une dans le haut et l'autre dans le bas. Un clou de forge consolide le tout. Le dos est fait de larges planches assemblées à rainures et à languettes.

L'armoire

L'armoire a pour ancêtre le coffre. Elle est, la plupart du temps, d'influence Régence ou Louis XIII. Elle a une, deux ou quatre portes. Il suffit d'enlever les chevilles pour la faire passer d'un étage à un autre. Sa fabrication est de pin, de merisier, de noyer tendre ou de frêne.

Buffet vitré

Il a un ou deux corps. On met la vaisselle dans la partie supérieure, tandis que les aliments et les plats se retrouvent dans la partie inférieure. Son influence est anglaise, américaine ou Louis XV. La technique de fabrication et la sorte de bois utilisée sont les mêmes que pour l'armoire et le buffet.

mode en
~~~ tendre

~~~ isé des
~~~ ux-Arts
Montréal)

~~~ oué à
~~~ tes de
~~~ nant, avec
~~~ s disposés
~~~ cle. Faite
~~~ is de pin.
~~~ machiche
~~~ to Musée
~~~ uébec)

~~~ fet vitré à deux corps.
~~~ ase est l'ancêtre du bahut
~~~ erne tandis que la partie
~~~ aut a fait place à une éta-
~~~ pour déposer faïence et
~~~ alle

Le buffet bas

Appelé aujourd'hui faussement bahut, il est presque identique au corps inférieur du buffet à deux corps et les tiroirs se placent immédiatement au-dessus des vantaux. Quelquefois, il n'a pas de tiroirs.

Le buffet

Tout comme l'armoire, il a pour ancêtre le coffre. Il est d'influence Régence ou Louis XIII. Il y a une grande variété de buffets: buffets bas, buffets hauts à deux corps, buffets hauts à quatre portes sans tiroir, buffets avec deux et trois tiroirs. Sa fabrication est la même que pour l'armoire. Le bois utilisé est le pin, le merisier, le noyer tendre ou le frêne.

Le vaisselier

C'est un meuble très populaire au XVIIIe siècle. Il se divise en deux parties: le corps inférieur est un buffet bas, généralement muni de tiroirs pour la coutellerie. On y rangeait des aliments ou des plats. Sur le plateau, on dressait les plats. Au-dessus du plateau, se trouve l'étagère pour les faïences ou les étains. Il y a aussi le vaisselier pour ranger les seaux et les chaudrons. Il comprend un corps inférieur muni de tiroirs et d'une tablette. Il est généralement de facture primitive.

Les lits

Les lits à quenouilles ou à colonnes, les châlits, les bois de lits, les couchettes sont dans presque toutes les maisons. Le lit joue un rôle important dans nos coutumes. Il est lié au mariage, aux naissances et à la mort. Les baudets sont des lits pliants en toile. Les « roulettes » sont des petits lits très bas dans lesquels se couchent les enfants, et qu'on glisse le jour sous les grands lits. Il y a aussi les lits-bateaux, les lits-traîneaux ou carrioles. Tous les lits avaient leur traversin, leur paillasse et leur matelas bourré de paille, de plume de poule ou de canard, de duvet d'oie ou de cotonnier, ou pour les riches, de plume de tourte.

Les principaux motifs de panneaux sculptés
des armoires et bahuts traditionnels.

t à baldaquin à colonnes
rses, d'esprit Louis XIII.
n du XVII e siècle

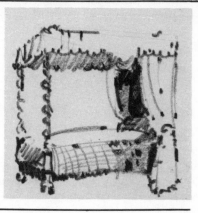

L'encoignure

En Nouvelle-France, on lui donne les noms « d'armoire de coin », de « coincoin » ou de « coin ». L'encoignure est un meuble dont la base constitue un buffet à un ou deux tiroirs, dont le haut est le plus souvent vitré.

Elle sert, comme le vaisselier, à ranger, dans le corps inférieur, des aliments ou des plats; et dans le corps supérieur, la vaisselle comme parure. Les plus anciennes furent construites en même temps que la maison, dans un coin de la salle commune. Elles n'avaient qu'une façade, le mur de crépi blanchi sur lequel elles étaient appuyées leur servait de fond. L'encoignure est à la fois un meuble utilitaire et de luxe.

Les tables

Il y a des tables rondes, carrées ou ovales. Les plus communes sont les tables pliantes. Les pieds sont droits, chanfreinés ou tournés. Il existe trois sortes de tables d'esprit Renaissance et Louis XIII à piètement différent. Il y a aussi plusieurs genres de tables de réfectoire, des petites tables à pieds cambrés, des tables à desserte, des demi-lunes, des petites tables coiffeuses à pieds de biche, d'esprit Régence. La table à bascule ou table fauteuil est très répandue chez l'habitant du XIXe siècle. Ajoutons le guéridon et les petites tables paysannes.

La chaise devient. . . . . table.
C'est ainsi que s'installe la polyvalence
dans notre mobilier

L'espace est bien
occupé par
l'encoignure...

Table de réfectoire. (Gracieuseté des éditeurs Brault et Bouthillier)

Les sièges

Les tabourets, escabeaux, bancs sont en usage dès le début de la colonie. Ce sont des sièges qui n'ont pas de dossier et qui sont faciles à déplacer. Les bancs à dossier apparaissent au XVIIIe siècle. Le banc coffre ou « banc de quêteux » sert de siège le jour et de lit la nuit. Les deux types de chaises les plus répandues sont la chaise en bois d'assemblage et la chaise paillée et tournée. Elle est généralement faite de merisier et est d'esprit Louis XIII. C'est un siège léger que l'on peut déplacer facilement. Le fond est en écorce ou en « babiche ». Il y a d'abord la chaise à bras, puis le fauteuil de style Louis XIII et Louis XIV, sans oublier la chaise « os de mouton » et les bergères. Il reste très peu de ces fauteuils, la plupart ayant péri dans des incendies.

Les berceuses

Symbole de la bonne hospitalité au pays du Québec, la chaise berceuse ou « chaise berçante » aurait été inventée par Benjamin Franklin. Presque inconnue en France, cette chaise existait depuis longtemps en Suède et en Finlande. C'est vers 1820 qu'une chaise berceuse originale apparaît: la « Boston rocker ». Nos menuisiers s'inspirant de cette chaise ajoutent des patins à nos chaises et à nos fauteuils droits paysans.

Vous trouverez intéressant d'observer, à l'occasion, les horloges, rouets, lustres et tissus d'ameublement.

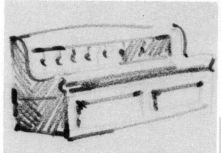

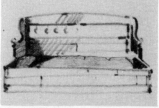

Le banc du quêteux
sert de banc

.... et de lit

Berceuse en bois de frêne peint. Détail du dossier. Motifs sculptés et ajourés: étoiles, fleurettes, figures géométriques. XIXe siècle. (Photo Musée du Québec)

Une belle collection de chaises anciennes; tous les types pour tous les âges de la vie... et même pour la poupée!

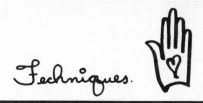

Classification des produits
mis actuellement sur le marché

1 — Copies de meubles anciens

Plusieurs ateliers québécois produisent des copies de meubles authentiques et le font avec un grand art. Ils reproduisent fidèlement avec tous les détails le meuble tel qu'il était lorsqu'il était neuf. Il existe cependant dans ces ateliers différents modes de production.

a) *Les productions individuelles* sont créées en entier par un seul artisan, et non par une équipe. M. M. Légaré, de Neuchâtel, Louis Lebeau, de Daveluyville, Luc Boivin, de Saint-Cuthbert, et Michel Bédard, d'Orsainville, sont de ces artisans qui se spécialisent dans la copie de meubles anciens. M. Légaré explique ainsi la conception qu'il se fait de son art: « Les gens commencent à comprendre que mieux vaut avoir une bonne reproduction que finir ses jours en caressant le rêve impossible d'acquérir un original introuvable ou trop coûteux. Mon but, c'est de faire connaître le meuble canadien et de faire revivre un art. Cette partie de mes traditions, il faut à tout prix la conserver et la maintenir. »

b) *Les productions en équipe* sont en général faites à la main mais les grosses pièces sont d'abord dégrossies à la machine. Le Bahutier de Saint-Hyacinthe est l'exemple type de ce genre d'atelier. Les meubles construits par J.-Roland Morrissette, propriétaire de cette entreprise, sont tous de bois solide et celui-ci n'utilise pas le placage. Ils sont reproduits dans leurs dimensions originales à moins que le client ne demande certaines modifications discrètes comme aménager l'intérieur avec des cintres métalliques ou des tiroirs à glissières. M. Morrissette déclara au cours d'une émission télévisée que son meuble doit être « aimé d'amour » par celui qui l'achètera. A ceux qui demandent des meubles « sans clous », il répond que « le meuble avec clous a toujours existé dans les villages où il y avait des forgerons et, qu'après tout, Notre-Seigneur n'a pas été « chevillé » à la croix mais cloué; on ne peut pas dire qu'un meuble est vieux parce qu'il n'a pas de clous ». Les meubles

Roland Morrissette continue la tradition. (Photo Réal Brodeur)

sont signés à l'atelier et l'année de la fabrication est indiquée à la pyrogravure. Les meubles peuvent être échangés en tout temps. M. Morrissette nous dit que dans toute sa carrière de menuisier, il lui en est revenu deux en douze ans de métier. Déjà des collectionneurs en font un placement.

c) *Les productions semi-industrielles* sont faites en grandes séries par l'industrie spécialisée. Elles sont signées par un expert qui assure l'authenticité du modèle. Toutefois, elles ne sont pas considérées comme des produits de l'artisanat. Elles révèlent généralement certains placages dans les fonds de tiroir, sur l'arrière du meuble, etc., ce qui évidemment diminue les coûts de production et la qualité technique du produit. Les magnifiques collections « Le Seigneurie » créées par Simmons et signées par Palardy font partie de cette catégorie.

Armoire en bois sculpté de motifs floraux.

Trois types d'armoires créés par Le Bahutier: à panneaux ravallés, chantournés et à pointes de diamant. (Photo Réal Brodeur)

2 — Les interprétations de la tradition

a) INTERPRÉTATION FORMELLE

Certains ateliers n'ont retenu que les principales lignes formelles du meuble ancien. Les meubles Thibault, Poitras, Rennel et Brouillette, par exemple, s'inscrivent dans cette ligne; ils sont réalisés en usine. Ce ne sont pas véritablement des produits d'artisanat, mais plutôt des produits de l'industrie du meuble, bien exécutés et d'une bonne solidité. C'est avec ténacité que Le Villageois de la Beauce fait des efforts sincères pour créer des meubles qui s'inspirent des lignes formelles du meuble ancien.

b) ADAPTATION FORMELLE ET TECHNIQUE

Les meubles de cette catégorie s'inspirent des anciens meubles du Canada français. Les modèles sont puisés aussi bien dans le milieu rural que dans le milieu aristocratique. Ils sont adaptés à l'architecture contemporaine, les appartements étant beaucoup plus petits qu'avant ... et les besoins aussi. Cependant, les détails techniques sont authentiques et reprennent les caractéristiques du mobilier ancien.

Les Artisans du meuble québécois, rue Saint-Paul à Montréal, sont les dignes représentants de cette orientation nouvelle. Curieusement, cette entreprise, que nous utilisons cette fois à titre d'exemple, semble plus connue en Europe que dans notre province. Au risque d'en étonner plusieurs, les Artisans du meuble québécois donnent une garantie de cent ans sur leurs produits. Ceci se comprend aisément quand on connaît la résistance des meubles construits avec tenons et mortaises.

Comme nous le dit M. Claude Olivier, fondateur de cet atelier, chaque meuble est marqué au fer rouge du sigle des A.M.Q., numéroté et livré avec un certificat portant les numéros du meuble, ce qui permet de référer aux noms du concepteur, de l'ébéniste et du forgeron. Grâce à cette précaution, les antiquaires pourront préparer, sans doute, leur marché quelques années à l'avance.

Les meubles des Artisans du meuble québécois ne sont pas des copies. Un détail d'une bibliothèque inspirée des anciens lits Louis XIII. (Gracieuseté des Artisans du meuble québécois)

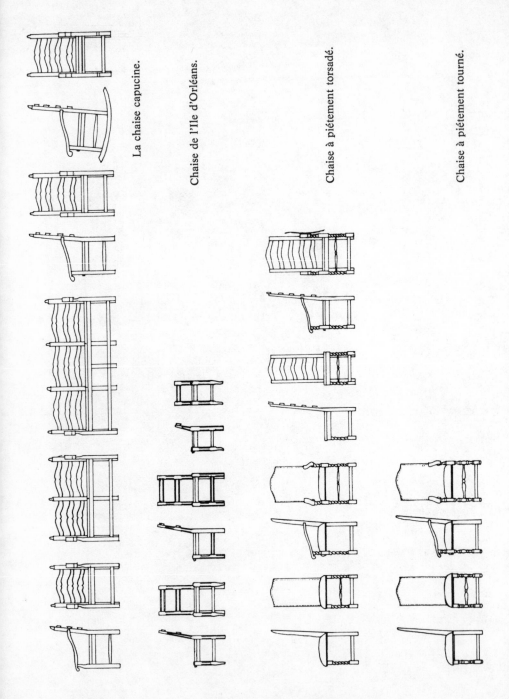

La chaise capucine.

Chaise de l'Ile d'Orléans.

Chaise à piétement torsadé.

Chaise à piétement tourné.

146

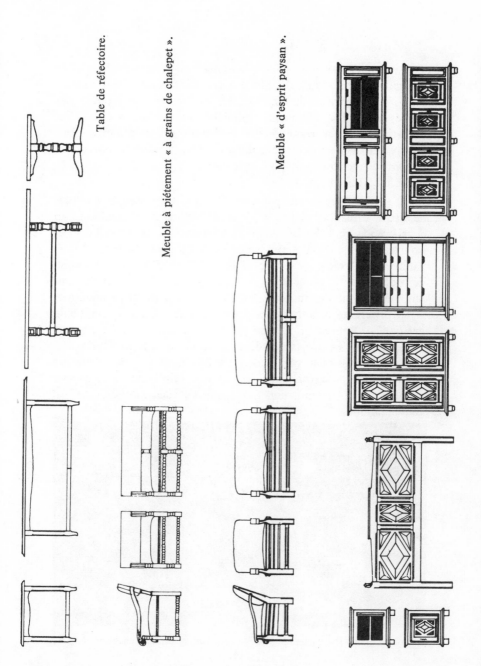

Table de réfectoire.

Meuble à piétement « à grains de chalepet ».

Meuble « d'esprit paysan ».

Mobilier de chambre à pointes de diamant.

c) VARIATION SUR UN THÈME

Sans aller jusqu'à vouloir adopter une technique ancienne particulière, mais dans le but évident de retrouver des valeurs sûres, de nombreux designers québécois tentent de trouver des formes nouvelles, alliant la simplicité du meuble ancien à sa robustesse et à son franc décor. Ils bannissent au départ les fins profilés du teck et cherchent dans les bois comme le pin blanc, préparé en contreplaqué ou autrement, de nouvelles façons de s'exprimer librement.

C'est dans cet esprit, par exemple, que fut conçu le mobilier de haute direction réalisé pour le ministère du Travail et qui devait répondre à des besoins de polyvalence, sans renier l'expression traditionnelle. Les six tables « satellites » et la table principale ont été exécutées par les ébénistes Sainte-Marie et Laurent, de Montréal. Le concept de cet ensemble consiste à réunir sous une même table des unités « satellites » qui peuvent se regrouper selon différents arrangements pour recevoir de une à vingt-cinq personnes. Reprenant le système des abattants, le concepteur a muni chacune de ces tables de panneaux qui, une fois relevés et regroupés, dessinent par leur texture des motifs de pointes à diamant. La table principale est faite de plein bois, scs côtés sont chanfreinés et retenus par des tenons et des mortaises. C'est contemporain!

Le mobilier dans son ensemble. Il a été construit en orme, placage et plein bois.

Les tables dissimulées sous la table de travail peuvent s'ouvrir et se placer en différentes positions pour les discussions de groupe. Maquette du concept.

Les tables « satellites » s'ouvrent comme les anciennes, selon le principe des « abattants ». La forme des encoignures traditionnelles est conservée.

Table pliante à volets ouverts. Les contreplaqués forment des motifs de courtepointes ou de pointes à diamant.

149

Les détails de la table de travail faite de bois massif.

Rebois et moulures raffinés à l'ancienne. Table en bois solide

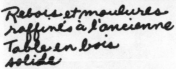

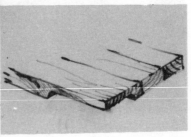

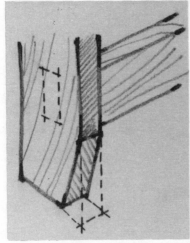

Les pieds des tables de service ont été coupés en biseau. Les assemblages sont faits de tenons et mortaises dans de nombreux cas

Table pliante inspirée de la Table à "abattants". Les charnières sont à moulure profilée

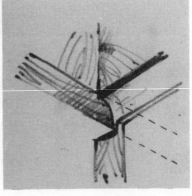

150

Caractéristiques

Voici quelques caractéristiques que vous retrouverez dans différentes lignes de produits actuellement sur le marché. Ces caractéristiques sont des signes de qualité technique et d'attachement porté à la tradition.

Fabrication en bois massif

« Ils ne représentent en aucune façon l'élégance raffinée de luxe que l'on recherchait à Paris ... Point de bois exotiques, de marbre, d'or moulu, de bronze finement ciselé, ornements inimaginables dans les chaumières primitives des défricheurs de nos forêts canadiennes. Nos meubles sont des meubles régionaux, d'une autre région de France, d'une autre province, plus rustiques peut-être, mais d'un charme égal. »

Jean Palardy,
Les meubles anciens au Canada français, 1971.

Meuble massif. (Gracieuseté des éditeurs Brault et Bouthillier)

Tout comme les meubles traditionnels du Canada français, la fabrication du meuble d'inspiration québécoise est de bois massif. En général, le meuble québécois est fait de planches et se limite à ces trois essences: pin, noyer tendre et frêne. C'est un mythe que de croire qu'on peut compter sur une grande quantité et variété de bois d'ébénisterie même si nous vivons dans une province où il y a beaucoup de forêts. Nous avons beaucoup de bois de pulpe, mais pour faire du meuble, en 1975, nous devons aller chercher le pin jaune dans la région d'Ottawa parce que l'on n'en trouve plus chez nous. En ce qui concerne le noyer tendre, non seulement il est rare, mais il est présentement attaqué par un termite qui le fait mourir. Nos ormes connaissent le même sort. Vers la fin des années 30, on tentait de camoufler le pin et le noyer tendre, les préjugés voulant qu'ils ne soient pas des essences nobles. Aujourd'hui, ils valent leur pesant d'or.

Assemblage avec tenons et mortaises / rainures et languettes

Plusieurs personnes s'étonnent de voir, au XXe siècle, des artisans planter des chevilles de bois pour tenir le tenon dans la mortaise quand il serait beaucoup plus simple de planter une vis ou un clou. Les avantages du tenon et de la mortaise barrée par une véritable cheville de bois carrée sont réels, parce que la mortaise est inamovible. Quand on utilise une vis, elle finit souvent par ronger le bois et le meuble commence à se disloquer.

Accessoires faits à la main

Toutes les ferrures que nous retrouvons sur les meubles québécois d'autrefois sont forgées à la main. Elles ne sont pas peintes mais noircies au feu après avoir été trempées dans un bain d'huile, de préférence vieillie par le temps. Aujourd'hui, beaucoup de ces accessoires que nous trouvons sur les copies anciennes nous viennent d'Europe où ce type d'articles de quincaillerie est toujours en usage. Cette situation devrait inciter de jeunes forgerons à ressusciter l'art de la forge que nous rappellent si fièrement les coqs de nos clochers ... symboles de vigilance, n'est-ce pas?

152

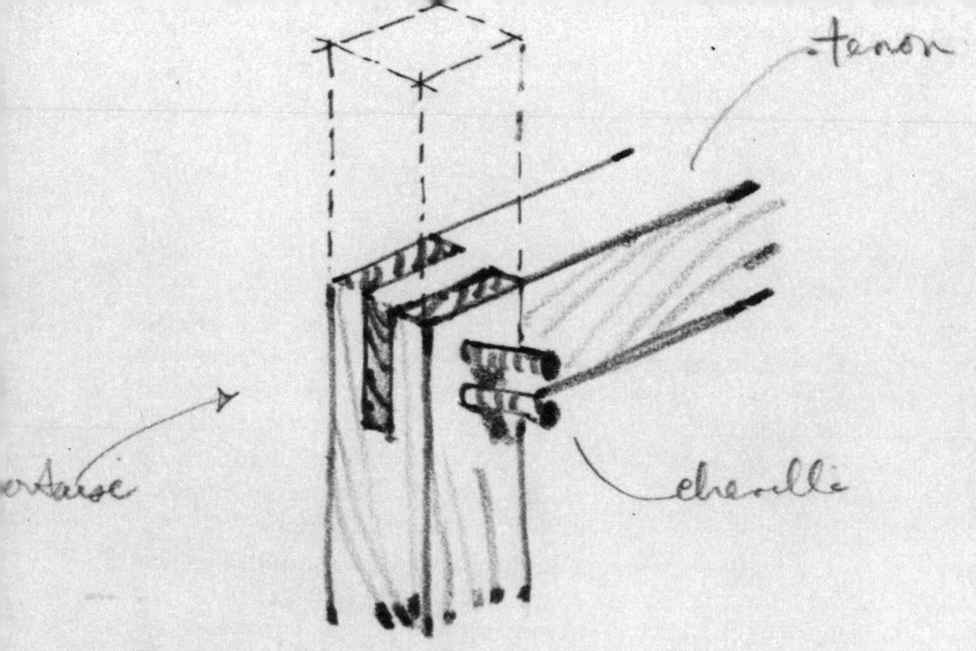

tenon

mortaise

cheville

Assemblage avec tenons et mortaises

Assemblage avec rainures et languettes.

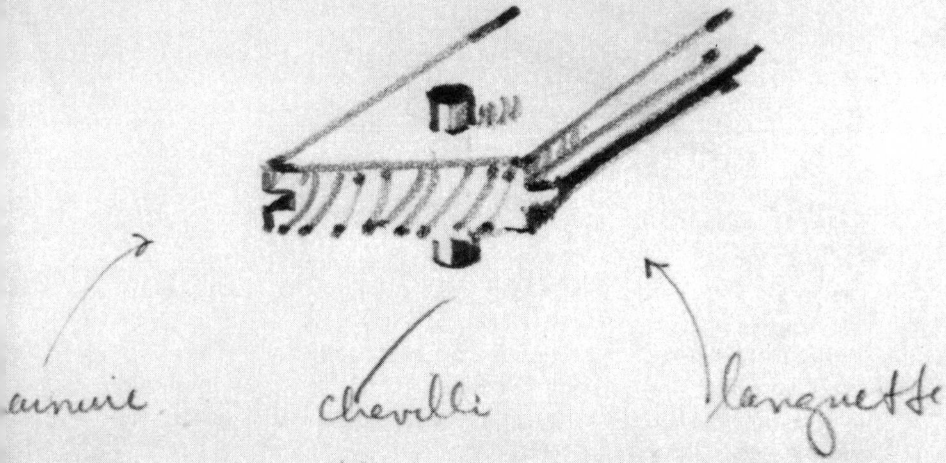

rainure   cheville   languette

autrefois les ancêtres posaient les
et les clous en biais pour plus d
Cette coutume est encore en vi g

Finition arrière et fond de tiroir

Beaucoup de meubles qui sont fabriqués aujourd'hui dans l'industrie sont finis à l'arrière avec du carton très épais, ce qui n'aide ni à l'apparence ni à la solidité du produit. Les bois pleins, planches, ou contreplaqués doivent être utilisés pour cette partie du meuble.

Il en est de même pour les côtés de tiroir qui doivent avoir une certaine épaisseur. Les côtés assemblés «à queue d'aronde» ne doivent pas avoir une épaisseur inférieure à ½ pouce (1,27 cm).

Les amateurs d'antiquités feront bien de consulter la bible du mobilier traditionnel qu'est l'ouvrage de Jean Palardy. Ils y trouveront des conseils très spécialisés et une information de première main qui les guidera dans leurs achats.

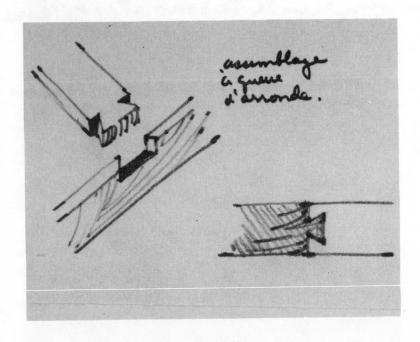

Le principe de la queue d'aronde; elle peut être borgne (invisible) ou faite par chevauchement ou à onglets.

Tiroir et fond de tiroir bien exécutés avec queue d'aronde.

Les arrières des meubles québécois sont en bois solide.

L'étiquette d'authenticité culturelle

L'étiquette pour les meubles contemporains d'inspiration traditionnelle comprend:
— le nom et l'adresse de l'artisan;
— le numéro de série, s'il y a lieu;
— le nom des matériaux employés;
— la description de l'entretien.

Le meuble doit être signé à la pyrogravure par l'artisan et porter la date de fabrication.

Comment on fabrique les fausses antiquités

Méfiez-vous des faux. Ecoutez plutôt un faussaire nous raconter les raffinements de son art. « Après avoir trouvé du vieux bois, nous fabriquons notre meuble de la façon traditionnelle, c'est-à-dire tenons, mortaises, etc. Sa fabrication terminée, nous creusons un trou, nous enterrons le meuble en prenant soin d'introduire dans le trou du fumier pour vraiment donner l'impression que le meuble a passé plusieurs années dans une grange ou dans un hangar. Puis, nous le laissons reposer dans ce trou enterré de fumier durant une période de 3 à 6 mois. Après avoir déterré ce meuble, nous l'arrosons abondamment d'eau javelisée puis, avec une brosse d'acier, nous l'égratignons jusqu'à le déchirer et, comme nous devons pousser le sadisme jusqu'au bout, nous le flagellons avec des chaînes à tracteur. Les plus raffinés dans leur art iront jusqu'à tirer des plombs avec une carabine à plomb dans le but d'imiter les trous de vers et, pour terminer, on prendra soin de bien polir le meuble avec de la cire d'abeille autant que possible. Lorsque ce chef-d'oeuvre est complété, on fait venir un expert pour authentifier cette antiquité tant recherchée. »

A notre avis, il vaudrait beaucoup mieux, si l'on tient vraiment à la reproduction d'anciens meubles, leur laisser la chance de vieillir silencieusement. Une bonne philosophie de la matière interprète les coups et les blessures apportés par les gestes quotidiens comme un signe de maturité et de vie.

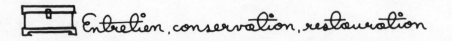

Chaque catégorie de meuble exige un entretien particulier.

Les meubles huilés

Les meubles anciens n'étaient pas huilés mais plutôt « encaustiqués », c'est-à-dire enduits d'une couche de cire mélangée à de la térébenthine et frottés avec des chiffons de laine pour les faire briller. Ce qui est important dans cette catégorie de meuble, c'est d'éviter les produits en aérosol, les huiles de citron et l'emploi de linges humides.

Il ne faut jamais utiliser d'huile de lin pure. Il est bien évident que l'huile de lin pure ne sèche pas vite et « poisse ». Si on veut l'employer, on doit la mélanger à 50% d'essence de térébenthine; on obtient alors une surface mate. Le procédé active le séchage, tout au plus. Cette huile étant trop riche pour le bois, elle laisse un surplus qui n'est pas absorbé en surface. Au contact de l'air, le bois devient résineux. Cependant, de nouvelles huiles sont présentement sur le marché comme les huiles de teck. Elles doivent servir sur les bois décrits sur le contenant et vous devez vous assurer qu'elles donneront la couleur désirée.

Les meubles vernis ou finis au polyuréthane

Ainsi recouvert, le meuble ancien ne peut pas respirer, car le bois est prisonnier sous de nombreuses couches de laque et se déshydrate immédiatement, si ce même meuble est placé dans une pièce surchauffée. Nous devrions donc libérer le plus tôt possible nos meubles anciens québécois de leur vernis et ne pas vernir les nouveaux car cela fait jaunir le bois sans lui apporter une belle patine. Veut-on dire qu'il faut décaper tous les meubles vernis? Non; certains bois se prêtent bien au vernis appliqué à la main ou au pistolet comme l'acajou, la palissandre et les bois d'arbres fruitiers en général (cerisier, amarante, bois de rose, etc.). Les bois qui ont été teintés et la marqueterie doivent être vernis pour que soit préservée la teinture. Quoi de plus somptueux qu'une belle commode ancienne en marqueterie, vernie au tampon?

Les meubles de bois ciré

Cette catégorie, nous pouvons l'appeler sans hésitation la catégorie des bois privilégiés, surtout si ces meubles sont entretenus à la cire d'abeille, communément appelée cire des artisans. Les amateurs de meubles non peints savent qu'ils peuvent utiliser des cires d'abeille colorées qui savamment mélangées peuvent donner des couleurs des plus originales et des plus chaudes. Il se dégage une sensualité particulière à caresser un bois ciré à la cire d'abeille, surtout si celle-ci est traitée au son et à l'arcanson. Ceux qui ont des antiquités et qui voudraient rafraîchir les finitions peuvent procéder de la façon suivante: prenez deux chiffons, un dans chaque main, imbibez un chiffon de décapant à cire, frottez-le sur votre meuble de façon circulaire pour bien délayer la vieille cire puis, de votre chiffon sec, absorbez la cire déjà délayée. Par la suite, vous n'avez qu'à appliquer avec les doigts une cire d'abeille naturelle vieux pin ou vieux frêne, au choix. La chaleur des doigts fait fondre la cire, ce qui a pour effet de la faire pénétrer davantage dans le bois. Vous obtiendrez par ce procédé une patine beaucoup plus éclatante. M. Morrissette conseille d'utiliser aussi la cire d'abeille pour les meubles vernis et peints; c'est un excellent protecteur.

Lectures suggérées

BARBEAU, Marius, *Au coeur du Québec,* Montréal, Editions du Zodiaque, 1934.

BARBEAU, Marius, *J'ai vu Québec,* librairie Garneau, 1957.

BERSUDSKY, Sid, *Design, progrès, bénéfices, meilleurs produits,* Brochure du ministère de l'Industrie et du Commerce du Canada, direction générale du design, Ottawa, 1971.

DUMOUCHEL, RACINE, BÉDARD, CLOUTIER, *Le mobilier traditionnel,* Collection au Québec, Editions Brault et Bouthillier, Montréal, 1973.

GAUTHIER, Joseph Stanly, *La connaissance des meubles régionaux français,* Editions Moreau, Paris, 1952.

GAUVREAU, Jean-Marie, *L'Ecole du meuble,* revue technique, 1943.

GAUVREAU, Jean-Marie, *Evolution et tradition des meubles canadiens,* Mémoires de la Société royale du Canada, Tome XXXVIII, 1944.

GENÊT, N., DÉCARIE-AUDET, L., VERMETTE, L., *Les objets familiers de nos ancêtres,* Editions de l'Homme, Montréal, 1974. Etude terminologique des objets anciens avec photos et dessins très clairs. 303 pages.

GRAND, Jacques, *Géographie de l'industrie manufacturière du Québec,* vol. 1, publication du ministère de l'Industrie et du Commerce du Québec, Editeur du Québec, 1970.

HAVARD, H., *Dictionnaire de l'ameublement et de la décoration depuis le XVIIIe siècle jusqu'à nos jours,* Quantin, Paris, 1890.

HOTJE, Gerd and Ursula, *Design from Scandinavia,* World Pictures Publications, Copenhague, 1962.

KASTHOLM, Jorge, *Arne Jacobsen,* Editions Host & Sons, Copenhague.

LESSARD, M. et MARQUIS, H., *Encyclopédie des antiquités du Québec,* Editions de l'Homme, Montréal, 1973. 525 pages.

LESSARD, M. et MARQUIS, H., *Encyclopédie de la maison québécoise, trois siècles d'habitation,* Editions de l'Homme, Montréal, 1974.

LESSARD, M. et VILANDRÉ, G., *La maison traditionnelle au Québec,* Editions de l'Homme, 1974. 493 pages.

MARTIN, Louis-Paul, *La berçante québécoise,* Editions Boréal Express, Trois-Rivières. Les légendes, la technologie, les outils, la fabrication, la liste des artisans de 1790 à 1890. Une recherche facile à consulter.

MORISSET, Gérard, *Coup d'oeil sur les arts de la Nouvelle-France,* Editions Champlain, Québec, 1941.

PALARDY, Jean, *Les meubles anciens du Canada français,* Cercle du livre de France, 1971. 411 pages. La bible des connaisseurs.

PALARDY, Jean, *The Early Furniture of French Canada,* MacMillan of Canada, 425 pages.

SALONE, Emile, *La colonisation de la Nouvelle-France,* Editions Boréal Express, Trois-Rivières.

SÉGUIN, Robert-Lionel, *La civilisation traditionnelle de l'« habitant » aux XVIIe et XVIIIe siècles,* Fides, Montréal, 1967.

SOEUR SAINT-ACHILLAS, *Bibliographie analytique sur l'artisanat canadien,* Québec, 1962. Document de thèse.

TRAQUAIR, Ramsay, *The old architecture of Quebec,* MacMillan, Toronto, 1947.

WADE, Masson, *Les Canadiens français par Masson Wade,* Le Cercle du livre de France.

maison chevalier à Québec, Place Royale

À voir

Comme il y a intérêt à voir les meubles dans leur environnement naturel, nous vous suggérons quelques monuments intéressants où vous pourrez les admirer à votre aise. Voici également une liste importante de musées régionaux qui présentent eux aussi des collections significatives pour l'ensemble de l'architecture et du mobilier québécois.

Musées

Musée du Saguenay, 534 est, rue Jacques-Cartier, Chicoutimi. Musée d'ethnographie régionale. Collection de plus de 16,000 pièces, dont un grand nombre de meubles régionaux.

Musée Louis Hémon, boul. Panoramique, Mistassini, Roberval. Ouvert du 1er mai au 30 septembre. Collections rappelant la vie des pionniers de Mistassini (meubles, vaisselle et outils).

Musée des Grondines. Ethnographie régionale: illustration du mode de vie des premiers habitants.

Musée Françoise-Pilote, Collège de La Pocatière. Ouvert du 1er juin au 4 septembre. Thématique de la maison paysanne vers 1890.

Musée Laurier, 16, rue Laurier, Arthabaska. Meubles de Sir et Lady Laurier ainsi que meubles victoriens.

Manoir-presbytère de Batiscan, 340, rue Principale, Batiscan. Ouvert du 1er juin au 30 septembre. Collections de meubles et d'horloges.

Maison Saint-Gabriel, 2146, rue Fafard, Montréal. L'ancienne maison des « Filles du Roy » fondée par Marguerite Bourgeoys. Reconstitution intégrale.

Musée Honoré-Mercier, Sabrevois, comté d'Iberville. Ouvert du 1er mai au 30 septembre. Reconstitution d'une maison de ferme de 1840. Meubles et objets ayant appartenu à Honoré Mercier.

162

Le vieux moulin Cornell et Le magasin général Hodge, Stanbridge est. Ouvert du 15 juin au 10 octobre. Pièces de mobilier du XIXe siècle. Reconstitution authentique d'un magasin général.

Musée historique de Vaudreuil, 431, boul. Roche, Vaudreuil. Musée d'ethnographie régionale. Collections importantes.

Château de Ramezay, Montréal. Pièces meublées du début du XVIIIe siècle.

Musée du Québec à Québec. Collection de meubles « Coverdale ».

Musée des Beaux-Arts de Montréal. Intéressante collection.

Forteresse de Louisbourg en Nouvelle-Ecosse. Chef-d'oeuvre de restauration exécuté sous la direction technique de Jean Palardy.

Quelques belles églises anciennes

Eglise de l'Assomption.
Plans de Victor Bourgeau, architecte de Montréal, 1865.
Intérieur de l'église en bois sculpté, peint et doré.
Le décor, sauf la chaire, a été exécuté sous la direction de Victor Bourgeau.

Eglise de Saint-Augustin (Portneuf).
Intérieur de l'église construit de 1809 à 1816.
Voûte à caissons en bois sculpté peint en blanc et orné de dorures.
Oeuvre des sculpteurs Séguin, Berlinguet et Dugal, 1816-1817.

Eglise de Deschambault (intérieur de l'église)
Plan de Thomas Baillargé, vers 1832, d'après la Cathédrale anglicane Saint-Patrice de Québec.
Sculpture sur bois d'André Paquet, 1841-1855.

Façade de l'église Sainte-Famille de l'Ile d'Orléans, construite en 1743.
Les petits clochers ont été construits en 1807 et le clocher central a été élevé en 1843 d'après les plans de Thomas Baillargé.

Eglise de Saint-Mathias, vallée du Richelieu.
   Voûte du sanctuaire par Saint-James et Baret.
   Maître-autel par Louis Quevillon, 1803-1804.

Eglise de Saint-Jean-Port-Joli.
   Intérieur sculpté par les artisans du village.

Eglise de l'Acadie.

Eglise du Saut-au-Récollet.

Ile d'Orléans: St. Pierre — début 1716 —
Clocher André Paquet 1839

Baie Saint-Paul... La Remi
Le Moulin de mon grand père Fortin
Fin du XVIIe siècle

Quelques belles maisons

Maison Chevalier, Place royale, Québec.
Maison Villeneuve, fin du XVIIe siècle, Charlesbourg.
Le moulin Fortin, fin du XVIIe siècle, La Remi, Baie-Saint-Paul.
Maison Trudel, 1725, Beaumont.
Maison de colombage « pierroté », Rimouski.
Les Ecuries d'Youville, Vieux-Montréal.

t prenez les champs !

Les textiles

Les teintures végétales

Au zon-zon des moustiques qui
bâillent dans les sentiers du vent
de sécheresse, les laines poussent et
se mêlent gaiement . . . les teintes que
la belle apprête dans l'écorce d'aulne,
la fougère et le genèvrier.

Mgr Félix-Antoine Savard

« La teigneuse de laine », bronze de
Laliberté (1878-1952), Musée du
Québec.

Contribution au développement

Parmi les opérations qui acheminent la laine du mouton vers le métier, la teinture végétale me semble la plus poétique; d'abord parce que chaque saison apporte des couleurs nouvelles et ensuite parce que chaque expérience fournit à l'artisan un choix de couleurs que l'industrie ne peut lui offrir.

Chaque pays a ses couleurs comme chaque pays a ses arbres et ses insectes bien à lui. Teindre avec des plantes, des écorces, des racines, des fleurs et des fruits du pays, c'est exploiter ses propres ressources, ses propres paysages. C'est pour cela que l'art de teindre est un art très ancien. Des fragments de tissus teints datant de plus de 3,000 ans avant Jésus-Christ ont été identifiés. C'est de l'Orient, paraît-il, que nous serait venu le secret de cet art. Au Canada, selon Robert-Lionel Séguin, on se demande si nos aïeules n'ont pas appris les recettes de l'Amérindien. « De bonne heure, l'indigène fabrique des teintures de couleur rouge, blanc, brun et orange ». (1) Le 10 avril 1721, le jésuite Charlevoix décrit les arbres qu'il voit à Chambly. « La péruffe (pruche), écrit-il, est gommeuse, mais elle ne jette pas assez de gomme pour qu'on puisse en faire usage: son bois dure longtemps en terre sans se pourrir, ce qui le rend très propre à faire des clôtures, son écorce est fort bonne pour les tanneurs, les sauvages en font une teinture qui tire sur le turquin. » « Les couleurs dont on se sert dans ces bleu foncé en ces occasions, précise-t-il, sont les mêmes qu'on emploie pour teindre les peaux et elles se firent de certaines terres et de quelques écorces d'arbres. » (2)

C'est au XIXe siècle, avec les teinturières de la Côte de Beaupré, de l'Ile d'Orléans et de Charlevoix que cet art atteindra son apogée. Pour Séguin, aucune tisserande ni aucune teinturière ne

---

(1) Séguin, R.-L., *Ethnologie québécoise*, chapitre intitulé « L'art de la teinture en pays de Charlevoix », p. 187 à 196.

(2) Avila, Soeur Thérèse d', *Teintures végétales, 200 recettes éprouvées extraites des plantes de chez nous*, Ecole ménagère de Sainte-Martine, 1941.

peuvent se mesurer à celles de Charlevoix. C'est tant par la richesse que par la variété des couleurs que cet art s'est transmis d'une génération à l'autre pour teindre la laine ou le lin.

Mais les recettes écrites de ces dames, comme Mesdames Arsène Simard et Léon Gauthier de Baie-Saint-Paul, n'existent pas plus que la recette de tourtière de ma mère. Ça dépend de tellement de choses! Comme elles disent: « On voit au fur et à mesure ».

Nous devons à O.-A. Bériau, le fondateur de l'Ecole des arts domestiques de la province de Québec, de nous avoir laissé en 1933 ce document important: *La teinture domestique.* Plus tard, en 1941, Soeur Thérèse d'Avila des Soeurs de Jésus-Marie écrivait un volume renfermant deux cents recettes éprouvées. Présentement, c'est une autre religieuse, Soeur Pauline Roy, c.n.d., qui semble se consacrer à la plus sérieuse recherche dans ce domaine. Installée au Centre de conservation de la nature du mont Saint-Hilaire, elle expérimente l'art de filer et de teindre avec la « patience d'un ange ». Pour ceux qui l'ignorent, le Centre de conservation est un organisme dont les objectifs sont d'aider l'université McGill à protéger toute la montagne, grâce à un programme d'interprétation de la nature destiné au public, et à sauvegarder la réserve biologique pour la recherche.

Faire bouillir les plantes, les fleurs ...

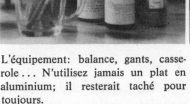

Techniques.

Comment teindre la laine des moutons ou le lin? Nous expliquerons très brièvement les trois opérations principales:

1. laver et blanchir;
2. mordancer;
3. teindre.

Le matériel de base: les mordants (acide tartrique, ammoniaque, bichromate de potasse, cuillères à mesurer)

L'équipement: balance, gants, casserole... N'utilisez jamais un plat en aluminium; il resterait taché pour toujours.

...de la laine... évidemment.

1. Laver et blanchir

Laver la laine, c'est la nettoyer non seulement des brins d'herbe et des saletés extérieures, mais c'est également enlever la graisse ou le suif contenus dans la toison du mouton. Pour dégraisser la laine, de nombreuses solutions chimiques peuvent être employées, mais on conseille d'utiliser un savon neutre ne renfermant aucune graisse, libre de résine et d'huile minérale. Les meilleurs savons pour le dégraissage sont les savons à l'huile d'olive. Après le bain, secouer la laine légèrement et la rincer jusqu'à ce que l'eau soit claire.

Soeur Pauline Roy nous conseille ce qui suit: « Lavez la laine à l'eau chaude (100° F ou 38° C) avec trois ou quatre onces (84 à 112 g) de savon neutre dans cinq gallons (22.75 l) d'eau par livre (454 g) de laine. Soyez assuré que l'eau recouvre la laine. Rincez dans une eau de même température trois ou quatre fois jusqu'à ce que tout le savon soit éliminé. Vous pouvez ajouter une petite quantité de vinaigre au dernier rinçage pour débarrasser complètement la laine du savon. En général, la façon dont la laine est lavée affecte la couleur qu'elle prendra par la suite. »

Lorsqu'on veut obtenir une laine bien blanche ou avoir des nuances très claires, on doit la blanchir ou la débarrasser de son jaune naturel. Différentes méthodes existent. Les spécialistes connaissent le blanchiment au soufre, au peroxyde d'hydrogène, aux acides, au carbonate de potasse et à l'ammoniaque. Ces méthodes ont reçu l'approbation de Bériau.

Pour ce qui est du lin, une fois arraché, battu et roué, il faut également le débarrasser de l'huile et de la cire qu'il contient par une bonne épuration chimique. Il faut aussi le blanchir si on ne le veut pas naturel. Les procédés sont plus longs et l'opération demande plusieurs bains dans des solutions d'acide.

2. Mordancer

Mordancer la laine, c'est la rendre capable d'absorber la teinture. Les mordants sont les solutions employées pour aider les couleurs à se fixer sur les fibres et à les pénétrer.

Les mordants les plus connus sont les sels de cuisine, le vinaigre, la crème de tartre, l'ammoniaque, l'alun, l'acide sulfurique, le bicarbonate de potasse, le sulfate de cuivre (couperose), le sulfate de fer (couperose), le carbonate de soude (soda à laver), le chlorure d'étain, l'acide gallique. Mais l'histoire rapporte, selon Clarence Gagnon, que les femmes de Saint-Hilarion utilisaient l'urine de brebis ainsi que l'urine des jeunes garçons comme mordants, ce qui a donné le résultat que Séguin a vanté en ces termes, lorsqu'il parle de l'art de la teinturerie au Québec: « Boutonnues, baiseuses, point-de-croix, flanelles, ainsi que couvertures croisées, à la planche et à la mode attestent de la dextérité, de la sensibilité et du goût de ces artisanes dont l'art du tissu peut avantageusement rivaliser avec celui de n'importe lequel pays du monde ».

Ces mordants sont choisis en raison des affinités de tel matériau avec tel autre. C'est ainsi que le choix du mordant entraîne une bonne ou une moins bonne résistance des couleurs à la lumière. Il est donc normal, par la dose et le choix, d'altérer et de changer les tonalités désirées et d'en modifier radicalement la coloration.

Les laines se colorent, se teignent...

Et bien suivre la recette...

3. Teindre

Presque toutes les plantes contiennent dans leurs racines, leurs fleurs ou leurs feuilles, des principes colorants propres à fournir des teintures. Teindre la laine, c'est y appliquer et y fixer les couleurs obtenues à partir de ces matières colorantes. Pas une seule fleur ne produit exactement la même coloration; celle-ci dépend de la grosseur de la fleur, de l'époque de la cueillette et même des sels minéraux contenus dans le sol. La connaissance des mordants permet cependant d'atténuer ou d'accentuer certaines tonalités. Il faut aussi retenir que tous les légumes ou les plantes achetés au comptoir des magasins ne peuvent pas servir à teindre: les légumes ont déjà été lavés et ont perdu déjà plus de la moitié de leur puissance colorante.

Les plantes colorantes qui nous entourent

Voici un bref aperçu qui vous fera apprécier les secrets de certaines plantes et fleurs qui nous entourent. Nous donnerons ici la couleur principale, sachant très bien qu'on peut la modifier par le mélange d'autres teintures, par l'addition d'eau, par la chaleur et le type de bain de teinture ainsi que par l'intervention de mordants et d'altérants. Ces informations nous viennent du livre de Bériau, mais ont été reclassées pour montrer davantage le grand nombre de couleurs que peut fournir une seule espèce de plantes.

Le cahier de recettes de Paulette Sauvé ...

...et ses échantillons ... bien classés, indiquant les plants, la saison de cueillette et les résultats.

Quelques plantes connues et leurs dérivés —
Quantités pour teindre 1 lb (0,45 kg) de laine

PLANTE	COLORANT	MORDANT	COULEUR
AULNE	Ecorce 1 lb (0, 45 kg)	Bicarbonate de potasse ½ oz (14,17 g)	Beige gris
		Alun 1 oz (28,35 g) Carbonate de soude 1 oz (28,35 g)	Brun clair
	Ecorce 2 lb (0,91 kg)	Alun 4 oz (113,40 g) Sulfate de cuivre 1 oz (28,35 g)	Noir
	Aulne/feuilles 2 lb (0,91 kg)	Alun 1 oz (28,35 g)	Jaune verdâtre
	Aulne/écorce 4 lb (1,81 kg)	Alun 2 oz (56,70 g)	Jaune brun
BLEUET	Fruit 2 lb (0,91 kg)	Alun 1 oz (28,35 g)	Gris
		Alun 4 oz (113,40 g) Altérant: sulfate de cuivre ½ oz (14,17 g)	Bleu

PLANTE	COLORANT	MORDANT	COULEUR
BOULEAU	Ecorce 8 oz (226,80 g)	Alun 4 oz (113,40 g) Crème de tartre Solution chlorurée d'étain 2 oz (56,70 g)	Rose thé
	Ecorce 8 oz (226,80 g)	Alun 4 oz (113,40 g) Soda à pâte 1 oz (28,35 g) Altérant: sulfate de fer ¼ oz (7,09 g)	Gris perle
	Ecorce 8 oz (226,80 g)	Bicarbonate de potasse 2 oz (56,70 g)	Mauve
	Ecorce 8 oz (226,80 g)	Alun 4 oz (113,40 g)	Beige teinté de rose
	Ecorce 8 oz (226,80 g)	Alun 4 oz (113,40 g) Soda à pâte 1 oz (28,35 g) Altérant: sulfate de fer 1 pincée	Noisette

PLANTE	COLORANT	MORDANT	COULEUR
	Feuilles sèches 1 lb (0,45 kg)	Alun 2 oz (56,70 g)	Jaune verdâtre
	Feuilles 2 lb (0, 91 kg)	Alun 2½ oz (70,87 g) Indigo ¼ oz (7,09 g)	Bleu vert foncé
	Feuilles 2 lb (0,91 kg)	Alun 2 oz (56,70 g) Indigo 1/10 oz (2,83 g)	Bleu vert
	Feuilles 1½ lb (0,67 kg)	Alun 2½ oz (70,87 g) Indigo 1/15 oz (1,89 g)	Bleu vert médium
	Feuilles 1 lb (0,45 kg)	Alun 2½ oz (70,87 g) Indigo 1/30 oz (0,94 g)	Bleu vert clair
	Feuilles 3 lb (1,36 kg)	Alun 3 oz (85,05 g) Indigo 1/10 oz (2,83 g)	Vert très foncé

PLANTE	COLORANT	MORDANT	COULEUR
	Feuilles 2 lb (0,91 kg)	Alun 2½ oz (70,87 g) Indigo 1/30 oz (0,94 g)	Vert médium brillant
	Feuilles 2 lb (0,91 kg)	Alun 3 oz (85,05 g) Indigo ⅓ oz (9,45 g)	Vert clair
	Feuilles 2 lb (0,91 kg)	Alun 2 oz (56,70 g) Indigo 15 gouttes	Vert jaune
	Feuilles 2 lb (0,91 kg)	Alun 2½ oz (70,87 g) Indigo 15 gouttes Sulfate de fer ⅙ oz (4,72 g)	Vert terne

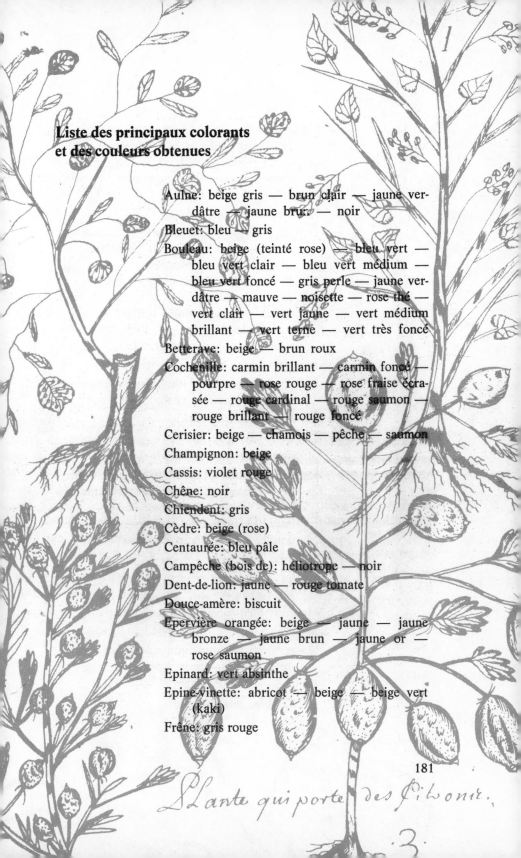

Liste des principaux colorants
et des couleurs obtenues

Aulne: beige gris — brun clair — jaune verdâtre — jaune brun — noir

Bleuet: bleu — gris

Bouleau: beige (teinté rose) — bleu vert —
bleu vert clair — bleu vert médium —
bleu vert foncé — gris perle — jaune verdâtre — mauve — noisette — rose thé —
vert clair — vert jaune — vert médium
brillant — vert terne — vert très foncé

Betterave: beige — brun roux

Cochenille: carmin brillant — carmin foncé —
pourpre — rose rouge — rose fraise écra-
sée — rouge cardinal — rouge saumon —
rouge brillant — rouge foncé

Cerisier: beige — chamois — pêche — saumon

Champignon: beige

Cassis: violet rouge

Chêne: noir

Chiendent: gris

Cèdre: beige (rose)

Centaurée: bleu pâle

Campêche (bois de): héliotrope — noir

Dent-de-lion: jaune — rouge tomate

Douce-amère: biscuit

Epervière orangée: beige — jaune — jaune
bronze — jaune brun — jaune or —
rose saumon

Epinard: vert absinthe

Epine-vinette: abricot — beige — beige vert
(kaki)

Frêne: gris rouge

181

Plante qui porte des piwoni.

3.

I

Fougère: vert

Garance: brun violet clair — prune — rouge
foncé — rouge médium — rouge clair —
rouge jaunâtre — rouge pâle — rouge
rose

Hêtre blanc: ardoise

Indigo: bleu — bleu soldat — bleu soldat
clair — bleu verdâtre — bleu terne —
bleu médium — bleu d'eau — bleu violet — bleu violet clair — bleu violet
foncé — bleu violet médium — brun
violet — rouge violet brillant — rouge
violet clair — rouge violet indien —
violet foncé — violet plus foncé

Iris: vert

Lichen: brun — brun rougeâtre — brun verdâtre — corail — chamois — rouge brun

Lis d'eau: brun vert (kaki)

Lis: vert

Muguet: jaune — vert

Marigold: bouton d'or — bois de rose — brun
or — brun roux — canari — jaune cuivre — jaune vert — jaune rouge — mou-
tarde — orange — vert absinthe — vert
feuille — vert mousse — vert foncé

Merisier: beige rose — bois de rose

Mûrier: vert myrte — vert herbe — vert gris
— vert olive

Mouron: bleu violet — bleu foncé

Marron: beige

Noyer: brun — brun bronze — brun clair —
brun foncé — brun moyen — beige

Ortie: vert

Oseille: bleu gris — jaune

Orseille: henné (jaune)

182

Oignon: jaune citron — or — orange — vieil
   or — vert

Plantain: vert

Poirier: beige jaune

Pommier: jaune — jaune rougeâtre — mou-
   tarde — melon — vert

Persil: chartreuse — jaune verdâtre

Pruche: beige rosé — beige jaune — brun
   foncé

Raisin: violet

Rhubarbe: vert

Souci: jaune serin

Soleil: jaune

Sureau: jaune — orchidée — violet vigne

Sarriette: jaune vert

Savoyance: jaune

Tanaisie: jaune vert — jaune pâle — jaune
   orange — jaune cuivré

Thé: beige — gorge de pigeon

Tabac: beige — brun

Verge d'or: jaune orange

Vinaigrier: beige — brun

On pourrait donner plus de 200 recettes, mais là n'est pas
notre objectif. Dans le but de vous familiariser un peu avec elles,
nous vous en présentons quatre dont deux sont faites avec le
pissenlit (recettes du printemps) et les deux autres avec des betteraves (recettes d'automne). Ce sera une façon pratique d'expérimenter la matière, mais n'utilisez pas de contenants d'aluminium;
ils deviendraient tachés à jamais. Vous trouverez chez le phar-
macien ou le quincaillier les matériaux à utiliser, particulièrement
les mordants.

183

Betterave

1. Couleur: beige

Laine: 1 lb (0,45 kg)

Mordant: vinaigre (1 tasse ou 2¼ dl)

Betteraves: 4 lb (1,81 kg)

1. Faire cuire les betteraves (hachées).
2. Retirer la liqueur colorante.
3. Immerger la laine et faire bouillir 30 minutes.
4. Retirer la laine. Ajouter le vinaigre. Brasser.
5. Remettre la laine dans le bain de teinture et faire bouillir 30 minutes.
6. Retirer et rincer.

2. Couleur: brun roux

Laine: 1 lb (0,45 kg)

Alun: 1 oz (28,35 g); disponible en pharmacie

Betteraves: 6 lb (2,72 kg)

1. Faire cuire les betteraves hachées. Retirer la liqueur colorante.
2. Immerger la laine. Faire bouillir 1 heure.
3. Mordancer * la laine avec l'alun durant 30 minutes.
4. Retirer et rincer.

---

* Mordancer
- 4 oz (113,40 g) d'alun pour 1 livre (0,45 kg) de laine;
- eau pour couvrir la laine;
- dissoudre l'alun dans l'eau avant de mettre la laine déjà humide, puis faire bouillir avec la laine 30 minutes.

Pissenlit

(fleurs)

1. Couleur: jaune

 Laine: 1 lb (0,45 kg)

 Alun: 1 oz (28,35 g)

 Ammoniaque: 1 oz (28,35 g); disponible en pharmacie

 Dent-de-lion: 2 lb (0,91 kg)

1. Mordancer la laine 30 minutes, rincer.
2. Faire bouillir les fleurs durant 1 heure.
3. Tamiser le liquide. Ajouter l'ammoniaque.
4. Immerger la laine. Faire bouillir 30 minutes.
5. Retirer, rincer à l'eau savonneuse.

(racines)

2. Couleur: rouge tomate

 Laine: 1 lb (0,45 kg)

 Alun: 4 oz (113,40 g)

 Crème de tartre: 2 oz (56,70 g)

 Chlorure d'étain: ½ oz (14,17 g); disponible en pharmacie

 Dent-de-lion (racines): 2 lb (0,91 kg)

1. Mordancer la laine dans l'alun 30 minutes. Rincer.
2. Tremper les racines dans l'eau froide durant une nuit.
3. Faire bouillir 1 heure. Tamiser le liquide.
4. Immerger la laine et faire bouillir durant 45 minutes.
5. Retirer la laine. Ajouter la crème de tartre.
6. Faire bouillir la laine dans ce bain 15 minutes.
7. Retirer la laine et ajouter le chlorure d'étain.
8. Remettre la laine et faire bouillir 30 minutes.
9. Fixer au sel de cuisine.

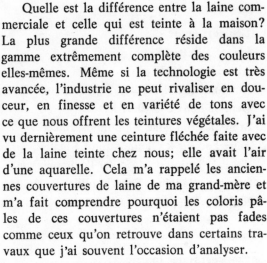

Quelle est la différence entre la laine commerciale et celle qui est teinte à la maison? La plus grande différence réside dans la gamme extrêmement complète des couleurs elles-mêmes. Même si la technologie est très avancée, l'industrie ne peut rivaliser en douceur, en finesse et en variété de tons avec ce que nous offrent les teintures végétales. J'ai vu dernièrement une ceinture fléchée faite avec de la laine teinte chez nous; elle avait l'air d'une aquarelle. Cela m'a rappelé les anciennes couvertures de laine de ma grand-mère et m'a fait comprendre pourquoi les coloris pâles de ces couvertures n'étaient pas fades comme ceux qu'on retrouve dans certains travaux que j'ai souvent l'occasion d'analyser.

Les laines teintées avec nos écorces nous révèlent le chatoiement de couleurs variées et subtiles. L'artisane qui a le courage de se mettre au travail réussira une oeuvre intelligente et personnelle et obtiendra, surtout, une réalisation exclusive. Elle exploitera ainsi une richesse du terroir, mais n'économisera pas du tout, le mordant et le combustible étant coûteux, sans parler du temps qu'il faut consacrer à toutes les opérations. En gros, il en coûte le double pour produire une laine domestique.

Il faut dire qu'il existe d'excellents produits commerciaux pour teindre les tissus. Celles qui n'ont ni le temps ni les possibilités d'expérimenter les teintures végétales auront avantage à les utiliser.

Beaucoup de gens craignent le côté non permanent de ces teintures. Cela dépend de la qualité et du choix du mordant. Lorsque le choix est bien fait, selon des recettes éprouvées, les couleurs sont à peu près permanentes à condition de ne pas exposer directement au soleil et à l'eau bouillante les objets teints; ainsi, si les proportions et le dosage sont respectés, il n'y a pas trop à craindre. Il faut s'abstenir de les laver quand on ne connaît pas l'origine de leur teinture. De nombreuses ceintures fléchées, par exemple, ont été détruites par des « excès de propreté ».

Pour des raisons de conservation, on exigera que les produits réalisés par l'artisan soient garantis, et on s'en assurera en exigeant la signature de celui-ci. On peut dire cependant qu'un affaiblissement général des couleurs n'est pas considéré comme catastrophique. On considère que c'est un genre de patine plutôt qu'un défaut ...

Lectures suggérées

Les teintures

AIKEN, Marie, *Lichens as a dye source,* Grevenhurst, Dublin, 1970. Travail exécuté pour W.WC (World Crafts Council Conference).

AVILA, Soeur Thérèse d', *Teintures végétales, 200 recettes éprouvées extraites des plantes de chez nous,* Ecole ménagère de Sainte-Martine, 1941.

BÉRIAU, O.-A., *La teinture domestique,* Ecole des arts domestiques, Québec, 1933.

Brooklyn Botanic Garden, Brook. N.Y. 11225, *Dye Plants and Dying.* Special printing of plants and garden, vol. 20 no 3, 1964.

DOUCET-QUINTAL-LAJEUNESSE, *Recettes de teintures végétales,* éditions de l'Aurore, 1974.

FURRY, Margareth S. and BESS, Vicmont M., *Home dying with natural dye,* département de l'Agriculture, U.S.A.

SÉGUIN, Robert-Lionel, *Ethnologie québécoise* (l'art de la teinture en pays de Charlevoix), Cahiers du Québec, Hurtubise HMH, Montréal, 1972.

SIMARD, Cyril, *Les couleurs douces de notre authenticité,* Décormag, juillet-août 1975.

ZNAMIEROWSKI, *Step-by-step Weaving,* New York, 1971.

Les plantes

GRANDTIRE, M.-M., *La végétation du Québec méridional,* Les Presses de l'Université Laval, 1966.

Ministère des Terres et Forêts, *Petite flore forestière du Québec,* Editeur officiel du Québec, 1974.

Ouvrages de référence

MARIE-VICTORIN, Frère, *La Flore Laurentienne,* Les Presses de l'Université de Montréal, 2e édition.

ROUSSEAU, C., *Recherche sur la distribution des principales espèces de la flore vasculaire de la péninsule Québec-Labrador,* Les Presses de l'Université Laval, 1968-69.

SMITH, J., *Clef artificielle pour l'identification des arbres et des arbustes du Québec,* ministère des Terres et Forêts, Service de la restauration forestière, 1970.

Le fléché

Ce n'est pas loin d'être une petite merveille, si ce n'est pas même le chef-d'oeuvre du travail domestique du Canada.

E.Z. Massicotte
Mémoires de la Société royale, 1924

Cécile Barot. Grand prix d'artisanat 1951 pour ses 20 ans de recherches pratiques dans l'art du fléché (Photo E.G. Lajoie)

Les origines de la ceinture fléchée sont encore obscures. Les recherches en cours ne nous permettent pas d'éclaircir des points qui ont été laissés sans réponse par des spécialistes comme Marius Barbeau. Nous passerons donc immédiatement à l'histoire moderne du fléché et à sa miraculeuse renaissance.

En 1967, Madame Phidias Robert, une octogénaire de l'Assomption, décide d'aller s'installer dans un grand magasin du centre-ville à Montréal, pour montrer comment faire de la vraie ceinture fléchée. Elle trouvait que la technique traditionnelle n'était plus assez connue et elle voulait partager ce « beau bagage de connaissances ». Après tout, elle avait 80 ans et elle avait appris cet art en 1925 de Madame Odilon Vigneault de Saint-Ambroise de l'Assomption, alors que celle-ci était âgée de 72 ans.

Elle rencontre des admirateurs en grand nombre et quelques femmes qui étaient passées par les écoles d'art domestique fondées par Bériau en 1928 et qui se rappelaient cette technique, bien connue au temps de nos arrière-grand-mères dans l'Assomption et Charlevoix. Les femmes de Charlevoix se rappelaient aussi « la danse de la jarretière » qui consistait à croiser deux jarretières fléchées sur le plancher et à giguer par deux, trois ou quatre sur l'air d'une ancienne danse écossaise, sans toucher aux jarretières.

Danser sans répit et sans se regarder les pieds . . .

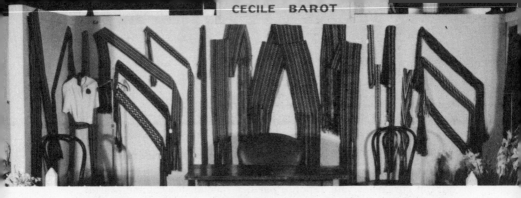

Quelques-unes de ces dames, voulant non seulement renouer avec le passé de leurs aïeules mais ressusciter les recherches de Barbeau, Jean-Marie Gauvreau et Cécile Barot, se regroupent, en 1971, sous la direction du maître tisserand Lucien Desmarais, en Association des artisans de la ceinture fléchée du Québec, dont les membres fondateurs sont: Lucien Desmarais, Madeleine L'Heureux, Marguerite Lamoureux, Suzanne Galaise, Gisèle Dugas, Alma Vincent, Marie-Ange Lamarche et Alice Lighthall.

Aujourd'hui, en 1975, l'Association touche plus de 500 personnes à Montréal et pas moins de 200 dans la région de Québec. Toujours fidèle à la technique de base, l'Association des artisans de la ceinture fléchée du Québec peut se vanter d'avoir diversifié les applications de cet art traditionnel et d'être à l'origine d'un grand nombre d'objets utilitaires nouveaux qui nous entourent.

C'est le Centre culturel de Longueuil qui a inauguré, en 1972, la première série de cours sur la technique du fléché, grâce à l'initiative de Madame Madeleine L'Heureux, et qui a permis la première exposition consacrée uniquement aux travaux du fléché traditionnel et contemporain. Suzanne Galaise, gagnante du premier prix, au concours provincial de banderoles en 1972, rendit au fléché ses titres de noblesse.

Depuis ce temps, des pas nouveaux sont faits chaque jour pour l'avancement du fléché: Lucie Lavigne invente le fléché circulaire; Françoise Bourret parcourt la province pour identifier le fléché selon les régions; Monique Leblanc rompt avec les motifs traditionnels et découvre des espaces nouveaux.

Ces trois artisanes d'avant-garde sont les mêmes qui ont écrit deux volumes merveilleux sur les sources et la technologie de ce langage bien à nous. D'autres, à leur suite, inventent cravates, coussins, poupées ... et des hommes se mettent de la partie!

Figurines sculptées par Stanislas Bourgault de Saint-Jean-Port-Joli. (Photo Armour Landry)

Les jouets de bois de La Vastringue, Saint-Jean-Port-Joli. (Photo La Vastringue)

Courtepointe de la Beauce aux motifs des moules à sucre exécutée sous la direction de Mme Monique Cliche-Spénard. (Photo Jean Lessard, *Décormag)*

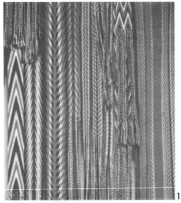

1. Ceintures fléchées de Cécile Barot réalisées de 1945 à 1950. Collection permanente de la Centrale d'artisanat du Québec.
2. Murale collective réalisée par l'exécutif de l'Association de la ceinture fléchée du Québec en 1975. Conception de Lucie Lavigne. (Photo Daniel Fyen)

En 1975, sous l'initiative de l'énergique présidente de l'Association, Madame Lucie Lavigne, le concours de fléché annuel présentait une immense tapisserie de fléché, oeuvre communautaire d'une grande tenue.

Fléché circulaire de Lucie Lavigne.
(Photo Lucie Lavigne)

Fléché moderne « Les oies blanches » de Monique Leblanc, Brossard.
(Photo Daniel Fyen)

193

La technique de base

Beaucoup de gens croient que la ceinture fléchée authentique est faite au métier. Non! Les vraies sont complètement « tissées aux doigts » (c'est l'expression consacrée). Par contre, il existe sur le marché un grand nombre d'imitations: celles-ci sont faites au métier. Nous devons ce tournant au curé Tancrède Viger, curé de la paroisse de Sainte-Marie Salomé de l'Assomption, en 1888. Pourquoi? A cette époque, le fléché était à l'Assomption une véritable industrie. Les tisseuses y produisaient pour la Compagnie de la Baie d'Hudson des centaines de ceintures fléchées par mois. Ces ceintures servaient pour le troc avec les Indiens de l'Ouest. Comme l'abbé Viger jugeait que les femmes travaillaient pour rien « en ruinant leur santé », il exigea de meilleures conditions de paiement et leur conseilla de cesser de produire. La compagnie refusa donc de se plier aux exigences de ces dames et commanda des imitations faites sur des métiers mécaniques à Coventry, en Angleterre. Cette décision arrêta complètement la production et nous valut presque la disparition du fléché « tissé aux doigts ».

La véritable ceinture fléchée se fait de la façon suivante. Les fils, en nombre variable mais toujours assez considérable, sont tendus entre deux points fixes, sur un mur, une chaise, etc., mais en diagonale. Il faut qu'un côté soit plus bas que l'autre. C'est un procédé de tissage qui ne requiert aucun outil. Les seuls instruments requis sont deux baguettes de croisée semblables aux baguettes d'encroix que l'on utilise en tissage. Leur rôle est de maintenir les fils à plat. L'artisane peut travailler debout ou assise. Il s'agit simplement d'entrecroiser les fils avec les doigts selon le motif que l'on veut obtenir. Simple à dire, mais...

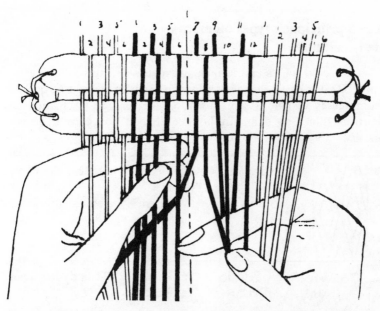

Dessin de Monique Leblanc. (Extrait du livre *J'apprends à flécher*)

Cour de la Centrale d'artisanat avec Suzanne Galaise, été 1972. (Photo Jean Mercier)

Les 5 principaux types ou motifs de la ceinture

On trouve ici les cinq principaux motifs de l'authentique ceinture. C'est à partir de ceux-ci, imaginés par nos ancêtres, que de nombreuses variations sont possibles. Le sens de la création de l'artisan d'hier ou d'aujourd'hui modifie ou non chacun de ces motifs.

1		Chevron	Surnommé « jarretière de Charlevoix » (Motif en « V » et ses variations)
2		« Tête de flèche »	Surnommé « Chénier » (5 têtes de flèches
3		Flèche nette	Surnommé « ceinture du Québec » selon Barbeau
4		Eclair	Surnommé « Assomption » (tête de flèche, coeur central avec éclairs, autrefois nommée « ceinture à flammes »). La plus connue.
5		Acadienne	Deux «Assomption» côte à côte

196

Vraie ceinture ou imitation?

Quand une ceinture est « tissée aux doigts », aucun autre brin n'est ajouté comme trame; ce sont les brins de la chaîne qui se déplacent qui deviennent la trame.

Ainsi, si vous suivez le trajet d'une trame, celle-ci sera en diagonale et non horizontale comme dans le tissage régulier.

Cette caractéristique est fondamentale. La grosseur de la laine n'est pas en soi un critère d'authenticité. La petitesse des brins donne en général un travail plus raffiné, une texture plus serrée ainsi qu'une souplesse qui sont des qualités appréciables.

Il ne faudrait quand même pas déprécier le travail qu'exige la fabrication d'une ceinture fléchée au métier. C'est autre chose; c'est du tissage dont les motifs sont inspirés du vrai fléché. Ces artisans ont ainsi réduit passablement les coûts et ont permis d'entretenir chez nous l'esprit de la ceinture fléchée. Sans cette contribution, nos fêtes populaires seraient moins colorées et les touristes apporteraient en moins grand nombre chez eux un souvenir qui leur rappelle des gravures de Massicotte et des peintures de Krieghoff.

Production

La technique du fléché peut servir à d'autres fins que celle de la ceinture traditionnelle. Des cravates, des coussins, des sacs à main, des poupées et des murales font désormais partie de la collection. Voici quelques critères à partir desquels nous pouvons analyser ces produits présentement sur le marché.

Ceinture traditionnelle

LONGUEUR: autrefois, la longueur de la ceinture faisait deux fois le tour du corps. La dimension standard est de 6 pi (1.83 m)

La vraie (tissée aux doigts)

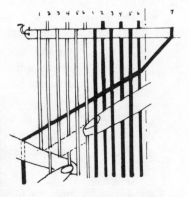

Fléché du festival des Cantons
conçu par Mme Françoise Bourret.
Teinture végétale, orange et brun.

Murale de Madeleine Matte montrant
très clairement la trame en diagonale
d'un fléché. (Photo Daniel Fyen)

L'imitation (tissée au métier)

Ceinture tissée au métier.

199

sans frange, mais elle dépend évidemment de la taille du personnage.

LARGEUR: de 4 à 5 po (10,16 à 12,70 cm).

SOLIDITÉ: la ceinture doit être tissée serré. Elle résistera mieux à l'usage. Il n'est pas nécessaire que la frange soit tressée, mais elle doit être nouée pour retenir le tissage.

TEMPS DE PRODUCTION: pour évaluer le coût d'une ceinture, il faut calculer le temps nécessaire pour la produire. Pour une ceinture de 5 po (12,70 cm) de largeur, on peut calculer une heure de travail pour une longueur de 1 po (2,54 cm) de ceinture avec laine fine. Si la laine est assez grosse (laine 4 brins), une artisane expérimentée peut produire jusqu'à 2 po (5,08 cm) par heure. Donc, il faudra 35 heures d'ouvrage en moyenne pour fabriquer une ceinture normale. Ce n'est pas le cas pour une ceinture tissée au métier.

Cravate

Le tissage serré est la qualité de base pour obtenir un produit qui résiste.

NOEUD: vérifiez la grosseur de la laine avant de l'acheter pour ne pas être déçu par un noeud qui ne conviendrait pas à vos habitudes vestimentaires.

FINITION: vérifiez la solidité de la frange. Une couture discrète est nécessaire pour arrêter le tissage.

Cravates de Françoise Bourret et Monique Leblanc. (Photo Armour Landry)

Sac à main

Apportez une attention particulière à la poignée et aux attaches pour éviter des déceptions. Vérifiez aussi la finition intérieure. Un sac à main doit être beau, pratique et résistant à la fois.

Ces critères sont fondamentaux pour tous les objets à caractère utilitaire.

Quant aux objets de type décoratif, comme les murales, il faut miser sur la créativité des auteurs et la simplicité, tout autant que sur une extravagance légitime mais sous contrôle.

Sacs à main de Monique Legault. (Photo Daniel Fyen)

Certificat

L'Association de la ceinture fléchée du Québec offre depuis 1972 un service de certificat d'authenticité des ceintures fléchées anciennes. Moyennant des frais peu élevés, vous pouvez obtenir l'enregistrement des pièces que vous possédez et un certificat attestant leur authenticité.

Etiquette d'authenticité culturelle

a) de l'artisan

Pour la production récente, on doit s'assurer que l'étiquette personnelle de l'artisane ainsi que son adresse soient cousues à la pièce en portant la mention: « Fléché authentique ». En cas de doute, communiquez avec l'Association. Jusqu'à ce jour, il n'y a eu aucun problème, les artisanes de l'Association ayant toujours honoré leurs réalisations de leur signature. Pour que l'acheteur puisse savoir comment entretenir la pièce, il serait souhaitable que l'étiquette identifie la matière première qui a été utilisée pour sa fabrication.

b) du distributeur

Dans le cas où il n'y a pas d'étiquette de l'artisan mais seulement une étiquette du distributeur, cela signifie que c'est ce dernier qui se porte garant de la pièce vendue.

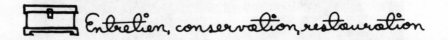

Production récente

S'informer à l'achat du type de fibre employée si ce n'est pas déjà indiqué sur l'étiquette. Plus résistant au lavage s'il est fait de laine synthétique, le produit devra être lavé à la main et séché à plat s'il est tressé avec de la laine véritable.

Ancienne ceinture

Il est absolument *défendu* de laver ou de faire nettoyer une ancienne ceinture parce que les laines employées dans sa fabrication étaient toutes colorées par des teintures végétales dont on ne connaît pas la résistance. Comme les mordants n'étaient pas toujours appropriés, tout traitement pourrait affecter définitivement les couleurs.

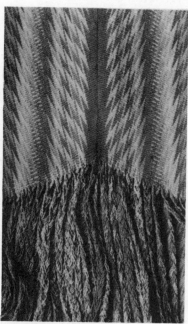

Ancienne ceinture. (Photo Daniel Fyen)

Fléché avec matériaux nouveaux.
(Photo Daniel Fyen)

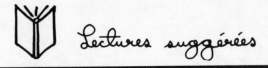

Lectures suggérées

Ouvrages de référence

BARBEAU, Marius, *Ceintures fléchées,* Edition paysanne, 1946. Historique de la technique de la ceinture fléchée.

BOURRET, Françoise et LAVIGNE, Lucie, *Le fléché,* Editions de l'Homme, 1973. Technique traditionnelle au complet.

LEBLANC, Monique, *J'apprends à flécher,* éditions Ferron, 1973. Excellent pour débutants, accent sur la création personnelle.

Articles

BARBEAU, Marius, *Ceintures fléchées,* Mémoires de la Société royale du Canada, section 1, 1938.

DESMARAIS, L. et SIMARD, C., *Le fléché au Québec,* Décormag, janvier 1974.

GAUVREAU, J.-Marie, *La ceinture fléchée,* Vie des arts no 13, 1958.

LANOUE, François, *Ceintures fléchées,* L'actualité joliettaine, février 1975.

LEDUC, Maurice, *Les ceintures fléchées,* rapport Perspective-Jeunesse, 1974.

ROUSSAN, Jacques de, *Ceinture fléchée à tout usage,* Perspectives, janvier 1973.

SALVÉ, Colette, *Artisanat du Québec,* Marie-Claire, 1974.

TASSO, Lily, *La ceinture fléchée québécoise,* La Presse, septembre 1973.

VIEN, Jacqueline, *Flécher au Québec,* revue Elle, Paris, 1975.

À voir

Centrale d'artisanat du Québec: Collection Cécile Barrot, exposition non permanente.

Musée national de l'Homme, Ottawa: la ceinture historique du patriote Chénier.

Bretelles en fléché de Richard Favreau, de Longueuil. (Photo Richard Favreau)

Musée McCord, Montréal: possède une collection de 200 ceintures fléchées mais en expose peu, faute d'espace.

Château de Ramezay, Montréal.

Maison Calvet, Montréal.

Maison Saint-Gabriel, Pointe-Saint-Charles, Montréal.

Royal Ontario Museum, Toronto.

Smithsonian Museum, Washington.

Ceux qui aimeraient prendre des cours voudront bien communiquer avec l'Association de la ceinture fléchée du Québec.
Les cours qu'elle recommande ont reçu son approbation quant
à leur contenu.

Fléché et poterie, conception Madeleine Matte, Longueuil. (Photo Daniel Fyen)

Coussins de Monique Saint-Aubin,
Lucille Voyer, Germaine Cormier et
Jeannette Plante. (Photo Daniel Fyen)

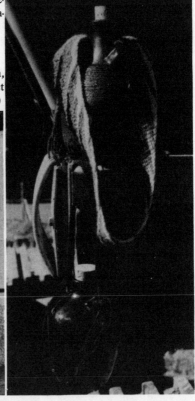

Premier prix du concours de banniè-
res de la Centrale d'artisanat, 1972.
Réalisation Suzanne Galaise, Longueuil. (Photo Armour Landry)

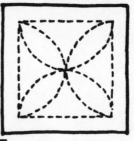

Les techniques de récupération:

1. Les couvre-lits
La courtepointe
Le patchwork
Les appliqués

2. Les tapis
Le crochetage
Le tressage
Les langues et les roulettes

Point par point, lions-nous pour vivre de nos richesses. De mur à mur, que nos maisons parlent de nous. Et nous serons heureux jusqu'à la fin du monde, lon loire, par de beaux lits carrés, vas-y la blonde lon là à temps perdu comme à temps fort, à plein temps devenu temps joyeux, pour ton bonheur comme pour le mien!

Françoise Gaudet-Smet

1. LES COUVRE-LITS

« Nos aïeules se réjouissaient de leurs créations. Leurs compositions, au bout de leur aiguille, devenaient éloquentes à n'en plus finir. Elles racontaient des histoires. Ce bout de rayures? C'était une chemise de votre père, les enfants, pour son entrée comme marguillier au banc. Ce blanc, chamarré de bleu? Ton premier petit tablier d'école. Ce jaune, pétillant par toutes ses fleurettes? Une blouse que la tante Délima avait laissée ici après son voyage de noces. Je la trouvais si belle. Après l'avoir tant portée, j'ai sauvé les petits racoins qui se tenaient encore tout seuls... Avec du vert, comme une pelouse, de ma robe de noces, c'était déjà un jardin à la tête du lit. Elles écrivaient l'histoire de leur ingénieuse présence aux besoins du temps. Ouvrières fidèles des tâches obscures, claires fontaines permanentes pour les soifs de bonheur de tout destin, elles chantaient, rou et roudondaine, en piquant d'un travers à l'autre le fil des liaisons heureuses, pique, pique, je te pique. Rien ne se perdait. Rien n'était gaspillé. Pas plus les choses que les besoins tenaces, orgueil de noblesse à se suffire, de fierté à se tenir debout, face aux quatre vents. »

Françoise Gaudet-Smet

Sur cet élan de poésie que le dévouement de Mme Gaudet-Smet lui a donné, la courtepointe traditionnelle a non seulement survécu mais est devenue un trésor culturel inestimable. Il faut en rendre grâce aux associations de fermières, aux conseillères du ministère de l'Agriculture et à de nombreuses institutions. Les décorateurs ont pris la relève et installent définitivement la courtepointe dans nos intérieurs modernes.

Dans le cadre d'une expérience en 1967, de nombreux artisans traditionnels de Baie-Saint-Paul, des architectes et des designers ont repris l'idée traditionnelle, créant d'audacieuses courtepointes et patchworks. C'est à cette époque qu'est née la formule du premier CREA (création, recherche, éducation, artisanat) qui fonctionnait avec $200 de budget annuel, formule qui a été reprise et adaptée sur tout le territoire de la Gaspésie depuis 1972.

La marque de commerce des produits de Baie-Saint-Paul est devenu *Manu* (main, en latin) à la suite d'une rencontre avec Mgr Félix-Antoine Savard où le grand poète parlait de la main de l'homme avec une insistance poétique.

Pour situer ce travail dans une perspective moins émotive, laissons les Métiers d'art du Québec porter un jugement de valeur sur cette expérience. Ce texte présentait les travaux de Manu qu'on pouvait voir dans le cadre d'une exposition qui fit le tour du Québec en 1973.

« A Baie-Saint-Paul, il y a quelques années à peine, naissait une association d'un genre tout à fait particulier, appelée Manu-Charlevoix. Son but était de renouveler la présentation des formes traditionnelles d'artisanat en groupant, dans la poursuite d'un objectif commun, les artisanes de la région « qui s'ennuyaient à fabriquer toujours la même chose » et un groupe de designers professionnels qui s'appliqua à leur fournir des idées, des études de marché et une organisation de travail bien structurée. Spécialisées dans la courtepointe, la catalogne, les ouvrages crochetés et tricotés, les abat-jour et les coussins, ces artisanes « dirigées » interprètent maintenant au gré de leur inspiration les motifs traditionnels dans des matières et des coloris contemporains. Digne des meilleures boutiques de décoration intérieure, la production de Manu ouvrira sans doute aux artisans québécois d'importants marchés. Une telle expérience, qui n'est pas sans évoquer l'évolution de l'artisanat scandinave, s'inscrit nettement dans la ligne d'orientation qu'entendent suivre les Métiers d'Art: mettre en valeur, dans une optique contemporaine, nos ressources traditionnelles, humaines, historiques et économiques ».

De nouvelles expériences sont actuellement en cours au Vieux Comptoir de Boucherville. Louise Fleury-Bourassa, qui en a eu l'initiative, coordonne la production de plus de trente-deux « piqueuses », comme elle dit. Elle conserve la technique et les motifs anciens mais choisit les couleurs et les arrangements avec art et respect des traditions. Il ne serait pas étonnant que Monique Cliche-Spénard, de la Beauce, qui travaille en équipe dans le même esprit, réussisse aussi à maintenir le feu sacré de nombreu-

212

ses artisanes. Les courtepointes inspirées des motifs de moules à sucre sont certainement l'une des trouvailles de ce groupe qui pourraient marquer l'apparition d'une courtepointe typique pour chacune de nos régions.

Techniques.

Classification des techniques

1. SELON LES TECHNIQUES D'EXÉCUTION

Précisons d'abord qu'on entend par technique de récupération toute technique artisanale visant à utiliser les matériaux textiles de rebut. Dans le domaine précis du couvre-lit en particulier, on distingue trois techniques d'exécution: la courtepointe, le patchwork et l'appliqué.

1. La courtepointe

La courtepointe est une couverture de lit faite de nombreux petits morceaux de tissu assemblés, doublée, rembourrée d'ouate, de coton ou de laine, le tout retenu par des piqûres faites à la main, point par point.

On dit que le mot courtepointe est la transformation littéraire du mot *courte-pointe* parce qu'une étoffe double rembourrée s'y trouve piquée *point contre point* avec *ordre et proportion.* Le mot vient du latin, *culceta,* qui signifie matelas ou oreiller plein de plumes et de foin.

Dans la courtepointe, le critère de base est le *piquage.* Ce travail que l'artisane fait à la main pour relier les deux épaisseurs du tissu permet de distinguer la courtepointe de ces autres produits, faits aussi par l'assemblage des petites pièces de tissus, qu'on appelle, selon le cas, patchwork (mot américain universellement connu) ou appliqué.

D'où vient la technique de la courtepointe? Les historiens pensent que son origine est orientale et qu'elle nous est venue de la Chine ou de la Perse par l'intermédiaire des Croisés qui quittaient la Terre Sainte, aux XIe et XIIe siècles. Les rembourrages de tissus devaient protéger du froid les vaillants chevaliers.

De nombreux volumes nous montrent des oeuvres exceptionnelles conçues durant les siècles précédents. On raconte que Marie-Antoinette s'est fait reprocher par le tribunal d'avoir eu des couvre-pieds dont l'avalanche de fleurs, de colombes et d'amours pouvaient conduire à la débauche!

On dit que la grande histoire du patchwork et de la courtepointe est américaine. Cette technique ne se serait installée chez nous qu'après la Guerre d'Indépendance, ou à peu près. Or, dans les écrits qui datent d'avant 1775, les découvreurs parlent non seulement de catalogne, mais également de courtepointes faites avec des édredons et des matériaux de récupération. Il y aurait une belle recherche à faire dans ce domaine, pour un peuple qu'on a dit sans histoire!

Le piquage d'une courtepointe

Comme nous l'avons dit précédemment, seuls les produits « piqués au fil » portent le nom de courtepointe. Un ouvrage bien fait porte de 8 à 12 piqûres au pouce (2,54 cm), à l'envers comme à l'endroit, évidemment! Le travail de la piqûre peut suivre le tracé des morceaux rassemblés formant la courtepointe. Il peut également suivre sa propre direction sans contourner les motifs de base... à la manière indienne et japonaise, dit-on! Le patron est décalqué sur le tissu ou attaché avec des épingles. L'artisane doit le contourner en piquant à l'aiguille. Voici quelques motifs intéressants et bien connus de nos artisanes que Louise Fleury-Bourassa a relevés.

1) L'éventail	8)	Les câbles
2) La pointe de diamant	9)	Les ronds
3) La plume	10)	Les chaînes
4) L'escalier ou dents de scie	11)	Les feuilles
5) Les coquillages	12)	Le panier de cerises
6) Les cercles	13)	Les toiles d'araignées
7) Les 4 coins	14)	La rose

Il est curieux qu'aucun motif indien ne nous soit parvenu pour ce genre de travail.

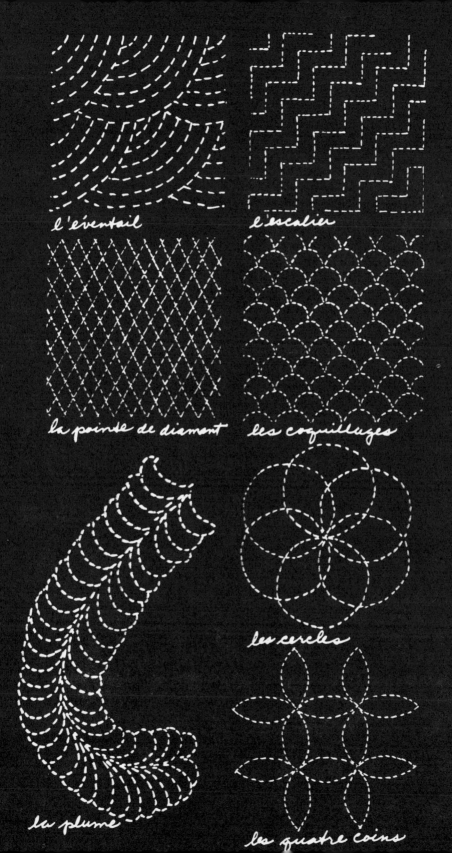

l'éventail

l'escalier

la pointe de diamant

les coquillages

la plume

les cercles

les quatre coins

les cables

les ronds

les chaines

les feuilles

les toiles d'araignées

le panier de cerises

la rose

2. Le patchwork

Un assemblage de différents morceaux de tissu cousus à la machine et rembourré forme un patchwork. Ce genre de couvre-lit n'est pas piqué, mais les épaisseurs peuvent être reliées par des boutons de fantaisie ou des rubans.

Les motifs peuvent varier infiniment, en passant du motif anecdotique à la création la plus contemporaine.

Petite couverture pour enfant en patchwork. (Photo Cyril Simard)

Un patchwork de Manu, Baie-Saint-Paul

3. Les appliqués

Appliquer un morceau de tissu sur un autre, le coudre ou le broder, voilà la technique des appliqués. Ces morceaux peuvent être de différentes formes ou grandeurs. Plusieurs motifs du répertoire peuvent être exécutés en appliqués, truffés de ouate, cousus à la machine ou selon des points de broderie à l'ancienne. La tradition nous a transmis un très grand nombre de points d'aiguille qui appartiennent à cette dernière catégorie dans laquelle toutes les fantaisies sont permises.

Huguette Marquis et Michel Lessard, dans *L'art traditionnel au Québec,* ont fait un relevé des principaux points existant dans la collection des courtepointes et appliqués de la Beauce, acquise de Madame Monique Cliche-Spénard en 1974 par le Musée du Québec. En voici une liste partielle qu'on pourra compléter à partir de cet ouvrage:

point en aile d'oiseau	point d'étoile
point en chemin d'ivrogne	point de chenêt ou chaînette
coup de griffe	point en dents de râteau
point en arête de poisson	point d'échelle
point de croix	point en patte d'oie
point d'épine	point en fleur de lys
point de chaîne	point en fleur de neige
point en patte d'ours	point grand soleil.

L'exemple le plus actuel de ce genre d'ouvrage est la collection dite « Courtepointe » de Jone Baker, exposée récemment au Musée d'art contemporain de Montréal en 1975. L'artisane nous parle de son travail:

« . . . Ces courtepointes ne sont pas exécutées à la main, elles ne pourraient pas être réalisées ainsi. Pour faire une courtepointe d'une manière traditionnelle, il faut d'abord composer sur un fond à partir de morceaux de tissus coupés. Lorsque tout l'appliqué est terminé, on place tous les différents éléments ensemble: le tissu de fond, la ouate et la surface du dessus, en les attachant au moyen d'une piqûre caractéristique de la courtepointe. Cette dernière suit la ligne de l'appliqué et peut souvent tracer son propre chemin. Moi, je franchis deux étapes à la fois à l'aide de la machine, et il est important de tenir compte de la technique de départ. »

Il existe également dans le répertoire ancien et actuel des travaux brodés. On peut les classer comme des objets purement décoratifs et de collection. Tels sont les tableaux créés par les Indiens et les Esquimaux avec des retailles de fourrure, ou encore les tapisseries « banderoles » de Lise Nantel.

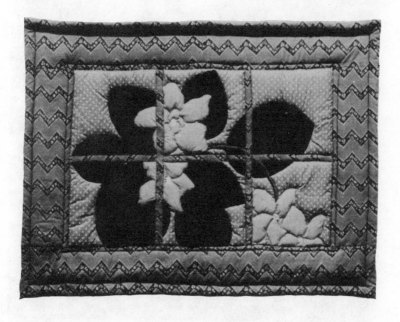

Appliqué de Jone Baker intitulé « African violet », 1975. (71" x 95" ou 1,81 m x 2,46 m).

Appliqué de velours créé par des femmes de Baie-Saint-Paul; motif tournesol.

220

Appliqué traditionnel de Lucille Steben. (Photo Jean Mercier)

Appliqué contemporain en banderole de Pierrette Côté. (Photo Centrale d'artisanat du Québec)

« En m'épivardant dans les quatre coins du temps », appliqué contemporain de Lise Nantel. (Photo Jean Mercier)

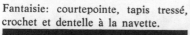
Fantaisie: courtepointe, tapis tressé, crochet et dentelle à la navette.

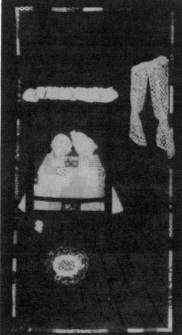

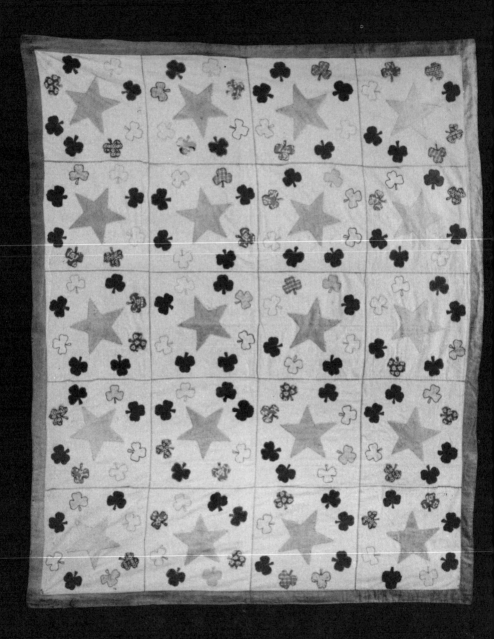

Appliqué brodé en étoile et en trèfle d'origine beauceronne. (Musée du Québec)

2. SELON LES MOTIFS

Voici les principaux motifs connus, classifiés selon la structure formelle des travaux en ce qui concerne la courtepointe, le patchwork ou l'appliqué:

1) motif « géométrique et anecdotique »
2) motif « Les pointes-folles »
3) motif « Le bouquet de la grand-mère »
4) motif « Les rosettes ».

1) Motif « géométrique et anecdotique »

Sont classés dans cette catégorie tous les ouvrages de type traditionnel ou contemporain, dont les formes de base ou de structure sont regroupées d'une façon modulaire et géométrique, peu importe la technique de dessin ou de broderie.

Nous avons choisi les thèmes géométriques et anecdotiques les plus fréquemment utilisés au Québec. Mais nous sommes bien conscients qu'une étude plus approfondie nous apporterait un éclairage nouveau sur l'origine de ces motifs, leur utilisation selon les milieux et les régions, l'emploi des couleurs et des matériaux. On trouve actuellement des ouvrages américains fort intéressants sur l'origine des noms donnés à ces travaux d'amour ainsi que sur les contes qui ont donné lieu à leur création. Il faudrait relever les nôtres.

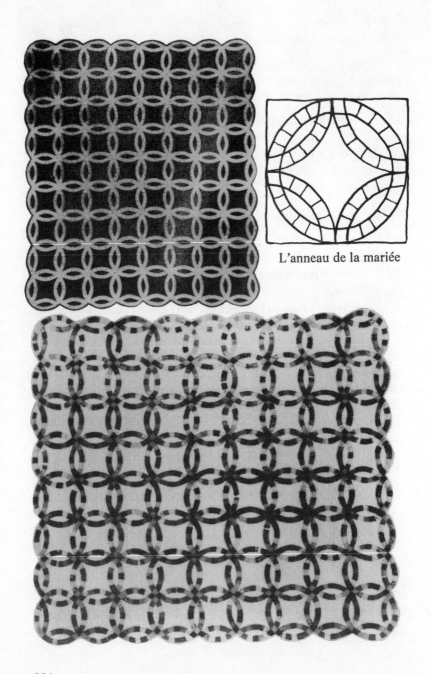

L'anneau de la mariée

Le chemin de l'ivrogne

La chaîne irlandaise

La dent de scie

L'étoile de Bethléem

La cabane de rondin

L'étoile de mer

Le couronnement de la reine

La roue de fortune

L'étoile du matin

Le rouleau à pâte

Le double coeur

Le soleil ardent

L'échelle de Jacob

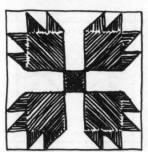

Les pattes d'oie

David et Goliath

Le dévidoir

L'enclume

Les tulipes

Les feuilles d'érable

Les corbeilles de mai

Couronne et croix

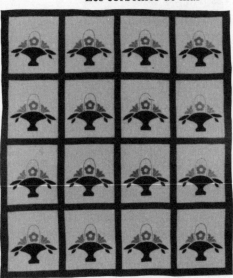

L'étoile de Lemoyne

Les palmes

L'étoile de Charlevoix

Les pivoines

L'arbre de vie

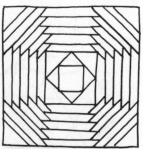

L'ananas

La marquise

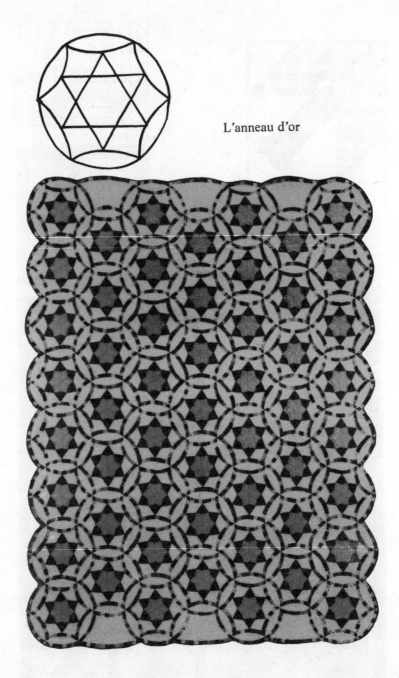

L'anneau d'or

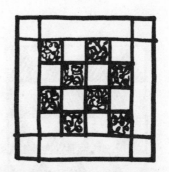

Le Victorien

Les mille pyramides

L'étoile double chaînage

L'étoile de l'Est

Le tournesol

Les enfants sages

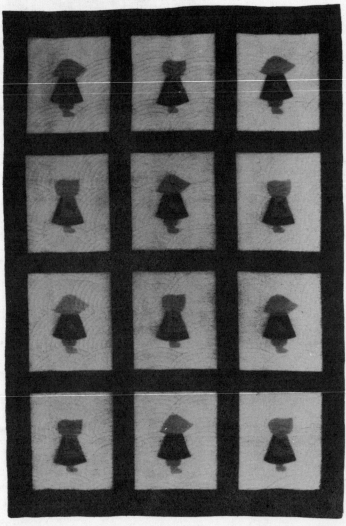

Le conte de fées

Les pieds de crucifix

Les vagues de l'océan

Le noeud papillon

La roue à fuseau

La voie lactée

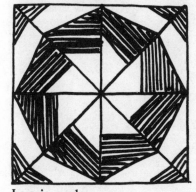

La scie ronde

Le compas du marin

243

La chasse à l'oie

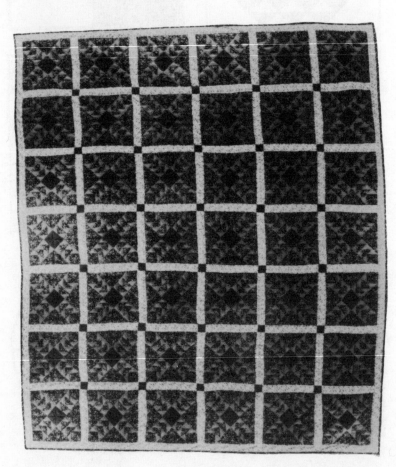

L'éventail de grand-maman

Les quatre T

La clé anglaise

La tempête sur mer

La porte de grange

2) Motif « Les pointes-folles »

Sont classés dans cette catégorie tous les regroupements de pièces non géométriques, coupées et ajustées l'une à l'autre en appliqués ou non, selon une variété infinie de formes et de façons. Elles sont regroupées ensemble soit à la machine, soit au point-de-croix ou selon les divers points de broderie déjà présentés. Mme Gaudet-Smet en parle ainsi: « Cousu à la main en un simple et facile travail d'appliqués, chaque bout de tissu devenait partie opérante d'un tout. Toutes les fantaisies étaient permises aux jointures. Les noeuds d'amour, les points de chaînette, les points de boutonnière, les points d'épine, les points lancés liaient, attachaient, flasés à coup de silkine aux couleurs vibrantes. Tous les cordonnets, rubans, frisures et galonnages devenaient ganses ou soutaches ourlantes. Qui se décidait à sortir ses cachettes de perles et de paillettes luisantes pouvait ensuite afficher le plus rare des confortables. »

Courtepointes de la Beauce à motifs « pointe-folles » avec appliqués broderies.

Pointe-folle en coton, soie et velours, et finie avec point de fantaisie. (Photo Jean Mercier)

3) Motif « Le bouquet de la grand-mère »

Le module de base est un hexagone. L'arrangement et le choix des couleurs peuvent donner des possibilités surprenantes: « kaléidoscopique ou diamantaire ». Ici, la tradition a nommé ce motif « Le bouquet de la grand-mère », à cause du module qui rappelle celui de la fleur. « Le bouquet de la grand-mère » peut se faire à la machine à coudre ou à la main et il peut être de toutes les dimensions. Pour le profane, il est intéressant de connaître la technique d'assemblage, car c'est ce qui le différencie des autres motifs géométriques.

1. le carton est taillé en hexagone;
2. les petits morceaux de tissu sont faufilés sur le carton;
3. ces morceaux sont cousus ensemble, puis on enlève le carton en le déchirant.

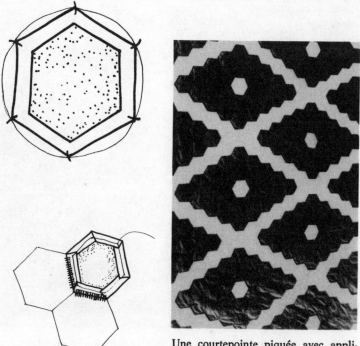

Une courtepointe piquée avec appliqués. (Photo Daniel Fyen)

4) Motif « Les rosettes »

Ce genre de motif est moins connu et a été nommé ainsi par nos ancêtres. Les Américains l'appellent « yo yo » avec beaucoup moins de romantisme. Il consiste à grouper des petits sacs formés par des cercles de tissus reliés par le centre. Généralement, ce genre de motif sert beaucoup plus à la confection des taies d'oreillers et des coussins que des couvre-lits.

Le public admire au CREA des Iles-de-la-Madeleine un magnifique couvre-lit exécuté selon la technique des rosettes.

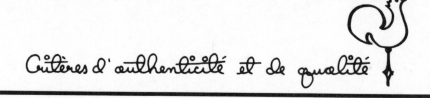
La parfaite exécution

Peu importe qu'il soit fait à la main ou à la machine, le travail doit être bien fait. Evidemment, la technique à la main est plus raffinée, car les machines ne permettent pas de faire des travaux aussi soignés.

L'authenticité du motif

Le motif doit conserver son authenticité. Des détails peuvent lui être apportés à condition d'être justes.

On a déjà vu des marquises avec des chapeaux de cow-boy, des yeux de chien sur des têtes d'oies blanches, des franges en chenille pour border des courtepointes aux piqûres ravissantes. En ce qui concerne la bordure, la tradition veut qu'on y consacre 4 pouces (10,16 cm) pour les côtés et de 6 à 9 pouces (15,29 à 22,86cm) pour la tête et le pied. Une bordure plus large alourdit visuellement le dessin original.

La qualité du matériau utilisé

Le choix du tissu est très important. Ça ne sert à rien de faire des belles piqûres sur un tissu qui n'en vaut pas la peine.

En général, les courtepointes sont faites de coton ou de toile à cause de la souplesse et de la légèreté de ces tissus. Récemment, le polyester est apparu; c'est un matériau garanti. En ce qui concerne le coton pur, il est préférable de le mouiller avant usage. Les velours sont difficiles à réunir, très lourds et d'entretien peu facile.

L'uniformité du tissu

Pour obtenir une garantie d'entretien facile, il faut exiger que la courtepointe soit faite entièrement avec le même tissu à l'envers comme à l'endroit. Des tissus différents réagiront différemment au nettoyage et risqueront de plisser et de s'étirer dans tous les sens.

La qualité du rembourrage

Le rembourrage consiste à étendre une couche d'ouate ou de fibres synthétiques dans l'entre-deux d'une couverture pour la rendre plus chaude, en accentuer les motifs et créer de beaux reliefs.

La grandeur standard

Il est très important qu'une pièce destinée à couvrir un lit réponde parfaitement au besoin. Utilisez les grandeurs standard afin d'obtenir un couvre-lit qui tombe bien, à la manière traditionnelle ou contemporaine.

Deux façons d'utiliser une courtepointe

1) La façon traditionnelle

La façon traditionnelle consiste à faire en sorte que la courtepointe couvre la surface du matelas plus 10 po (25,40 cm) de chaque côté. Notons cependant que ces mesures peuvent varier.

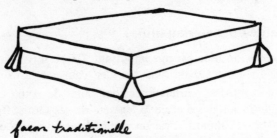

facon traditionnelle

Si la courtepointe est trop courte, on habille le bas du lit d'une jupe ou d'une valence appropriée.

Les dimensions standard sont les suivantes:

lit simple: 60 po x   90 po (1,52 m x 2,28 m)
lit double: 74 po x   92 po (1,83 m x 2,42 m)
lit « queen »: 80 po x   94 po et 80 po x 96 po
                         (2,05 m x 2,44 m et 2,03 m x 2,48 m)
lit « king »:   100 po x 114 po (2,54 m x 2,89 m).

La façon traditionnelle de poser la courtepointe sur un lit. (Photo *Décormag*)

2) La façon contemporaine

La façon contemporaine consiste à utiliser la courtepointe à la manière d'une jetée, recouvrant complètement la surface du lit jusqu'au plancher.

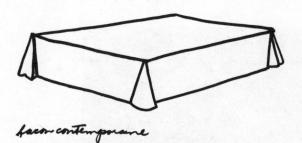

façon contemporaine

Les dimensions standard sont les suivantes:

lit simple: de 66 po à   76 po x 114 po
                              (de 1,66 m à 1,93 m x 2,29 m)
lit trois quarts: 78 po x 114 po (1,98 m x 2,29 m)
lit double: de 84 po à   90 po x 114 po
                              (de 2,13 m à 2,28 m x 2,89 m)
lit « queen »:   90 po x 130 po (2,28 m x 3,30 m)
lit « king »:   110 po x 130 po (2,79 m x 3,30 m).

Courtepointes de haute qualité exécutées par Mme Yvonne Boivin de Montréal. (Photo Armour Landry, Centrale d'artisanat du Québec)

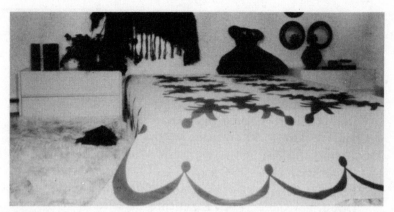

La façon contemporaine de poser une courtepointe sur un lit. (Photo *Décormag*)

L'étiquette d'authenticité culturelle

Qu'il s'agisse de courtepointes, de patchworks ou d'appliqués, on devrait trouver sur chacune de ces pièces une étiquette mentionnant l'adresse, le nom de l'artisan (ou le nom du distributeur), la grandeur de la pièce et le motif choisi. Il serait intéressant de connaître le type de tissu employé afin de mieux l'entretenir. Le consommateur se chargera bien de vérifier lui-même si la pièce est piquée à la main ou cousue à la machine. Le prix sera là pour le lui rappeler!

Le grand chic . . . une courtepointe brodée et signée à la main!

Entretien, conservation, restauration

La qualité des tissus actuels qui ne froissent pas ni ne déteignent permet de conclure que toutes les courtepointes, patchworks ou appliqués faits avec des tissus de bonne qualité sont garantis. Ils se lavent même à la machine si le produit est entièrement réalisé avec le même matériel. Toutefois, il faut être certain de la nature du tissu. Si ce sont des tissus de récupération dont on ne connaît pas l'origine, il faut être prudent.

253

BISHOP, CARLETON and SAFFORD, *America's quilts and coverlets,* Weathervane Books, New York, 1974. Rétrospective de cet art national des origines à nos jours. Bibliographie de plus de 50 ouvrages américains. 313 pages.

CHALMERS, Effie et FORR, P., *Award Winning Quilts,* Oxmoor House Inc., 1974. 184 pages.

COPELAND, Susan, *Vive les courtepointes,* Sélection Readers Digest, novembre 1974. Expérience canadienne.

GAUDET-SMET, Françoise, *Courtes-pointes,* Editions Claire-Vallée Saint-Sylvestre, 1970, volume no 1.

GAUDET-SMET, Françoise, *Pointes-folles,* Editions Claire-Vallée, Saint-Sylvestre, 1971, volume no 2.

GAUDET-SMET, Françoise, *Ramasse-miettes,* Editions Claire-Vallée, Saint-Sylvestre, 1975, volume no 3. Différents types de courtepointes. Patrons inclus. Les seuls volumes faits au Québec sur le sujet.

GENÊT, VERMETTE, DÉCARIE-AUDET, *Les objets familiers de nos ancêtres,* Editions de l'Homme, 1974.

GONSALVES, Alyson Smith, *Quilting and Patchwork,* A Sunset book, 1974. Edition populaire présentée simplement mais assez complète sur la fabrication des courtepointes. Des patrons pour des applications contemporaines: poupées, jouets, napperons, vestes, jupes, cravates, sacs à main, etc. Très bien fait, illustré avec des photos en couleurs. Retenir les idées suggérées mais ne pas copier intégralement.

MAJOR, Henriette, *L'artisanat fait peau neuve,* Perspectives, 22 août 1974 ,vol. 12 no 34. L'expérience pilote de Baie-Saint-Paul.

McKUM, Ruby, *101 Patchwork pattern,* Dover Publication. Réédition en 1962 d'un ouvrage de 1931. Pour ceux qui veulent des patrons et l'historique de chaque patron, ce livre est très intéressant.

NEWMAN, Thelma R., *Quilting, Patchwork, appliqué and trapunto,* Crown Publishers, New York, 1974. Méthode traditionnelle et concepts nouveaux. La plus complète analyse dans ce domaine. 433 photos et 30 diagrammes ainsi que des dessins techniques en grand nombre. 419 pages.

PATSY and ORLEFSKI, *Quilts in America,* McGraw-Hill Book Co., 1974. 367 pages.

Catalogue d'exposition

Courtepointes anciennes de la famille Medkley

Du 20 avril au 18 mai 1975, le Musée d'art contemporain de Montréal présentait vingt-cinq courtepointes des plus représentatives. Cette exposition était le fruit d'un séminaire en muséographie du département de l'histoire de l'art de l'Université de Montréal, sous la direction du professeur Pierre M. Desjardins.

Le catalogue contient une brève histoire de la collection, un répertoire des motifs ainsi qu'une bibliographie imposante d'ouvrages sur les courtepointes et les textiles en général.

à voir

Musée du Québec, Québec: collection de courtepointes et patchworks au motif de pointes-folles de la Beauce.

Le Square, à Longueuil: 12 patchworks de Carole Simard-Laflamme servant de panneaux indicateurs dans un immeuble.

Hôtel Hilton, Place Québec: courtepointes encadrées. Casse-croûte du rez-de-chaussée.

Art Museum of Denver, Colorado: une des plus grandes expositions permanentes de courtepointes du monde entier.

Le Vieux Comptoir, 588, rue Saint-Charles, derrière l'église dans le vieux Boucherville. La boutique est spécialisée dans la confection de courtepointes traditionnelles.

Centrale d'artisanat du Québec, 1450, St-Denis: expo-vente permanente.

« La corvée du couvre-pied », d'après un bronze d'Alfred Laliberté. (Gracieuseté des éditions Beauchemin)

2. LES TAPIS

D'autres techniques de récupération telles que le crochetage, le tressage et les langues ont permis de confectionner des tapis. Il faut joindre également à ces techniques celle de la catalogne, que nous verrons au chapitre du tissage.

1. Le crochetage

Sans savoir qu'elles utilisaient une technique de récupération, nos grand-mères crochetaient des tapis à motifs de fleurs, d'animaux et de paysages avec les retailles des vieux « capots d'étoffe du pays et des camisoles de flanelle. » Ces travaux populaires et bien d'autres ont valu à la région de Charlevoix sa renommée dans le domaine du textile ancien ... un peu grâce à Clarence Gagnon qui, vers les années 40, fournissait des cartons et des croquis aux dames de la région en les suppliant de délaisser les calendriers et les pages de catalogue, car nos grand-mères ne dessinaient pas de cartons. C'est Georges-Edouard Tremblay, de Pointe-au-Pic, qui apporta cette innovation personnelle. Le tapis crocheté passa alors du plancher au mur et se fit tapisserie.

En signe de continuité et pour des motivations professionnelles évidentes, l'auteur de ce volume, en collaboration avec Laurentin Lévesque, architecte, présentait en 1965 comme thèse de fin d'études un projet de centre d'art spécialisé en textiles pour Charlevoix: « Centre d'art Clarence Gagnon ». Cette étude, menée en consultation avec des membres de l'Ecole des textiles de Saint-Hyacinthe et des artisans renommés comme Micheline Beauchemin, orientait la recherche vers une production plus organisée et préconisait l'installation de grands ateliers pour la recherche libre, d'un musée de l'art populaire de Charlevoix et d'un village consacré spécifiquement aux artistes et artisans.

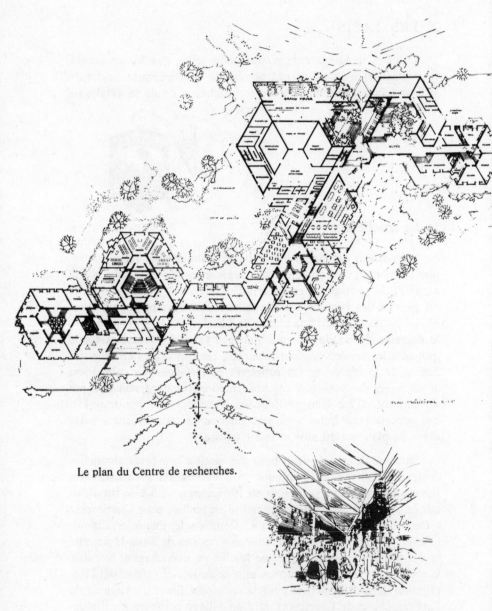

Le plan du Centre de recherches.

Perspective et vue sur l'Ile-aux-Coudres.

Le Centre de recherches en textiles de Baie-Saint-Paul: maquette de Cyril Simard.

Le village d'artisans de Baie-Saint-Paul: maquette de Laurentin Lévesque.

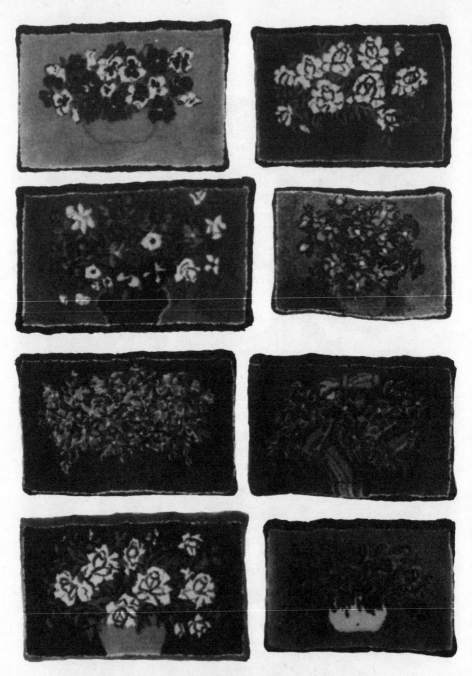

Tapis crochetés de Paul-Emile Marcil, de Montréal, présentés à une exposition de l'Office de l'artisanat en juin 1947.

Technique du crochetage

L'équipement est fort simple. Un métier à crocheter ou un cadre de bois ordinaire peut suffire pour monter un canevas de toile ou de jute sur lequel le dessin est fait. Il suffit ensuite de tirer des loupes de laine à travers les mailles du tissu, à l'aide d'un crochet ou d'un clou.

Types de crochetés

— *Technique contemporaine:* le crochetage est fait à partir du carton d'un artiste. (Georges-Edouard Tremblay utilisait ses peintures à l'huile, comme carton, et Irène Auger, ses dessins et ceux de Pellan.) « Jean Palardy, artiste-peintre de talent, a dessiné il y a quelques années des modèles de tapis commandés par la maison Henry Morgan de Montréal. Ces tapis, exécutés par des ouvrières de Saint-Urbain, sortent de la banalité courante. » (Jean-Marie Gauvreau, 1940)

— *Technique traditionnelle:* le dessin est tracé sur toile ou autre tissu et crocheté par le dessous (régions de Saint-Urbain, Charlevoix, Richelieu et Saint-Hyacinthe).

— *Technique des loupes coupées:* sur canevas vendu à cette fin.

— *Technique du crocheté sans canevas:* tapis crocheté avec de la laine. Ce genre de tapis est crocheté de la façon la plus simple qui soit et ne requiert qu'un gros crochet. La principale difficulté de cette technique réside dans la régularité de la tension, condition nécessaire pour que le tapis ne gondole pas. Ces crochetés sont réversibles.

« Les goélands », tapis crocheté de type traditionnel avec bordure bleu foncé. Anonyme.

Une crocheteuse au travail.
(Photo E.G. Lajoie)

Les cartons de Georges-Edouard Tremblay sont reproduits par ses élèves.
(Photo Province de Québec)

Crochetés typiquement traditionnels aux bordures noires.

Crocheté: tapis à fleurs sur fond écru.

« Glaïeuls sur fond naturel », crocheté de Irène Auger, de Québec.

Pour qu'un tapis de type traditionnel se classe parmi « la belle ouvrage », il faut:
— que les bordures soient bien ourlées,
— que les loupes soient égales,
— que la texture soit unie,
— qu'aucun bout de fil apparent ne dépasse de la texture générale.

Pour la signature du tapis, on suggère à l'artisan de l'intégrer à son oeuvre et d'inscrire à l'arrière la date de production ainsi que la région où l'oeuvre a été conçue afin d'identifier le motif.

Entretien, conservation, restauration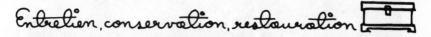

Tapis utilitaires:
— éviter de les secouer pour ne pas les effilocher;
— laver les taches avec une eau savonneuse;
— laver à la machine, puis repasser à l'envers au fer chaud avec les précautions d'usage pour la laine.

Tapis décoratifs ou tapisseries:
— ne pas laver à l'eau mais faire nettoyer à sec si on connaît la composition des fibres; consulter l'artisan ou un spécialiste à ce sujet. Votre tapis peut être très ancien et être fait de laine teinte avec des teintures végétales domestiques, ce qui veut dire qu'il perdra dans certains cas sa couleur originale.

Crocheté de Lisette Lacroix, de Montréal.

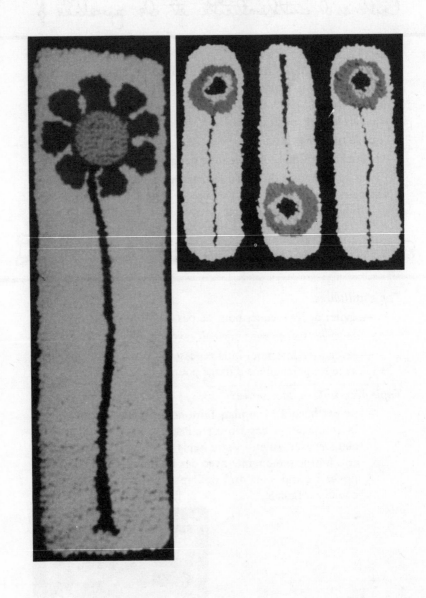

Crochetés d'inspiration moderne exécutés par
Mme Louison Fortin, à Baie-Saint-Paul.

Crocheté en quatre modules pouvant se vendre à l'unité.

Tapis en pure laine de Gilles Lamer, crocheté sans canevas ni tissu
de fond, à la façon d'un tricot.

Détail d'un tapis réversible en pure laine, de Gilles Lamer.

2. Le tressage

Pour éviter toute confusion, soulignons qu'on appelle natte ou tapis natté un tapis réalisé exclusivement avec des fibres végétales comme le rotin, le raphia, le jonc et l'osier. Ces tapis sont toujours d'origine exotique. Nos tapis traditionnels sont réalisés à partir d'une ou plusieurs tresses de tissu et sont dénommés « tapis tressés ».

La technique du tapis tressé est fort simple. Elle est bien exécutée lorsqu'elle suit les critères de base, tels qu'expliqués par les croquis présentés dans le fascicule du ministère de la Colonisation du Québec dont nous reproduisons quelques dessins:

La tresse et le tapis.

1) la fabrication d'une branche de n'importe quel tissu doit être exécutée avec du tissu coupé en lanières de 1 à 2 pouces (2,54 à 5,08 cm) replié à l'intérieur et cousu ensuite pour donner un profil net;

2) la tresse, faite de 3 branches, sera serrée et régulière et les bouts des tresses ne doivent pas être apparents, leurs coutures non plus;

3) la couture des tresses pour former le tapis est des plus importantes. Pour être solide, la couronne doit être serrée, avec des points courts;

4) un tapis bien monté est réversible; aucun fil ne doit paraître ni à l'endroit ni à l'envers et les tresses ne doivent pas être molles. Dans ces conditions, le tapis ne gondolera pas, si on a pris la précaution de le faire à plat.

5) 3 formes principales: rond,
carré,
ovale.

Truc du métier

Si vous désirez un tapis rectangulaire de 8 pi x 6 pi (2,44 x 1,83 m), la façon de calculer la longueur de la première tresse consiste à soustraire la largeur du tapis de la longueur, soit: 8 — 6 = 2 pieds (0,61 m). On continue ensuite le tapis en enroulant autour de cette ligne de départ la tresse de tissu jusqu'à ce qu'on obtienne les dimensions voulues.

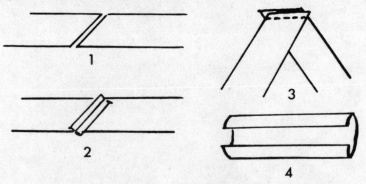

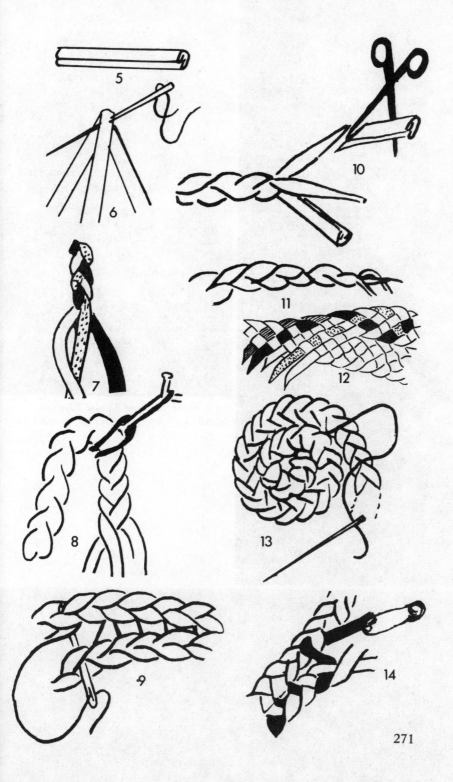

271

Tapis tressé de Mme Agathe Lanthier;
l'ajustement des tresses forme un motif à carr

Tapis tressés en long.

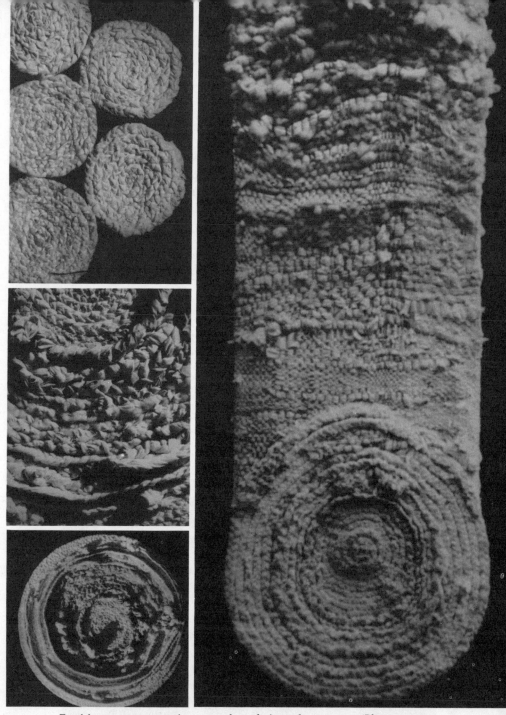

Expériences contemporaines avec la technique du tressage. (Photos et recherches: Carole Simard-Laflamme)

3. Les langues et les roulettes

Cette technique particulière consiste à recueillir des retailles de tissu et à les regrouper sur une base après leur transformation en languettes et en roulettes de grandeur uniforme, tantôt brodées, tantôt ourlées ou appliquées.

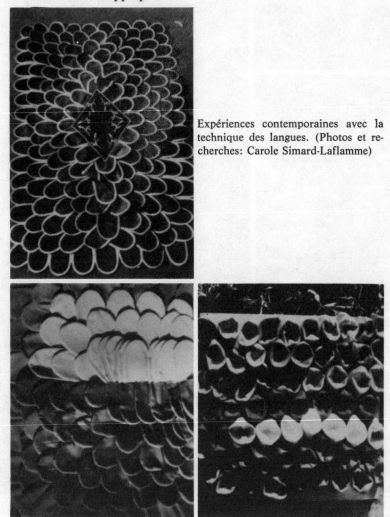

Expériences contemporaines avec la technique des langues. (Photos et recherches: Carole Simard-Laflamme)

Tapis « à roulettes » traditionnel. (Photo D. Laflamme)

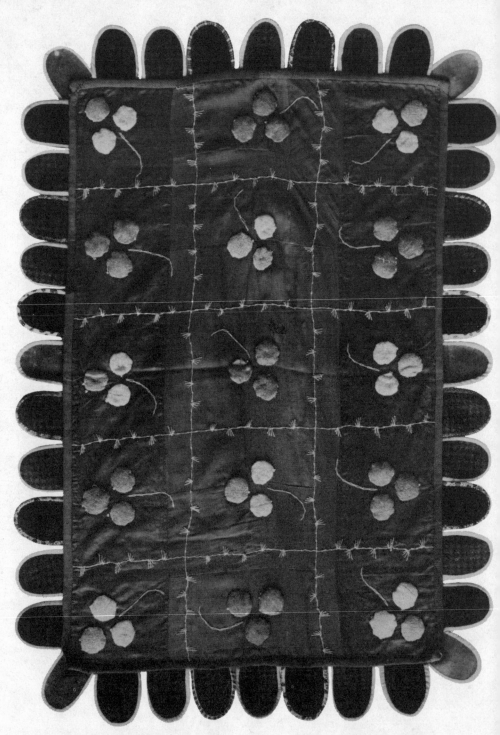

Tapis bordé de langues, motifs de trèfles appliqués de la Beauce. (Photo Musée du Québec)

Le batik et l'impression des tissus

Le batik, c'est la spontanéité d'un trait exprimé par la fluidité de la cire.
Denise Landry-Aubin

Jacqueline Duplessis au travail.

277

Déjà employé en Egypte et en Perse il y a plus de 2,000 ans, le batik nous est venu de l'Afrique, du Japon, de la Chine, de l'Inde et surtout de l'Indonésie, plus particulièrement de Java. On dit que le batik atteignit son apogée au XVIIe siècle, lorsque les seigneurs qui régnaient sur l'archipel imposèrent son emploi. Cette contrainte, obligeant à porter exclusivement des vêtements de batik, provoqua des rivalités et des dépassements sur le plan technique plus que décoratif. De nombreux motifs de cette période sont maintenant codifiés et sont devenus des symboles mystiques et religieux, liés aux principales manifestations du culte et aux diverses fêtes populaires de l'île.

Des commerçants hollandais, revenant des pays orientaux, rapportèrent en Europe cette technique qu'ils avaient identifiée sur les robes que portaient les Javanaises. Les craquelures dans le motif demeurent la caractéristique principale de cette technique. Elles se produisent au moment de la teinture quand la cire, qui constitue des réserves sur le tissu, se fendille et laisse s'infiltrer les teintures qui étaient à l'origine végétales.

Au Québec, vers 1960, Thérèse Guité fait connaître la technique du batik et la popularise. De nombreux artisans ont déjà expérimenté ces techniques connues, mais elle est la première à lui donner une dimension purement artistique.

A la même époque, Gail Lamarche entreprend des recherches approfondies qui l'amènent à l'Université du Québec alors que Jacqueline Duplessis ouvre les portes de son atelier privé ... dont la réputation n'est plus à faire.

De son côté, Margot Ladouceur introduit dans ses batiks des thèmes inspirés du patrimoine, comme les vieux poêles à bois, les horloges grands-pères et les berceaux. On lui doit d'avoir intégré l'histoire dans cette technique.

Denise Landry-Aubin, élève de Dumouchel, enseigne aussi le batik après s'être fait la main à la gravure, dans son Bastion de La Prairie où elle tient boutique et atelier. Sa maîtrise du dessin lui permet de contrôler la fluidité de la cire avec assurance,

279

Batik de Gail Lamarche.
(Photo *Décormag*)

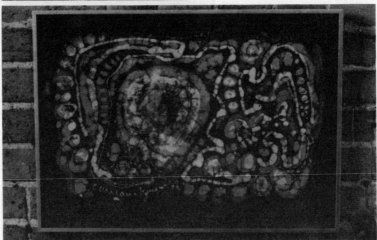

Arlette Carreau-Kingwell... comme les vitraux d'une cathédrale! (Photo Daniel Fyen)

280

Margot Ladouceur inscrit notre passé dans ses batiks.

sans décalque ni tracé . . . au fil de l'inspiration. Dans un style très sûr, et sans trop en avoir l'air, André Gauvreau ne s'est pas limité à copier son entourage. Il a interprété un environnement québécois qu'il a su styliser avec autant de charme que de profondeur. Il a en quelque sorte permis au batik d'être réellement québécois.

La participation de Mme Audette Carreau-Kingwell a été très importante sur les plans de la technique et de la recherche dans ce domaine. Bien que discrète, son action et son dévouement reconnus par de nombreuses personnalités témoignent aujourd'hui de sa générosité et de sa grande disponibilité. On aura reconnu dans l'oeuvre de Thérèse Brassard, de Québec, qu'il soit question du batik qu'elle a conçu pour l'Année de la Femme ou de ses émaux, la dimension universelle de son inspiration. (Voir photos-couleurs.)

« Québécoise libre, dit-elle,
libre sur le monde
un oeil . . .
de l'assurance
fleur et fécondité,
en oiseau
dans le vent. »

« L'enfant et l'oiseau », signé Thérèse Brassard, de Québec.

Et pour élargir l'utilisation de cette technique, Louise Beaupré-Lincourt a décidé de mettre le batik au service du vêtement, comme au temps des rois . . . à porter pour un cocktail ou dans la rue!

...ail d'un batik de Louise Beaupré-Lincourt. (Photo Armour Landry)

...ise Beaupré-Lincourt a décidé de travailler avec les gens de la haute
...ture. Exposition solo à la galerie CREA de la Centrale d'artisanat.
...oto Armour Landry)

« Les filles, les guenilles », batik de Denise Landry-Aubin.

« La cocotte à plumes » de Denise Landry-Aubin. Cette artiste fait des batiks sans craquelures.

un batik piqué Ann Bilodeau

« Hirondelles polaires », batik sur soie d'André Gauvreau. (17 x 35½ ou 43,18 x 90,17 cm)

André Gauvreau parle des sucres à sa façon. (16 x 16 po ou 40,6 x 40,65 cm)

Technique du batik

Le batik est un procédé de teinture de tissus avec « réserve ».

On a découvert au cours des siècles que si l'on isole certaines parties d'un tissu avec une matière imperméable (cire d'abeille, paraffine) et que l'on plonge ensuite ce tissu dans de la teinture à l'eau froide, les parties recouvertes de cire résistent à la teinture. Il se produit aux endroits où la cire casse des craquelures ou brisures.

Au début, on utilisait pour bloquer les pores du tissu les matériaux qu'on avait sous la main, comme la graisse, la cire d'abeille, la farine de riz et les résines de plantes.

Comme le batik est une technique simple, on peut facilement la pratiquer à domicile ou à l'école. Nous tentons ici de l'expliquer brièvement:

— TISSUS EMPLOYÉS: toutes les fibres pures (non synthétiques): laine, coton, soie, lin, tizal, cuir. Vous obtiendrez des résultats différents selon que vous utilisez une fibre plutôt qu'une autre. Certaines, qui ont déjà subi un traitement dans l'industrie, doivent être traitées pour devenir absorbantes. Les tissus synthétiques peuvent aussi être employés moyennant des produits et des teintures appropriés.

— OUTILLAGE: a) *un cadre fort simple* pour tendre le tissu. Il y a des cadres professionnels sur le marché; ils ne sont pas nécessaires pour le débutant et le professionnel invente souvent le sien pour l'adapter à ses propres exigences.

b) *des pinceaux:* quelques pinceaux dont les poils sont naturels. Les poils synthétiques fondent dans la cire chaude.

c) *le tjanting:* cet instrument, essentiel pour les dessins, est constitué d'une coupe en cuivre, munie d'un ou plusieurs stylets ou canules, montés sur un manche de bambou. En français, on appelle aussi cet instrument « pipette ou pipot ». Il sert à faire les lignes, les points, à écrire et à appliquer la cire fondue sur le tissu.

288

1. Sac à pain de Monique Saint-Aubin. (Photo Daniel Fyen)

2. Ceintures signées par Jacqueline Prud'homme, Maurice Leduc, Anita Durocher, Lucie Gareau, Jeanne Beauchamp. (Photo Daniel Fyen)

3. « La Forêt » de Monique Leblanc. Fléché contemporain. (Photo Daniel Fyen)

Courtepointes du Vieux Comptoir de Boucherville exécutées en collaboration avec Louise Fleury-Bourassa et de nombreuses fermières de la région. (Photo Daniel Fyen)

Trois appliqués contemporains de Lise Nantel. Participation au concours provincial de banderoles de la Centrale d'artisanat du Québec, 1972. (Photo Jean Mercier)

Couvre-lit selon la technique du « boutonné » avec motifs en étoile à huit pointes de Charlevoix. (Photo Cyril Simard)

L'outillage de base: on remarquera qu'il y a différentes formes de tjantings.

d) *la cire:* la recette de cire la plus fréquemment utilisée est: moitié cire d'abeille et moitié paraffine. Cette cire est appliquée sur le tissu à une température qui varie entre 180° F (82.2° C) et 220° F (104° C). Il ne faut jamais quitter la pièce où chauffe la cire, car celle-ci est un produit très inflammable et peut provoquer de graves brûlures.

e) *un réchaud:* une poêle électrique ou un appareil à friture plus profond.

f) *des teintures:* pas besoin d'avoir une gamme complète. Les teintures primaires suffisent. Certaines teintures sont récupérables après les bains et peuvent être conservées dans des bouteilles de verre. A cause de la cire qui fondrait à l'eau chaude, le batik doit être teint à froid. C'est pourquoi il faut utiliser des teintures spéciales et non des teintures domestiques.

g) *accessoires:* gants de caoutchouc, benzine, varsol, casseroles et fer à repasser, papier journal non imprimé.

Tous les artisans préfèrent les appareils électriques. Ils contrôlent la chaleur et évitent les accidents.

Il ne faut surtout pas employer de casserole en aluminium; la teinture les tachera pour longtemps! ...

Etapes de fabrication

Nous tenterons de vous présenter le travail point par point . . .
à l'aide de photographies faites en équipe lors de cours donnés à
Trois-Rivières par Mme A. Carreau-Kingwell. Les différentes étapes ainsi que les outils ont été photographiés par Soeur Jeannette
Girard, p.m.

— Déterminez d'abord votre dessin si vous voyez en avoir besoin.
Transcrivez-le au fusain sur le tissu. Il peut être très simple au
début. Soyez modeste pour vos essais; ne vous lancez pas dans
le décor d'une grande surface et cherchez surtout la spontanéité.

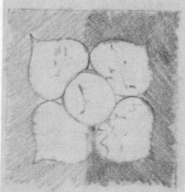

Les principales phases du travail: des couleurs pâles aux couleurs foncées,
autant de bains que de couleurs.

— Tendez votre tissu sur un cadre pour que l'imprégnation de la cire se fasse.

— Trempez votre pinceau ou tjanting dans la cire chaude et travaillez avec souplesse, librement et spontanément. Après cette première ébauche, regardez maintenant votre tissu et déterminez les zones que vous voulez teindre et celles que vous voulez laisser en blanc. Pensez que vous commencerez toujours par la couleur la plus claire. Appliquez la cire sur les zones à laisser en blanc.

N.B. Travaillez au pinceau pour les grandes surfaces et au tjanting pour les traits.

— Quand votre cire est durcie, faites votre premier bain de teinture. Surtout n'oubliez pas de toujours mouiller le tissu avant de le tremper dans le bain.

— Le bain de teinture terminé, rincez abondamment; la cire peut se craqueler sous le jet d'eau, c'est normal.

— Laissez sécher à fond votre tissu.

— Reposez-le sur le cadre, remettez de la cire sur les parties teintes que vous désirez laisser dans la couleur claire et éventuellement sur les craquelures les plus importantes.

— Mouillez, teignez à nouveau dans la couleur moyenne, rincez et faites sécher.

— Vous recommencerez suivant votre fantaisie, jusqu'au bain dans la couleur la plus foncée. Laissez alors naître l'effet de craquelure, si caractéristique du batik; la teinture s'infiltre dans les interstices laissés par les brisures de la cire. Rincez et laissez sécher à nouveau.

— Quand tout est terminé, frottez ou grattez votre tissu pour éliminer la cire le plus possible, quand la fibre peut le supporter.

— Posez un lit de papier propre sur la table, étendez votre tissu et couvrez-le avec un autre journal. Repassez à fer moyennement chaud. Quand le papier est souillé de cire fondue, changez-le. Continuez jusqu'à élimination totale de la cire. Il faut assouplir le tissu en le dégraissant au varsol. Le séchage est instantané.

— Pour fixer la couleur, repassez au fer à vapeur.

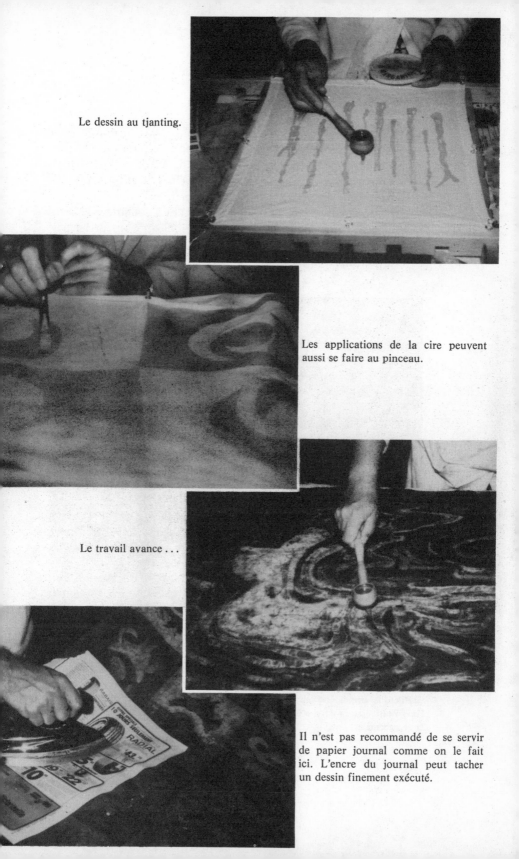

Le dessin au tjanting.

Les applications de la cire peuvent aussi se faire au pinceau.

Le travail avance...

Il n'est pas recommandé de se servir de papier journal comme on le fait ici. L'encre du journal peut tacher un dessin finement exécuté.

Attention: le fixage est très important. C'est l'opération qui permet aux couleurs de demeurer inaltérables et intactes sous les effets du lavage, du soleil et de la poussière. On le réussit bien si on ajoute comme il faut le liquide appelé « fixatif » dans les bains. D'autres recettes qui utilisent le sel (pour le coton) et le vinaigre (pour la soie) sont également bonnes à condition de bien respecter les proportions. Suivez bien les indications pour ne pas être déçu au premier lavage. Les produits spéciaux pour le batik se trouvent dans les magasins de matériel d'artiste.

Batik d'André Gauvreau; exemple où la fluidité de la cire a été exploitée avec grand art.

Images du Québec. Batik de Moni-que M. Payette, Montréal. (Photo Jean Mercier)

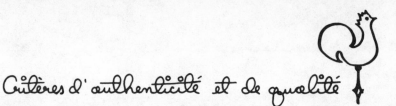

Qualité du dessin et fluidité de la cire

Qu'il soit abstrait ou figuratif, le dessin ne doit pas cacher des éclaboussures inavouées. Trop de gens, comme dans l'émail, se lancent dans cette technique sans avoir aucune notion de dessin ou d'espace. Il faut donc tenir compte de la fluidité de la cire dont le trait n'est pas régulier. Il ne faut pas miser sur le hasard, mais plutôt sur le contrôle et la connaissance de la matière.

Craquelure

C'est la caractéristique du batik et ce qui constitue son originalité. Aucun autre mode de teinture ne peut donner ce trait distinctif. Il faut dire cependant que ce n'est pas la quantité qui fait la qualité, mais plutôt l'équilibre et le contrôle du procédé dans l'ensemble du décor et de la composition. Les craquelures ne doivent pas arriver n'importe où. Certains disent que l'absence de brisures peut être considérée comme une faiblesse d'exploitation de la technique. D'autres prétendent, au contraire, qu'un batik sans craquelures est plus difficile à réaliser. Les premiers batiks auraient été travaillés avec plusieurs épaisseurs de cire pour ne pas obtenir de brisures . . . comme le font encore certains artisans indonésiens et québécois.

Finition

Lorsqu'elle n'a pas été bien tendue, la pièce peut perdre sa forme et prendre des plis. De plus, il est inconcevable que les coups de crayon apparaissent, une fois le batik terminé. Ceci est un manque évident de contrôle et de sens de la finition. Si vous cherchez à créer un effet spécial avec les coups de crayon, cela doit faire partie intégrante du motif (ne pas conserver l'apparence d'un décalque mal dissimulé).

Signature

Le batik est toujours signé, qu'il s'agisse d'une pièce décorative ou utilitaire. Dans le premier cas, il ne sera pas nécessaire de

Batik d'Annick Therrien-Moreau de Boucherville: craquelures et surfaces lisses sont bien équilibrées.

Batik exécuté par Solange Trémeau, de Montréal.

savoir le type de tissu employé. C'est l'objectif qui compte. Dans le second cas, il est important de savoir la qualité des tissus employés pour ne pas se tromper à l'entretien. L'étiquette doit mentionner le nom de l'artisan ainsi que la nature du tissu. Le mot « fixé » indique que l'objet a été traité pour être lavable.

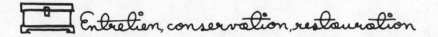 Entretien, conservation, restauration

Les objets utilitaires portant la mention « fixé » sur l'étiquette peuvent être lavés sans risque de déteindre avec un peu d'eau tiède et du savon doux (avec l'addition de sel pour le coton et de vinaigre pour la soie). Seule l'eau bouillante et l'exposition au soleil pourraient les détériorer.

Abat-jour en batik, de Michèle Gagné. (Photo Les Artisans du meuble québécois)

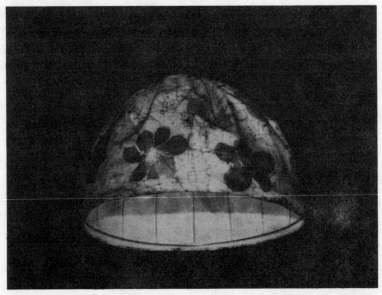

298

Autres procédés de teinture

Actuellement, des artisans exploitent et recherchent de nouveaux moyens d'expression à partir des techniques anciennes. D'autres continuent sans grand changement avec la technique qui nous est venue de l'Indonésie. Les procédés varient selon les continents et on ne peut pas dire que nous ayons développé une technologie bien à nous dans ce domaine. Voici quelques-unes de ces techniques bien populaires actuellement et qui nous sont transmises, pour la plupart, via la Californie, par une littérature abondante et intéressante.*

Teinture au bâton ou torsade

C'est un procédé très ancien qui consiste à enrouler une étoffe autour d'un bâtonnet et à attacher le tout avec une ficelle de façon irrégulière en serrant très fort. On plonge alors le tissu ainsi préparé dans un bain de teinture, puis on retire le tissu et ensuite la ficelle.

Résultat: l'étoffe est entièrement teinte sauf aux endroits où la ficelle l'a protégée de la teinture.

Teinture par « noeud » (tie-dye)

Les Japonais ont inventé et perfectionné le procédé de teinture par noeuds. Ils ont pris la technique du bâton puis ils y ont ajouté des noeuds, tantôt avec du fil lié symétriquement, tantôt avec beaucoup de désinvolture. Le procédé est appelé *shiboris*.

Lorsque le faufilage et la couture sont introduits pour déterminer des motifs spéciaux et des effets contrôlés, le procédé est appelé *tritek*. Il a été développé par les Sud-Africains.

---

* On trouvera au chapitre 4 des informations concernant les teintures végétales domestiques.

PROCÉDÉ DU TIE-DYE

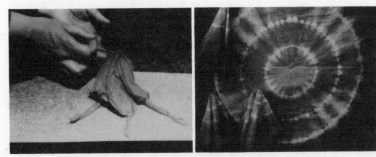

Le tissu est bien attaché... serré. Le résultat.
Après le bain de teinture.

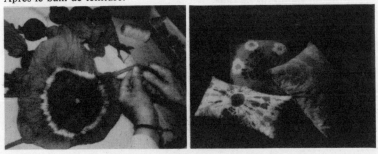

PROCÉDÉ TRITEK

Utilisation de la couture dans le Résultat différent... mais pas tou-
procédé du tie-dye. jours contrôlé!

300

Impression au pochoir

Le marché actuel est inondé de tissus à motifs imprimés et la plupart sont importés. Ils sont imprimés au « tjap ». Aux Indes particulièrement, la totalité des quelque 36 millions de mètres produits chaque année sont imprimés à l'aide de cet instrument spécial. C'est un pochoir portant des motifs constitués de fils de fer entrelacés qui permet d'appliquer la cire directement sur le tissu. L'outil est simplement trempé dans la cire et pressé sur le tissu. On reconnaît ces tissus, qui sont vendus à la verge, par la répétition du motif.

Estampe en bois à motifs floraux, appelée pochoir, avec laquelle on imprimait les tissus à l'aide de teintures végétales vers la fin du XIXe siècle.

Peinture directe sur tissu (serti)

On peint au positif (contrairement au batik), à main levée, sur de la soie ou autres textiles, avec de la teinture commerciale. Ce sont les techniques d'application de la colle qui délimitent les couleurs et empêchent la teinture de s'étendre. Le procédé, d'apparence facile, a des secrets que Véronique Mercier, entre autres, contrôle avec délicatesse, classe et expérience. On peut peindre également avec des encres mais la durabilité n'est pas assurée si la teinture n'est pas fixée.

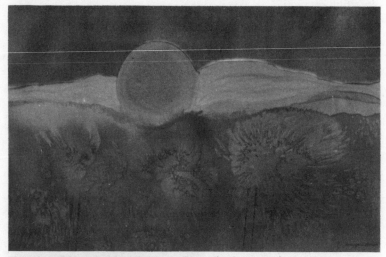

Véronique Mercier et la délicatesse de ses dessins sur soie.

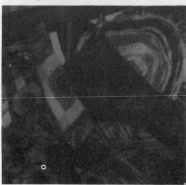

Coussin peint sur velours. (Gracieuseté des Artisans du meuble québécois)

302

Ecoline sur tissu de Arlette Carreau-Kingwell.

Sérigraphie sur tissu

On trouvera au chapitre de la gravure les techniques employées dans ce domaine. Mais comme il s'agit d'impression sur textile, il est important de présenter ici quelques exemples qui vont du travail soutenu de Nina Lepage, avec ses napperons et ses calendriers, aux audaces de Cornellier. Le nouveau groupe Séri +

303

avec Robert Lamarre et Monique Beauregard marquera l'année 75. Produits à la verge, ces textiles imprimés à la main s'inscrivent dans la ligne contemporaine. Ils répondent à un besoin souvent exprimé par les décorateurs et les dessinateurs. Cette orientation arrive à point devant l'engouement actuel pour tant de produits étrangers de ce genre.

Les tissus portant l'étiquette « grand teint » résistent au lavage et à la lumière. Le procédé consiste à faire chauffer le tissu dans un four muni de rouleaux, pendant trois minutes à 300° F (148° C). Les manivelles du four sont tournées manuellement, tout comme l'impression des motifs se fait à la main.

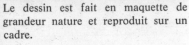

Le dessin est fait en maquette de grandeur nature et reproduit sur un cadre.

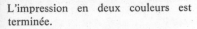

Impression des motifs alternés sur le tissu. Cette opération a pour but de permettre le séchage des motifs un par un.

L'impression en deux couleurs est terminée.

La couleur doit être cuite à la chaleur pendant trois minutes pour permettre au tissu de devenir lavable et de résister à la lumière du soleil.

Imprimés sur tissu conçus en 1949 à l'Ecole des arts appliqués.

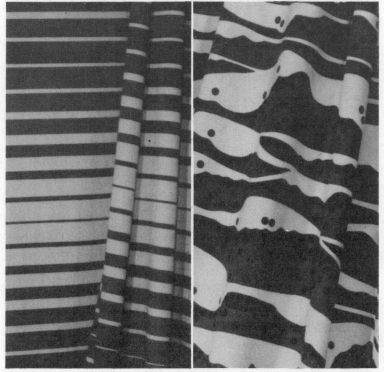

l'horizon   la vague

Tissus pour tentures de Séri +. (Photos Paul Michaud)

Napperon de Séri +. (Photo *Décor-mag*)

coeur saignant et coq

Sac à main, coton « grand teint » de
Séri +. Réalisation: Gaudeline Sau-
riol-Gélinas. (Photo Bellevue)

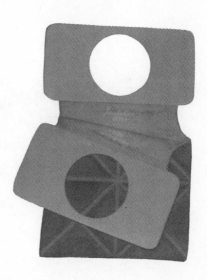

Collection de coussins de Séri +. (Photo Paul Michaud)

Sérigraphie au pochoir sur jute de
Nina Lepage.

Sérigraphie originale sur tissu par
Cornellier. (Photo *Décormag)*

Sac à main signé Francine Fortier, sérigraphie sur tissu. (Photo Centrale
d'artisanat du Québec)

Lectures suggérées

Documentation

AHLBEIG, G. et JARNEIYD, O., *Peindre et imprimer sur étoffe,* Editions Sélection, J. Jacobs, Paris, 1969. 82 pages.

ALBECK, Pat, *Printed Textile,* Oxford University Press, N.L., 1969. Pour les spécialistes du textile. 94 pages.

BERYL, Martin, *Le batik, premières notions,* Dessain et Tolra, Ed. Paris, 1974. Un petit livre bien fait et abondamment illustré. 60 pages.

CLARKE, W., *An Introduction to textile Printing,* Butterwork & Co, 1971. Ouvrage très savant pour l'industriel. 266 pages.

DANIELS, Harvey, *Print making,* The Viking Press, N.Y., 1971. Présentation et explications très précises. 224 pages.

GUITÉ, Thérèse, Editions Formart no 20, Editeur du Québec, 1974.

HARDING, Rolf, *Couleurs et tissus,* Travaux textiles tome V, collection Le jeu qui crée, Dessain et Tolra, Paris.

HEIN, Gisela, *Impressions faciles sur tissu,* Dessain et Tolra, Paris, 1972. Pour celui qui connaît déjà la teinture industrielle. 79 pages.

JAMESON, Norma, *Batik for beginners,* Studio Vesta, London, Watson-Guptill Pub., N.Y., 1970. Très simple et bien facile à assimiler. 104 pages.

MEILACH, Z. Dona, *Contemporary Batik and Tie-dye,* Crown Publishers, N.Y., 1973. Connaissances générales pour celui qui a des bases en batik. Cours avancé. 277 pages.

MONK, Kathleen, *The craft of fabric printing,* Ballantine Books, N.C., 1972. Cours avancé. Avoir une bonne base avant de s'en servir. 119 pages.

MURLING, E. et JANVIER, J., *Art et technique du batik,* Editions Sélection, collection Savoir faire, J. Jacobs, Paris, 1968. Très facile. 55 pages.

NEA, Sara, *Tie-dye,* Van Nostrand, 1971. Bien expliqué et techniquement au point. 104 pages.

VOSBRUG HALL, Carolyn, *Stitched and Stuffed Art,* Doubleday and Co. Inc., N.Y., 1974. L'emploi des tissus en sculpture ou soft-art. 186 pages.

 a voir

The American Crafts Council, 29 W, 53rd St., New York 10019 a publié un ensemble de diapositives sur le sujet.

Tie-dye, 1972
67 diapositives consacrées aux oeuvres anciennes et contemporaines.

Javanese Batiks, 1970
60 diapositives de la collection historique de Jane Gehring.

Tie-dye Techniques, 1972
80 diapositives sur les différentes techniques.

Sérigraphie produite en atelier à Fort Chimo par un Inuit nommé Anirnik. Atelier dirigé par Montagna, professeur au Sheridan College, Ontario.

Le macramé

Quand un cordier veut sa corde
cordée,
Trois cordons de la corde, il corde
Si l'un des cordons de la corde
décorde
Le cordon décordé
Faut décorder la corde.
  Dicton populaire

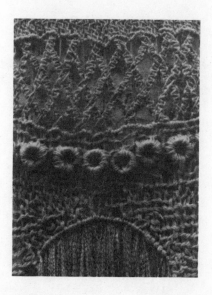

Les noeuds de Jean-Marc Abrieux, de
Montréal. (Photo Boutique Soleil)

Ce n'est pas à moi d'éclaircir si ce sont les Chinois, les Indiens ou les Arabes qui ont inventé le macramé. Faire des noeuds, après tout, est une chose fort simple et j'imagine que nos premiers parents ont vite fait de s'amuser avec les lianes merveilleuses du paradis terrestre pour tresser de beaux filets de pêche. C'est en Gaspésie que j'ai vu les premiers filets fabriqués par nos pêcheurs qui, somme toute, firent nos premières oeuvres d'art en macramé: filets de pêche pour la morue, la crevette et l'éperlan. Un jour, l'abbé Jacques Laroche, du service-conseil en aménagement et en art sacré du diocèse de Saint-Jean-de-la-Rive-sud, s'est mis à parler de voiles huméraux, de ceingulons et de ceinturons de toutes les couleurs. Et moi qui n'avais jamais porté attention aux ceingulons des frères, ni au ceinturon de notre prélat domestique qui se carrait dans la chaire sculptée par Baillargé, ni aux somptueuses nappes d'autel qui rehaussaient le sanctuaire! C'était nos religieuses, imaginez donc, qui faisaient du macramé ... et du beau s'il vous plaît! Elles avaient appris de soeurs en soeurs, dans les grands livres de France et particulièrement dans l'Encyclopédie des ouvrages de Dame Thérèse de Dillmont, rééditée en Alsace par Merlhouse en 1972. Leurs ouvrages, merveilleux et nombreux, montrent l'importance des contributions des congrégations religieuses dans le domaine des arts domestiques chez nous. Soeur Gabrielle Dubois, par exemple, des Soeurs Grises de Montréal, pratique l'art du macramé depuis le début de sa profession religieuse en 1925. Elle a appris par elle-même cet art qu'elle appelait «franges en macramé » ou « franges nouées » et même « frivolités ».

La Congrégation des Petites Filles de Saint-Joseph compte aussi de nombreuses artisanes qui ont fabriqué des ceinturons et des ceingulons. En général, selon Soeur Gilberte Laroche, une frange ordinaire de 8 po x 8 po (20,32 cm x 20,32 cm) demande près de 100 heures de travail. Ces beaux travaux exécutés « en dehors du travail régulier » rejoignent les paroles de Pauwells: « C'est avec les mains que l'on monte au ciel ».

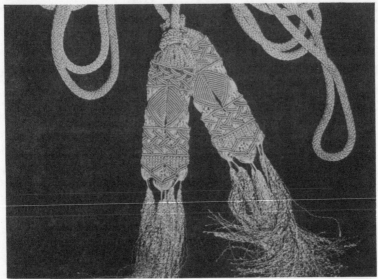

Ceingulon blanc exécuté par une religieuse de la Congrégation des Petites Filles de Saint-Joseph, 1962. (Photo Centrale d'artisanat du Québec par Armour Landry)

Voile huméral. Travail exécuté en fil de soie par une religieuse des Soeurs Grises pour l'église de Sainte-Anne de Varennes, 1955.

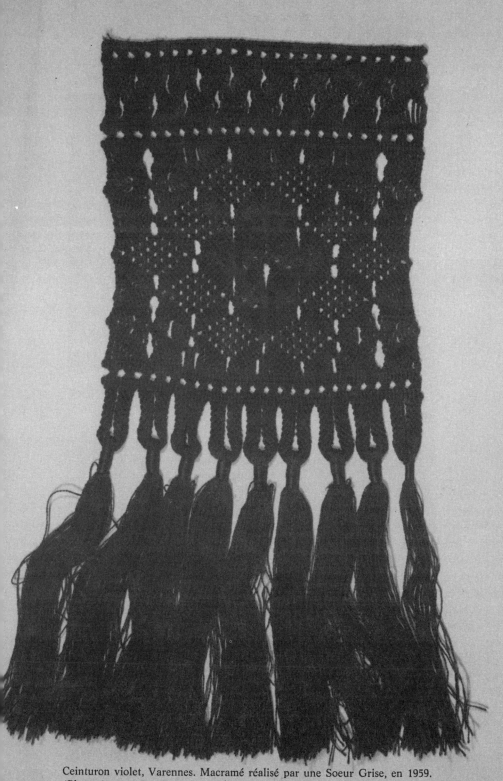

Ceinturon violet, Varennes. Macramé réalisé par une Soeur Grise, en 1959.
(Photo Armour Landry)

La technique de base est si facile et si pratique qu'on a peine à comprendre comment elle a pu être ignorée si longtemps ces dernières années. C'est Gabrielle Schmidt, artisane de Montréal, qui a relancé le mouvement au Québec, vers la fin des années soixante. Depuis, Paulette Hervieux donne des cours au Centre d'art de Laval tandis que Lucette Galipeau et Murielle Dion en donnent au Centre culturel de Longueuil. Ces trois personnes ont écrit les deux premiers volumes québécois sur le sujet. Contribution valable! En octobre 72, la première grande exposition de groupe a lieu au Centre culturel de Longueuil. Plus de 375 réalisations y sont exposées. Désormais, les noeuds servent à confectionner des cravates, des ceintures, des jardinières, des sandales, des bikinis et même à remplacer la babiche des chaises anciennes.

Des bijoux de Paulette Hervieux. (Photo Jacques Durguerian)

Sculpture en macramé de Paulette Hervieux.
(Photo Jacques Durguerian)

Pour sa part, Gabrielle Schmidt, du Centre des arts visuels de Montréal, va d'audace en audace et sculpte avec les fibres de jute des espaces contrôlés.

Devant l'engouement actuel pour le macramé et le grand nombre de gens qui s'y adonnent, hommes et femmes, on peut constater un seul désir: sortir des sentiers battus ... Voyez où nous en sommes!

« Les noces », sculpture en macramé (42 x 86 po ou 1,06 m x
2,8 m) de Gabrielle Schmidt, Montréal, 1972. (Photo Joseph
Schmidt)

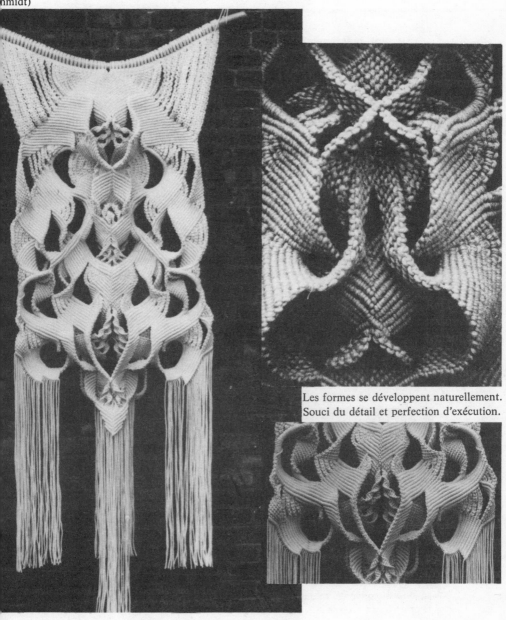

Les formes se développent naturellement.
Souci du détail et perfection d'exécution.

317

Le mot macramé vient du mot arabe *migrama* qui signifie frange, galon ou gland. Faire du macramé est devenu faire des noeuds avec des ficelles ou toute fibre pouvant s'y prêter comme les cordes, le nylon, la soie et la laine. Avec quelques épingles, un crochet, des ciseaux et de la patience, la connaissance des noeuds de base et de leur tension, on peut finir par s'en sortir. Mais, ce qui fait toute la différence c'est la créativité, l'élégance et la finesse avec lesquelles l'artisane exécute son travail; en d'autres mots, c'est l'art de manier les fibres entre elles, de les lier ou de les mettre en apposition l'une par rapport à l'autre.

Le montage et les noeuds de base

Nous présentons ici la technique du macramé dans sa plus simple expression. A partir des données de base, qui sont d'une extrême simplicité, toutes les variations sont permises; c'est d'ailleurs ce qui rend le travail intéressant.

Le montage

Le montage est fait à partir d'une ficelle, d'un bâton, d'un anneau . . . qu'importe. Il peut être simple ou double. Le montage double a l'avantage de s'identifier au noeud de la baguette parce qu'il est plus large au départ.

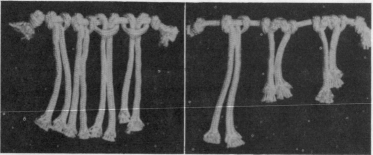

1. Montage *simple*.   2. Montage *double*.

Ces échantillons ont été spécialement préparés pour ce livre par les auteurs du premier volume sur le macramé paru au Québec, Murielle Dion et Lucette Galipeau.

318

Les noeuds de base

a) *Le noeud plat:* complet ou à demi; ses variations sont multiples.

Les noeuds de base		
a) *noeud plat*	complet	1
	à demi	2
b) *noeud feston*	simple	3
	double	4

a) *Le noeud plat complet.*

L'emploi de fibres de couleurs différentes donne des effets visuels variés.

b) *Le demi-noeud plat;* on l'appelle aussi torsade ou vrille.

A. Tourné vers la droite.
B. Tourné vers la gauche.

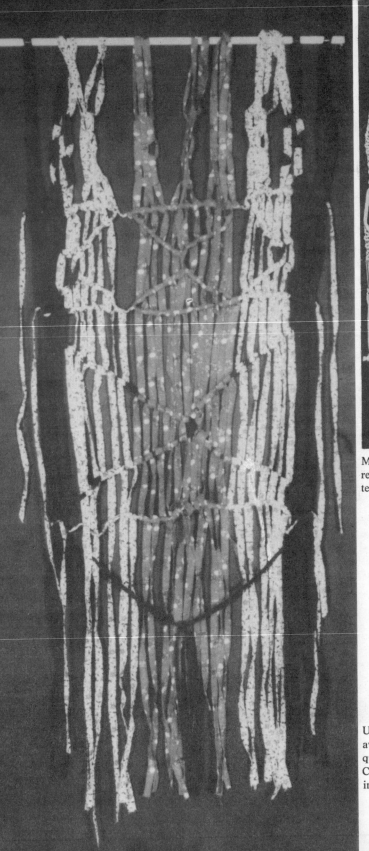

Macramé de Louis Auclair. S
re et décor intégrés: une bonn
tecture. (Photo Denise Sancl

Un macramé, un vrai de v
avec les mêmes tissus de récu
que la catalogne, de Lise G.
Chartrand. Réalisation signific
importante. (Photo Jean Merc

b) *Le noeud feston:* simple ou double; la baguette est un dérivé.

Si l'on observe bien un macramé, on s'aperçoit que le noeud plat et ses dérivés produisent les variations et le dentelé tandis que le noeud en baguette semble donner les structures de l'oeuvre, un peu comme les colonnes d'un bâtiment. Vous apprendrez aussi que le noeud standard, celui que tout le monde fait pour nouer les deux bouts d'une ficelle, s'appelle poétiquement « le mouchet ».

Tout cela pour vous dire que la technique de base est très simple. Mais ne soyez pas trop téméraire; sans une longue habitude dans le maniement des fils et une bonne intuition, vous ne pouvez créer des formes et des motifs qui dépassent les stéréotypes.

Ceux qui se servent d'une planche pour monter leur travail doivent profiter de l'expérience acquise par les autres: « Recouvrez votre planche d'un tissu à carreaux; vous aurez ainsi les guides verticaux et horizontaux dont vous aurez besoin pour un travail bien équilibré et bien fait ». Bon truc de métier! N'oubliez pas: c'est en respectant d'abord la marche à suivre que vous pourrez acquérir plus tard l'assurance nécessaire pour inventer . . .

Pour vous donner une idée de la technique, voici le processus de fabrication d'une jardinière. La méthode a été rédigée par Madame Paulette Hervieux.

Suspension en macramé pour un pot de grès

Matériel

— 60 verges (54,86 m) de corde de jute moyenne.
— pot de 6 pouces (15,24 cm) de diamètre et 5 pouces (12,70 cm) de hauteur.

Façon

— couper 14 cordes de 100 pouces (2,54 m);
— couper 2 cordes de 260 pouces (6,61 m) et faire un mouchet par corde;

Pour suspendre un pot de grès . . . toutes les fantaisies sont permises.

- réunir toutes les cordes par un noeud (mouchet) à 5 pouces (12,70 cm) du bout;
- fixer les cordes sur la table de travail;
- faire une torsade de 36 pouces (91,44 cm) de longueur avec les deux cordes en papillons autour des 14 autres cordes;
- diviser les cordes en 4 groupes de 4 cordes;
- faire une torsade de 8 pouces (20,32 cm) avec chaque groupe;
- fixer les 4 torsades autour du pot avec du ruban gommé;
- prendre les 2 dernières cordes d'une torsade et les 2 premières de la torsade suivante et faire un noeud plat à 2 pouces (5,08 cm) du haut du pot;
- continuez ainsi le tour du pot avec les autres cordes;
- répéter les noeuds plats 2 pouces (5,08 cm) plus bas;
- réunir toutes les cordes par un noeud mouchet en dessous du pot;
- égaliser les cordes à la longueur désirée.

Paulette Hervieux ensei-gnait dans l'équipe du projet « Artisanat - De-sign » de la Centrale d'ar-tisanat du Québec en 1972. (Photo Jean Mer-cier)

Abrieux signe des oeuvres de macramé importantes. (Photo Boutique Soleil,
Vieux-Montréal)

Réalisations utilitaires

Bien entendu, l'objet doit être fabriqué en fonction de l'usage qu'on veut en faire. Des noeuds de cravate qui s'évasent, des sandales qui piquent les pieds, des sacs à main en jute ou en laine qui moussent et qui ne sont pas lavables, voilà des défauts évidents que personne ne peut endurer au prix où se vendent ces objets. Il faut dire que la confection d'une cravate de macramé faite avec de la laine de 4 brins exige à peu près 8 heures de travail. A vous de calculer les prix! N'oubliez pas que les noeuds doivent toujours être bien faits et très *serrés*, ceci pour assurer une plus grande résistance du produit à l'usure et au lavage.

Sac à main de Madame Théorêt. Les poignées sont simples et pratiques. (Photo Daniel Fyen)

Détail.

Abat-jour de macramé orné de bois. Oeuvre de Georges Frenette. (Photo Boutique Soleil)

Parfait mariage de céramique et de fibre de jute par Harris Morrison de Montréal. (Photo Centrale d'artisanat du Québec)

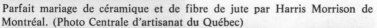

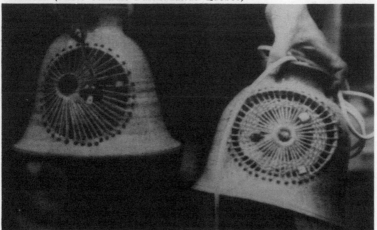

Réalisations décoratives

Il est bien évident que ce critère de résistance ne s'applique pas nécessairement aux objets décoratifs tels que tapisseries et sculptures. En ce qui concerne ces réalisations, c'est la création d'effets, la forme et la bonne utilisation de la matière qui déterminent leur valeur. C'est une question d'expression bien plus que de résistance à l'usage. Malheureusement, dans cette catégorie, le marché est inondé de petites tapisseries, bien faites, mais qui ne prennent pas facilement teneur. La raison est bien simple: les gens ne veulent pas payer si cher pour des objets qu'ils croient pouvoir fabriquer eux-mêmes, bien qu'ils n'en soient pas toujours capables. J'ai vu des centaines de clients de la Centrale d'artisanat avoir cette réaction, désarmante pour l'artisan sincère qui fait bien son métier, sans arriver à en vivre.

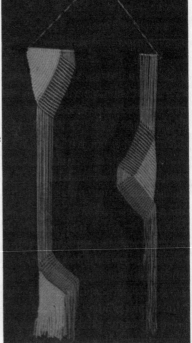

Banderole en macramé de Mme Lise Henri, de Joliette. (Photo *Décormag*)

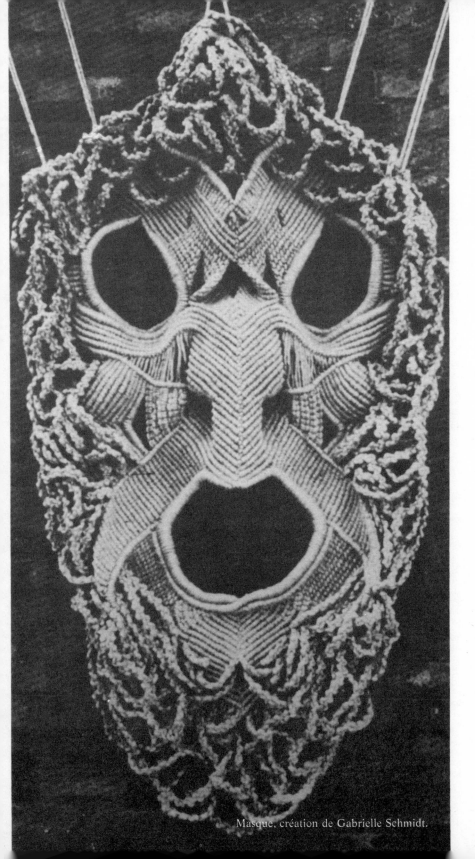

Masque, création de Gabrielle Schmidt.

Les artisans doivent signer leurs réalisations en indiquant sur l'étiquette cousue à chacune de celles-ci leur nom et leur adresse. La mention « création » devrait toujours apparaître dans le cas d'objets décoratifs afin d'assurer le client qu'il n'achète pas un modèle reconstitué pour le prix d'une authentique création, ou la copie d'un patron venant d'un autre artisan ou même d'une publication quelconque.

Pour les objets utilitaires, le type de fibre utilisé devrait aussi être indiqué. Il y a des objets qui, une fois lavés, rétrécissent tellement qu'ils ne peuvent plus être utilisés. Certaines pièces ne peuvent toutefois pas être lavées et le nettoyeur ne garantit pas ce genre de travail: c'est le cas de la corde de coton. Mais, en général, de l'eau tiède et un peu de savon viennent à bout de tout.

Ceux qui veulent entreprendre la réalisation d'un modèle déjà tout préparé et taillé en industrie doivent faire attention: les instructions sont souvent très difficiles à suivre. Regardez bien si le nécessaire est complet et correspond bien à vos désirs.

Paulette Hervieux utilise les cadres de raquettes rejetées par l'industrie pour en faire des objets décoratifs. (Photo Armour Landry)

Coop artisanale. (Gracieuseté des Artisans du meuble québécois)

Huguette Dorais, qui exposait à La Sauvegarde en 1974, en a étonné plusieurs.

Lectures suggérées

BRESS, Hélène, *The Macramé Book,* Charles Scribner's Sons, N.Y., 1972. Edition de luxe. Une bonne synthèse. 224 pages.

DILLMONT, Thérèse de, *Le Macramé,* Editions Thérèse de Dillmont, Paris, 1972. Réédition d'un ouvrage très ancien

DION, Murielle et GALIPEAU, Lucette, *Macramé,* édité par Ferron, décembre 1972. Un texte simple, de nombreux modèles, un lexique anglais-français. Un deuxième volume est en préparation.

HARVEY, Virginia T., *Color and design in Macramé,* Van Nostrand Reinhold Company, N.Y., 1970. Initiation à la sculpture.

HARVEY, Virginia T., *The Art of Creative Knotting,* Van Nostrand Reinhold Company, N.Y., 1967. 128 pages.

HERVIEUX, Paulette, *Technique du macramé,* Editions du Jour, 1973. Technique bien expliquée, modèles originaux.

MEILACH, Donna Z., *Macramé created design and knotting,* Crown Publishers Inc., N.Y., 1971. Ce volume est complet et montre tout particulièrement des éléments sculpturaux fort impressionnants.

PHILLIPS, Walkel, *Macramé,* Dessain et Tolra, Paris. Très clair. 77 pages.

RUSSELL SHAW, George, *Les Noeuds pratiques et décoratifs,* Editions de l'Homme, 1975. Autant pour les campeurs, les sportifs que les fermiers. Présentation exceptionnelle. 193 pages.

Encadrement de porte exécuté par Germaine Reniak. (Photo *Décormag*)

Le tissage

Chaque époque a ses problèmes nouveaux, posés par de nouveaux besoins et parfois par une urgence de solutions proprement locales. Le présent peut être sans réponse, l'avenir, une angoissante interrogation. Ne faut-il pas alors rechercher dans le passé des leçons qui restent un héritage. Et lorsque pour la nation, son élément le plus solide, le plus sain faiblit dans la bataille de son équilibre, ou spirituel ou économique, c'est là qu'il faut une reconstitution morale et matérielle.

Oscar Bériau
Tissage domestique, 1943

Métier traditionnel monté par Mme Elzéar Tremblay, de Baie-Saint-Paul. (Photo Cyril Simard)

C'est aux communautés religieuses et à leur enseignement de l'art ménager ainsi qu'aux cercles de fermières que nous devons la conservation de la technologie actuelle du tissage domestique au Québec. Ils ont assuré dans ce domaine la transition et le maintien de la « belle ouvrage ».

Ecoles d'art ménager

Jean-Marie Gauvreau nous parle beaucoup, dans son volume *Artisans du Québec,* du renouveau dans l'enseignement ménager commencé en 1882, par Soeur Saint-Raphaël de la Congrégation des Ursulines. Elle fonde à Roberval la première de ces écoles des arts domestiques, exemple qui est suivi quelques années plus tard par un autre pionnier de la renaissance artisanale, Mgr J.-C. Allard, à Sainte-Martine.

Le programme d'enseignement est intéressant à lire: « La culture d'un art inspiré de notre nature et de notre histoire, de notre vie canadienne, s'impose au plus haut point. On devra en tenir compte largement dans le choix des motifs. Evitez surtout la copie en série des images coloriées brutalement; calendriers, sujets exotiques, exhibits, tapis crochetés, moulins hollandais, scènes bretonnes, végétations tropicales, etc. Se servir de l'excellente discipline qu'est le dessin pour développer le sens de l'observation, aiguiser la vision des choses qui nous entourent ».

En 1905, le chanoine Alphonse Beaudet, avec la collaboration des soeurs de la Congrégation Notre-Dame, fonde à Saint-Pascal de Kamouraska une école ménagère dont l'orientation première est la formation générale de l'étudiante. Cette « Ecole Normale Classico-ménagère » prendra par la suite le nom d'« Institut Chanoine Beaudet ». Bien après, l'affiliation à l'Université Laval a permis aux étudiantes de poursuivre le cycle de leurs études jusqu'au baccalauréat en sciences domestiques. Parmi les élèves ayant reçu leur formation dite générale à cette école, nous ne pouvons nous empêcher de citer les noms d'illustres conférenciè-

Conférence à la salle des promotions de l'Université Laval, en février 1947, par Mlle Evelyn Leblanc, conférencière réputée.

La même année, visite de l'école ménagère de Loretteville par le réputé tisserand français Jacques Plass Le Caisne, accompagné d'Evelyn Leblanc et de Jean-Marie Gauvreau.

res telles que Estelle et Evelyne Leblanc, Anne-Marie Vaillancourt, Jeanne Talbot et bien d'autres . . .

De 1905 à 1935, une quinzaine de ces écoles voient le jour. En 1929, le ministère de l'Agriculture coordonne leur enseignement par la création de l'Ecole des arts domestiques de Québec sous la direction de Oscar-A. Bériau. Le département de l'Instruction publique en assure la continuation et avec l'arrivée de Mgr Albert Tessier en 1937, l'enseignement ménager connait une expansion remarquable.

A la même époque, des écoles hautement spécialisées sont créées: l'Ecole du meuble, affiliée dans les premières années de son existence à l'Ecole technique de Montréal, institution à caractère plus technologique et scientifique, dirigée par Jean-Marie Gauvreau. En 1942, l'Ecole des arts graphiques suit l'exemple de l'Ecole du meuble. D'autre part, sous l'égide du ministère du Bien-Etre social et de la Jeunesse, une série d'initiatives débutent. Au nombre de celles-ci, l'organisation des ateliers-écoles, comme celui du crochetage à Pointe-au-Pic, et l'implantation du service des conseillères du ministère de l'Agriculture qui enseignent partout les techniques de base du tissage traditionnel, sous la direction

Les communautés religieuses conservent les anciennes techniques et les enseignent dans leurs écoles. Exposition provinciale de Québec. (Gouvernement du Québec)

Linerie de Saint-Pascal de Kamouraska. Exposition au Palais de l'industrie à Québec. Cet art est pratiquement disparu aujourd'hui. (Gouvernement du Québec)

d'Alphonse Desilets. Des expertes comme Germaine Galerneau, Bibiane April-Proulx et bien d'autres restent dans la mémoire de nombreuses Québécoises.

A côté de ces institutions gouvernementales, des initiatives privées ont contribué à conserver au tissage la place de choix qu'il occupe chez nous. L'ingénieur, Stan Zielinski, par exemple, a laissé sa trace en publiant le renommé *Master Weaver* ou *Le maître tisserand*. C'est à partir du comté de Brome que son enseignement et ses inventions ont fait le tour du pays et des Etats-Unis.

En 1945, à la suite de tant d'activités répétées en faveur de l'artisanat, dans le but de coordonner les efforts et à la demande des cercles de fermières, le ministère de l'Industrie et du Commerce, dont le titulaire est l'Honorable Jean-Paul Beaulieu, crée l'Office provincial de l'artisanat et de la petite industrie. Le premier président fut M. Jean-Marie Gauvreau. Il fondera le service de vente en 1950, en confiant à Madeleine Marcoux la direction de la nouvelle centrale de mise en marché.

338

Depuis la création du service technique et culturel en 1971, la Centrale accentue systématiquement son rôle de consultant auprès des artisans qui veulent obtenir leur autonomie tant sur le plan professionnel que commercial. Les registres actuels de cet organisme indiquent que pour les années 1973, 1974 et 1975, quelque 800 consultations au moins ont été données gratuitement à de nouveaux artisans par des professionnels fournis par les Métiers d'art du Québec. A la fois tremplin pour les nouveaux artisans, vitrine permanente de l'ensemble de la production traditionnelle et contemporaine et bureau de mise en marché, la Centrale d'artisanat tente d'assumer trois rôles essentiels, complémentaires à l'action de l'entreprise privée.

Les cercles de fermières

Cellules vivantes, s'il en est, que celles des cercles de fermières qui ont réussi envers et contre mode à conserver l'ensemble de nos techniques artisanales. Elles sont aujourd'hui plus de 70,000 femmes qui sont regroupées dans 795 cercles locaux et 23 fédérations régionales. Elles oeuvrent dans toutes les sphères de notre société, à la ville comme à la campagne. Leur secrétaire provinciale, Madame Bernard, s'exprime ainsi: « Nous voyons à l'éducation et au développement de la femme moderne en vulgarisant les techniques contemporaines de création et production et en informant nos membres sur les principales sphères de l'activité humaine ».

Les cercles de fermières et certains groupes dont L'A.F.E.A.S. ont été les gardiens de ce patrimoine qui permet aux gens d'aujourd'hui de s'exprimer par des formes plastiques et des matériaux nouveaux, ainsi qu'en témoigne chaque année leur participation au Salon de la Femme de la Place Bonaventure et aux expositions régionales et provinciales.

L'histoire rendra justice à celles pour qui notre identité est affaire de fierté, de ténacité et de travail bien fait.

L'initiative et le dévouement de ces associations féminines a des retombées économiques certaines. A Sainte-Madeleine de Saint-Hyacinthe, par exemple, le curé de la paroisse, M. l'abbé

Tapis au crochet de Mme Wilfrid Brûlé à l'Exposition provinciale de Québec, 1955. (Gouvernement du Québec)

Lecours, organise en 1937, sur une base commerciale, un cercle de fermières locales. Il utilise du tissu préparé dans une manufacture de l'endroit, perfectionne la technique du crochetage par l'emploi de fibres comme la tricolette et fait l'amidonnage du jute. Aujourd'hui, Au Terroir est renommé pour la qualité de ses produits utilitaires et les garanties attachées à ceux-ci. Ce n'est là qu'un exemple.

Magnifiques couvertures traditionnelles qui ont été la contribution des cercles de fermières aux différentes expositions provinciales et régionales. Un héritage conservé . . . et retrouvé!

Sac à main présenté à l'Exposition provinciale de Québec en 1948. Les attaches sont apparentes, à la façon du design contemporain.

Pour évoquer la transition, voici un costume français du début de la colonie.

Le tissage et la haute couture

Trois tisserands en particulier ont conservé l'esprit de la tradition et de l'ouvrage bien fait tout en adaptant les nouvelles fibres au caprice de la mode et aux exigences de ses créateurs:

— Véronique Arsenault a réinventé les châles, créé de nouvelles cravates, jupes et tuques qui ont donné du ton « au chèvrefeuille »;

— Edith Martin a suivi le rythme de la liturgie en tissant des chasubles et des ornements d'une grande dignité;

— Lucien Desmarais, comme « le bon Dieu du tissage », a fait accepter définitivement les nouvelles fibres avec force et courage.

Il n'est donc pas étonnant de les voir travailler avec les grands professionnels de la mode de chez nous: Marielle Fleury, Raoul-Jean Fourré, Marie-Paule, France Savies, Jacques de Montjoye, Michel Robichaud et bien d'autres.

De nouveaux créateurs qui s'appellent Maria Svatina, Louis Hains, Irène Chiasson, Pascale Galipeau, François Alacoque, Martine Gruber, Epsilon, Trixi et Thérèse Arsenault oeuvrent maintenant dans le même sens.

Dans le domaine du théâtre et de la télévision, des recherches sérieuses sont faites pour reconstituer avec authenticité nos costumes historiques et les faire connaître à un large public. A la télévision, pensons seulement aux « Forges du Saint-Maurice », au théâtre à « La Dalle-des-morts » de Félix-A. Savard, avec costumes de Robert Prévost. D'autres productions auxquelles collabora Pellan, par exemple, ont mis en valeur dans un esprit différent le fantastique de la forme, la somptuosité des couleurs et la magique interprétation de la couleur et des textures des tissus.

342

Un des premiers défilés de mode à l'Ecole des arts appliqués de Montréal en 1955. On aperçoit au premier rang M. Jean-Marie Gauvreau parmi les invités.

Robert Prévost signe les costumes pour *La Dalle-des-morts,* de Mgr Félix-Antoine Savard.

Une création spéciale de Irène Chiasson et Lucien Desmarais. Vêtement ou tapisserie? Les deux sont possibles!

Michel Robichaud, Edith Martin, Marielle Fleury et Lucien Desmarais présentaient, en 1965, leur collection à Bruxelles, Milan et Londres.

 *Techniques*

L'origine des fibres

a) FIBRES ANIMALES: de toutes ces fibres, c'est la laine du mouton qui est la plus connue, puis la soie qui nous vient des Indes et de Chine. Les fibres « angoras » proviennent des poils de lapin et les mohairs, du poil des chèvres. Vendus dans leurs teintes naturelles, allant du beige au brun, on trouve également les poils de chameau, d'alpaca et de lama. L'histoire raconte que pour obtenir une meilleure résistance de leur laine, les femmes de Charlevoix y mêlaient une proportion de poils d'animaux de toutes sortes, recueillis sur les peaux avant le tannage.

Les moutons du Cap-aux-Corbeaux (en face de l'Île aux Coudres) Charlevoix

b) FIBRES VÉGÉTALES: il s'agit du lin, du chanvre, du coton et du jute dont les tiges ou racines servent à former des fibres. On sait que le jute et le coton sont cultivés principalement aux Etats-Unis, aux Indes, en Egypte et au Brésil. Les E.-U. sont en tête de la production mondiale. L'Egypte est reconnue pour la qualité exceptionnelle de sa production.

Le coton... en bouton et en fleur.

c) FIBRES MINÉRALES: fils formés avec or, argent, aluminium, cuivre, platine, amiante, etc.

« Broder sa parole avec du fil d'or et d'argent » est une expression que la tradition nous a laissée. Elle référait probablement aux somptueux habits de bal ou aux magnifiques ornements d'église.

d) FIBRES SYNTHÉTIQUES ou MANUFACTURÉES: elles ont été inventées par l'homme, dans les laboratoires, et sont réalisées à partir de matières premières diverses que l'on rend filables.

On doit l'invention des fibres synthétiques au Français Chardonnet, qui en 1884, réussit à transformer la cellulose en « soie » artificielle ou rayonne. Depuis ce temps, la qualité de ces fibres s'est beaucoup améliorée. D'autres textiles d'origine chimique sont apparus sur le marché. Il ne faut surtout pas les rejeter du revers de la main sans les avoir expérimentés. De magnifiques tapisseries et tissages ont été réalisés ces dernières années avec beaucoup de discernement et une juste philosophie de la matière, à partir de ces fibres nouvelles.

347

Les principales fibres manufacturées sont les suivantes:
acétate
acrilan
arnel
bemberg
creslan
dacron
dynel
fortrel
fibre de verre
kodel
lycra
nylon
orlon
polypropylène
viscose
saran
terylène ou tergal
zefran

Leurs principales caractéristiques sont l'infroissabilité, l'excellente stabilité dimensionnelle, la légèreté, la résistance à la lumière et au lavage. Les fibres synthétiques déplaisent aux mites et à la moisissure et offrent une bonne résistance. Il n'est pas utile ici de préciser les caractéristiques de chacune, mais il est important de s'enquérir de ces détails à l'achat.

Préparation domestique des fibres de laine et de lin

Voici très brièvement les différentes opérations domestiques pour la préparation de la laine et du lin, deux matières premières dont la tradition nous a transmis les méthodes de préparation. Ceux qui voudront en savoir plus long feront bien de consulter *La fabrication artisanale des tissus,* publié par le Musée du Québec en 1974 et qu'on peut se procurer chez l'éditeur officiel du Québec.

La laine

LES MOUTONS

Les scènes pastorales avec les bergers ne manquent pas, pas plus que les légendes et les contes. Mais ceux-ci ne sont pas toujours charmants... L'histoire raconte qu'au XVIIIe siècle, les Anglais punissaient de mort ceux qui exportaient des moutons vivants pour la reproduction. Ils voulaient préserver ainsi l'exclusivité de certaines races qui leur procuraient des laines d'une belle qualité réunissant les critères suivants: régularité de la longueur des fibres d'une même toison, souplesse, élasticité et feutrage. Ils avaient probablement mis en pratique et adapté à leur climat le livre de Calumella, *De Re Rustica,* livre qui date de l'époque romaine et qui continue aujourd'hui d'être la bible des éleveurs de moutons ainsi que des écoles de textiles.

Il existe donc plusieurs races de moutons domestiques que les connaisseurs comme Bériau ont classées de la façon suivante:

Leicester: à face blanche, laine longue, fibre dure;

Cheviot: à face blanche, laine longue et fine;

Oxford: à face noire, laine classée courte dans la province de Québec;

Shropshire: à face noire, laine très courte;

Hampshire: à face noire, laine classée courte dans la province de Québec. Ailleurs, on la classe entre l'Oxford et la Shropshire.

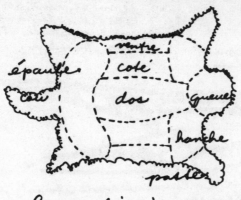

Les parties d'une peau de mouton.

ETAPES DE PRÉPARATION DE LA LAINE

C'est aux mois de mai et d'avril que se fait la tonte des moutons pour la meilleure laine, la tonte de l'automne n'assurant pas une aussi belle qualité.

Après la tonte, on enlève une bonne partie du *suint,* sorte d'huile naturelle que l'on ne doit pas complètement perdre pour ne pas casser la laine. C'est pour cela qu'on échaude ou lave la laine à l'eau tiède seulement. Après l'avoir étendue pour séchage, on *l'écharpille,* opération qui signifie l'étirer avec les doigts pour enlever toute matière étrangère ainsi que les gros « mottons ».

Pour mettre les fibres parallèles entre elles, on *carde* ensuite la laine. Avec deux planchettes de bois piquées de pointes fines métalliques, on enligne tout simplement les fibres. Les mouvements des deux cardes aboutissent à la construction de boudins de laine ... prêts à être filés!

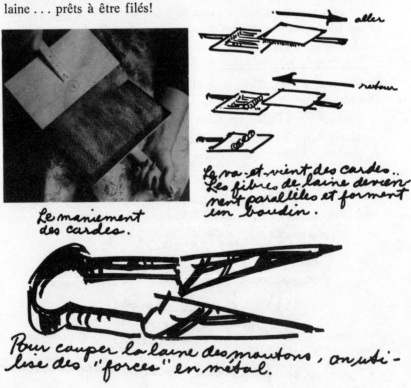

aller

retour

Le maniement des cardes.

Le va-et-vient des cardes.. Les fibres de laine deviennent parallèles et forment un boudin.

Pour couper la laine des moutons, on utilise des "forces" en métal.

Le lin

Est-ce à cause des nombreuses et fastidieuses opérations qui sont nécessaires pour convertir la tige en un fil propre au tissage que la culture du lin est de plus en plus rare au Québec? Cette plante exige un degré d'humidité bien contrôlé, une terre légère et chargée d'engrais. Le lin de mai, après trois mois de pousse, est arraché et couché par terre en forme de bottillons que l'on redresse sur le sol en écartant la base. L'air y pénètre et le lin achève sa maturité lorsqu'il est bien *roui*.

Le *rouissage* consiste à faire pourrir l'écorce de la tige afin d'isoler les fibres en détachant l'aigrette. On reconnaît que le rouissage est complété lorsque les tiges rompent sans plier et que les fibres se détachent facilement sur toute la longueur de la tige ou enveloppe. Cette enveloppe se nomme *chénevotte*. Bériau nous indique les procédés pour le rouissage en terre, en eau, en rivière et en eau chaude. Ces variantes consistent à faire tremper le lin pendant une quinzaine de jours jusqu'au moment où l'aigrette se dégage de la fibre. Puis, on bat le lin avec un instrument appelé *fléau* pour lui faire perdre le petit bois qui subsiste encore.

L'opération du *brayage* demande plus de soin. Elle consiste à réduire le lin en filasse à l'aide d'un instrument en érable ou en pin qu'on appelle *broie à lin*. Mais avant, on fait d'abord sécher les tiges pour les rendre plus faciles à broyer ou brayer.

Le lin est ensuite taillé ou écorché, opération consistant à enlever les dernières aigrettes qui auraient résisté au brayage.

Nettoyé enfin avec un peigne à dents de fer ou de clous, le lin est confié à l'artisane pour être filé à la quenouille ou au rouet, s'il est beau. Les résidus de la filasse prennent le nom de *étoupe* et sont utilisés pour former les fils de trame qui demandent moins de résistance que les fils de chaîne.

Plusieurs artisanes sont spécialisées dans le tissage du lin et sont reconnues pour la qualité de leur travail: Germaine Groté, Thérèse Thibault-Lafleur et Jeanne Decelles sont parmi les plus réputées.

on nettoie le lin avec des peignes faits à la maison

351

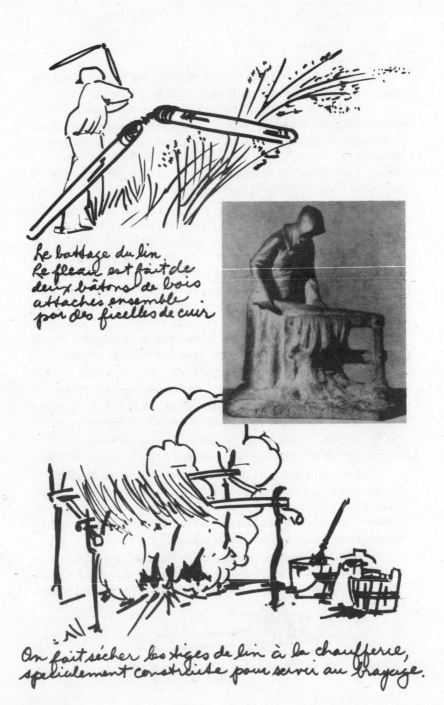

Le battage du lin
Le fleau est fait de
deux bâtons de bois
attachés ensemble
par des ficelles de cuir

On fait sécher les tiges de lin à la chaufferie,
spécialement construite pour servir au brayage.

Etapes de préparation des fils
de laine et de lin en vue du tissage

Le filage: transformation des fibres et des brins de matière textile en fil continu avec le fuseau et la quenouille, à l'ancienne, ou avec le rouet qui est une invention mécanique du XVe siècle toujours en vogue.

Le dévidage: mise en écheveaux de la laine ou du lin sur un dévidoir pour une manipulation plus commode.

La teinture: voir le chapitre consacré à ce sujet.

Le bobinage: mise en bobine ou embobinage des écheveaux en vue de l'ourdissage.

L'ourdissage: action de mesurer sur un ourdissoir la longueur des fils qui formeront la chaîne du tissage.

A la fin de ces étapes, on est prêt à monter le métier.

Le filage au fuseau. Le fuseau est maintenu sous le bras de la fileuse ou sur un trépied. *Almanach du peuple, 1917.* (Musée du Québec)

Les écoles ménagères enseignent à filer le lin. (Photo E. G. Lajoie)
« Quand une religieuse connaît bien une technique, un art ou une science, elle les transmet sans réserve et sans cachette. » Jean-Marie Gauvreau.

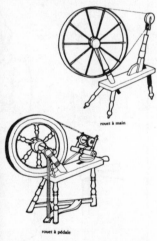

rouet à main

rouet à pédale

Paulette-Marie Sauvé file sa laine.

Les outils mécaniques apparaissent. *(Les objets familiers de nos ancêtres)*

354

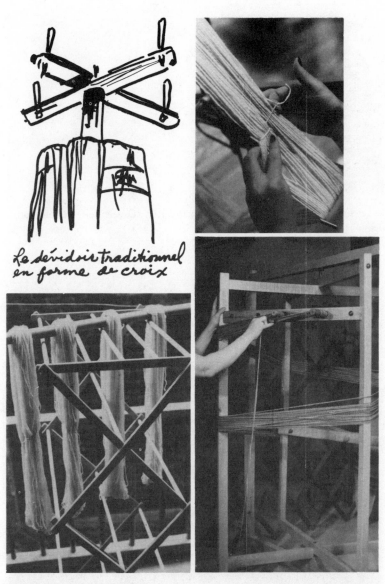

Le dévidoir traditionnel en forme de croix

On prépare les écheveaux, puis on les suspend.

L'ourdissoir... pour mesurer la longueur des fils de chaîne. (Photo E. G. Lajoie)

« Les fouleurs d'étoffe », bronze de Laliberté. (Gracieuseté des éditions Beauchemin, photo Armour Landry)

« Après le tissage, on foulait les pièces terminées pour les rendre plus solides, résistantes et chaudes. On confiait autrefois cette rude besogne aux hommes. C'était aussi une corvée joyeuse qui s'exécutait en chantant. » L'Anse-au-Foulon, à Québec, tire son nom de cette coutume.

Maison Jacques Leclerc, construite vers 1780 à l'Ile-aux-Coudres et restaurée en 1961 par la Commission des monuments historiques. Au fond de la maison, on aperçoit un vieux métier à potence. (Musée du Québec)

Description du métier à tisser

Un métier est de « basse lisse » lorsque les fils de chaîne enfilés dans les tiges de métal appelées lisses sont tendus à l'horizontale. C'est le type de métier le plus courant en tissage.

métier de basse lisse

Germaine Galerneau, de grande réputation, au métier à tisser de basse lisse. (Photo E. G. Lajoie)

Un métier est de « haute lisse » lorsque les fils de chaîne enfilés dans les tiges de métal appelées lisses sont tendus à la verticale. Ce métier est utilisé en tapisserie parce que l'artisan aime voir son oeuvre à la verticale et à bonne distance au fur et à mesure qu'elle progresse.

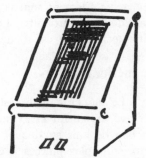

métier de haute lisse

Germaine Galerneau au métier à tisser de haute lisse.

Avec un regard sur le vieux métier à potence et à l'aide des dessins fournis par les deux plus grands fabricants de métier au Québec, voici la description générale qu'a faite Lucien Desmarais du métier à tisser dans *Formart*. Auparavant, il faut souligner l'excellente tenue professionnelle de ces deux maisons; les Métiers Leclerc et Clément sont connus partout pour les qualités techniques de leurs produits. Leur contribution pour faire connaître notre technologie est d'une grande importance.

Le métier à tisser

« Le métier à tisser est un meuble de dimensions variables, mais généralement assez imposant. Il consiste principalement en un bâti de bois sur lequel les fils de chaîne seront tendus entre deux ensouples placées à chaque extrémité. Ces ensouples sont des cylindres qui servent, l'un, à enrouler la chaîne avant le tissage (ensouple arrière ou porte-fil), l'autre, à enrouler le tissu à mesure qu'il est tissé (ensouple avant ou porte-tissu). Au centre du métier se trouvent les lames et le ros.

Les lames sont des cadres de bois mobiles, munis de tiges de métal (lisses) dans lesquelles sont enfilés les fils de chaîne. Chaque lame est reliée à une pédale. C'est en abaissant à tour de rôle les lames par un jeu de pédalage (la marchure) que le tisserand déplace les fils de chaîne, tel qu'il a été décrit précédemment. Les métiers à tisser comportent de deux à douze lames et un jeu de pédales correspondant. Le ros, qu'on appelle aussi peigne en raison de sa forme, couvre toute la largeur du métier. Il est fait de fines lames de métal (roseau, autrefois) et est monté sur un battant mobile. Il a un double emploi: il assure et maintient la répartition égale des fils de chaîne sur toute la largeur de la pièce; par le mouvement du battant, il pousse le dernier fil de trame à sa place, contre l'étoffe déjà tissée. » (1)

---

(1) Desmarais, Lucien, *Le tissage de basse lisse*, Formart no 11, Editeur du Québec, 1972.

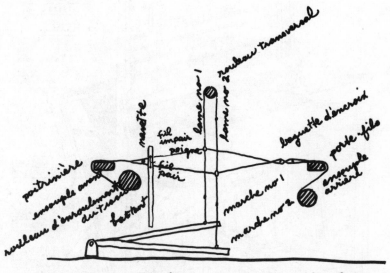

Croquis d'un métier à tisser d'après Bériau

Le maître tisserand Lucien Desmarais et Thérèse Arsenault durant la session « Artisanat-Design » de la Centrale d'artisanat en 1972.

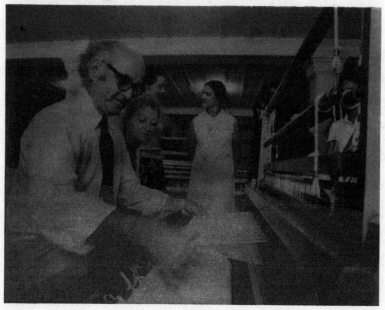

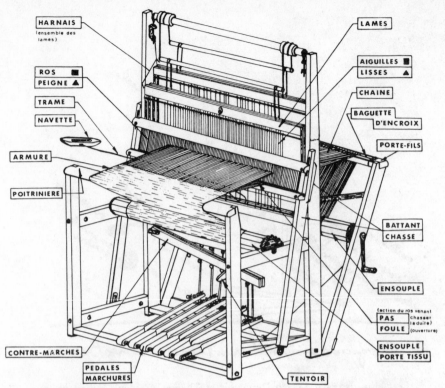

Métier Leclerc. Description. (Gracieuseté des Métiers Leclerc, L'Islet, Montmagny.

Quelques accessoires des Métiers Leclerc.

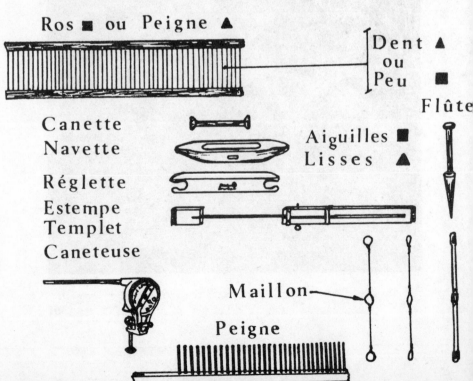

A-B-C	Montants	P-	Ensouple avant
D-E-F-G	Entretoises	Q-	Ensouple Ourdissoir
X-H	Traverses	R-W	Blocs (support de levier)
J-	Avant Poitrinière	S-	Support du Battant
J-	Arrière Porte-Fils	T	Pédale
K-	Chapeau du Battant	U-	Levier avant
L-	Semelle du Battant	V-	Levier arrière
M-N-	Epées du Battant	Y-	Base de Caoutchouc
O-	Cadres à Lames	Z-	Boîte Coulissante

Métier Clément. Description. (Gracieuseté des Métiers Clément enrg, Saint-Justin, Maskinongé)

Comment choisir un métier à tisser

Sans vouloir privilégier aucune marque de commerce, il faut dire que les métiers fabriqués au Québec sont d'excellente qualité. Deux critères président au choix d'un métier:

Utilisation pratique du métier

Il ne faut pas choisir trop petit! Les modèles sur table, en général, vous limitent aux napperons et aux foulards! Au début, empruntez-le d'un ami ou louez-le, si possible. De toute façon, il pourra toujours être utile pour créer des échantillons ... lorsque vous aurez décidé d'élargir votre production!

Que vous décidiez de faire du tissage ou de la tapisserie, le métier de basse lisse peut faire les deux types de production. Comme il faut penser à la grandeur des appartements actuels, n'oubliez pas qu'il existe des métiers pliants très compacts. Pour les handicapés, des métiers orthopédiques permettent d'arriver aux mêmes fins.

Qualité du métier

Il faut acheter un métier, quand le budget le permet, aussi large et aussi solide que possible, en tenant compte de l'espace disponible. On peut s'assurer de sa solidité en vérifiant le montage et l'assemblage du métier. Il faut comprendre que le tenon et la mortaise, lorsque barrés par une cheville de bois, ne peuvent plus bouger, tandis que les clous et les vis ont une moins grande résistance. Entre ces deux extrêmes, c'est-à-dire entre le métier antique et le métier léger portatif, ou celui de bricolage, des solutions correctes vous sont offertes en grand choix.

Faudrait-il ajouter qu'il n'est pas nécessaire au début d'acheter tout ce qui vous est offert? Les outils de base (ou « le nécessaire ») sont les suivants: le banc, la navette, le ros, l'ourdissoir et une vingtaine de baguettes d'enroulement. On recommande l'achat du ros 12 pour les débutants à cause de la facilité qu'il offre pour établir la densité de fils au pouce.

L'art de tisser

Tisser, c'est entrelacer ou entrecroiser des fils longitudinaux et transversaux de manière à former une nappe solide, compacte, unie ou en relief, qu'on appelle tissu. C'est aussi l'art de bien choisir ses fils, de bien les « appareiller » afin d'obtenir un beau et bon tissu.

L'ordre d'entrecroisement des fils de chaîne et des fils de trame s'appelle *armure* quand on se réfère aux motifs colorés obtenus par l'entrecroisement des laines choisies, ou *contexture,* si l'on considère plutôt la texture obtenue par leur mélange. L'armure peut être représentée schématiquement sur papier quadrillé.

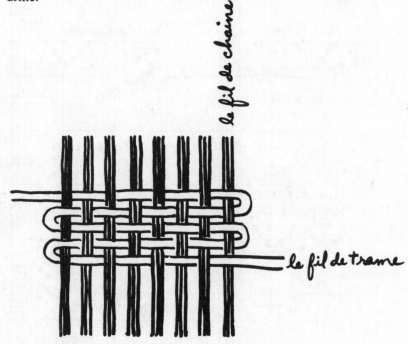

le fil de chaîne

le fil de trame

Les fils horizontaux : fils de trame.
Les fils verticaux : fils de chaîne.

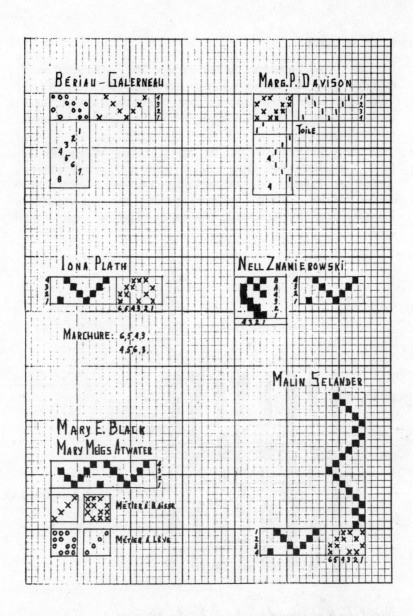

Un même bout de toile et les différentes représentations graphiques de son armure. Tableau de Soeur Cécile Auger, c.n.d.

366

Quelques termes du tissage

CHAÎNE: fils tendus dans le sens de la longueur du métier.

TRAME: fils tendus dans la chaîne dans le sens de la largeur du métier.

ARMURE: ordre d'entrecroisement des fils de trame et des fils de chaîne.

PASSAGE: espace où sont glissés les fils de trame lorsqu'on soulève ou abaisse les cadres pour diviser les fils de chaîne.

PEIGNE: instrument servant à séparer les fils de chaîne et à serrer la trame.

MONTAGE DE LA CHAÎNE: mise en place des fils de chaîne sur le métier.

BAGUETTE DE PASSAGE: instrument formant le passage pour permettre aux fils de trame de traverser la chaîne.

NAVETTE: instrument sur lequel est enroulé le fil de trame pour glisser à travers les passages.

Ce n'est pas notre intention de vous présenter tous ces dessins schématiques ni de vous les enseigner. D'ailleurs, chaque maître a sa méthode pour interpréter ce langage. Soeur Cécile Auger de la Congrégation Notre-Dame a dressé un tableau des représentations graphiques utilisées par les plus grands techniciens, pour vous montrer que malgré tout les communications sont faciles quand il s'agit de tissage.

Nous avons jugé important pour l'amateur d'artisanat d'identifier les deux grandes armures fondamentales du tissage traditionnel et domestique du Québec ainsi que certaines techniques spéciales utilisées ici. Des illustrations montreront les nombreuses variations auxquelles se prêtent ces techniques.

Nous suivrons l'ordre habituel:

1. l'armure toile
2. l'armure sergé
3. les techniques spéciales.

Dans ce cheminement logique, nous insérerons les textiles et les tissus les plus caractéristiques de notre histoire comme la catalogne, le drap, l'étoffe du pays et le bouclé, mais aussi des exemples et des échantillons de textures nouvelles qui sont apparues sur le marché depuis quelques années et qui ont permis à de nombreux artisans d'interpréter la technique de base en l'adaptant au maximum à des besoins d'expression nouveaux.

Un bon nombre d'échantillons et leurs dérivés nous sont présentés par Soeur Cécile Auger, c.n.d. La réputation de cette enseignante et son expérience lui valent actuellement le respect des jeunes artisans qui ont pu, grâce à elle, faire leur marque avec une base solide.

Tableau des tissus selon les armures (motifs) et les fibres employées (textures)

Les chiffres correspondent aux numéros des échantillons.

1) **L'armure toile/le rapport entre les fils de trame et de chaîne est de 2 à 2. La chaîne et la trame sont perpendiculaires.**

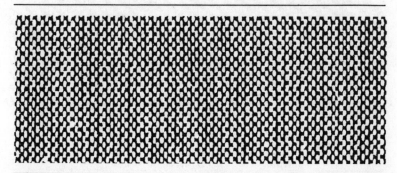

RÉGULIÈRE

le primaire:	carreautée	1
	unie (étoffe et toile du pays, flanelle)	2
	lignée	3
le natté (en laine: baiseuse)		4
le pied de poule		5
le mille raies		6

DÉCORATIVE

le boutonné ou bouclé		7
l'ajouré:	le bouquet	8
	la dentelle espagnole	
	le médaillon danois	
le navajo ou indien		9
la catalogne:	à carreaux	10
	à incrustations en pointe	11
	« à la planche »	12

369

2) **L'armure sergé/le rapport entre les fils de trame et de chaîne est de 3 à 3. La chaîne et la trame forment une diagonale de 45°.**

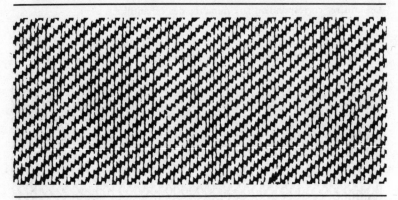

3) Les techniques spéciales

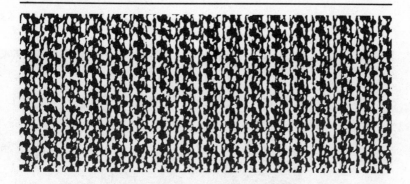

A l'armure toile et sergé s'ajoute l'armure satin dont la technique exige un métier plus grand que 4 lames. Ce genre de métier étant rare ici, nous n'en parlerons pas.

Voici d'autres techniques connues:

Armure toile

Tissus faits à la main selon différentes sortes d'armures. Vêtement réaliré par Au Terroir, Sainte-Madeleine.

1

2

3

Couverture à carreaux de 64 po x 84 po (1,62 m x 2,13 m), tissée selon l'armure toile, soit 24 fils de chaîne au pouce et 24 rangs de trame au pouce.

En médaillon, nappe en toile de lin de Mme Harvey de l'Ile-aux-Coudres.

« Baiseuse ». Expression typique de Charlevoix pour décrire des couvertures de lit réalisées complètement en laine du pays, c'est-à-dire avec chaîne et trame de laine.

La caractéristique principale de cette technique est le passage double en lame (deux brins en arrière et deux brins en avant dans chaque lame). Le motif ainsi créé donne l'impression de petits carreaux à la grandeur de la pièce.
On retrouve aussi des baiseuses unies ou ornées de bandes de différentes couleurs, telles les baiseuses réalisées par Henri Potvin de Baie-Saint-Paul.

Quant à l'origine du mot, des ethnologues prétendent que l'appellation vient de la déformation du mot « biais », désignant le motif.

Dans Charlevoix, un « baiseu » signifie une erreur de montage de lame dans le tissage ordinaire. Quand on se trompait, on faisait un « baiseu »... L'expression est demeurée.

Tissus unis traditionnels du Québec

Etoffe du pays ou grosse étoffe

L'étoffe du pays servait à la confection des habits qui demandaient de la résistance: gros capot, pantalon de drave et de chantier. L'étoffe était faite de grosse laine avec chaîne double (2 brins dans le ros avec un métier à 4 lames). Cette étoffe était foulée ou demi-foulée selon les besoins.

La plus connue était l'étoffe dite « la bâtard », renommée pour sa légèreté. Au lieu d'être réalisée avec une chaîne et un passage en ros double, comme la grosse étoffe, on alternait un passage double et un passage simple, ce qui avait l'avantage d'utiliser moins de laine tout en offrant autant de résistance.

Flanelle

C'est également une étoffe du pays, mais plus fine. Elle servait à faire les couvertures ou les camisoles. Pour cela, on utilisait un métier à deux lames avec une chaîne de laine simple filée à la main. C'est un tissage laine sur laine.

Toile ou drap du pays

Le tissage est le même que celui de la flanelle mais la matière première est le lin. On dit que c'est tissé lin sur lin. On l'utilise encore couramment pour les nappes, les serviettes et les linges de vaisselle.

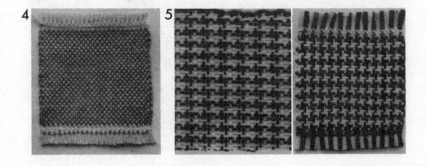

4   5

6

Utilisation du « mille raies » en ceinture. Création de Soeur Cécile Auger, c.n.d.

7

Le boutonné (« moutonné », « mottonné » ou « bouclé »).
Le boutonné se retrouve principalement dans Charlevoix, la Côte de Beau-pré et le Sud du Québec. On voit ici Mme Chamard et sa fille, de Saint-Jean-Port-Joli.

La technique s'appelle « le boutonné », mais la pièce finie en couvre-lit s'appelle « paresse-boutonnée » parce que la coutume voulait que les gens se reposent dessus pendant le jour.

Cette technique consiste à décorer le tissu de motifs, en surélevant des boucles (loupes), c'est-à-dire en tirant des laines de couleurs variées ou de même couleur que le fond en même temps que se réalise le tissu.

« Cet art du tissage et ses ressources, maintenant caractéristiques du pays des gourganes, étaient naguère connus dans tout le Québec ».
Marius Barbeau, *Mémoires de la Société Royale*, 1917.

377

Couvre-lit en boutonné et à la planche, en coton et laine, réalisé par Angèle Perron à la fin du XIXe siècle. (Galerie nationale du Canada)

Présentation et démonstration de la technique du boutonné au Congrès des rédacteurs de journaux du Canada, Montréal, 1951.

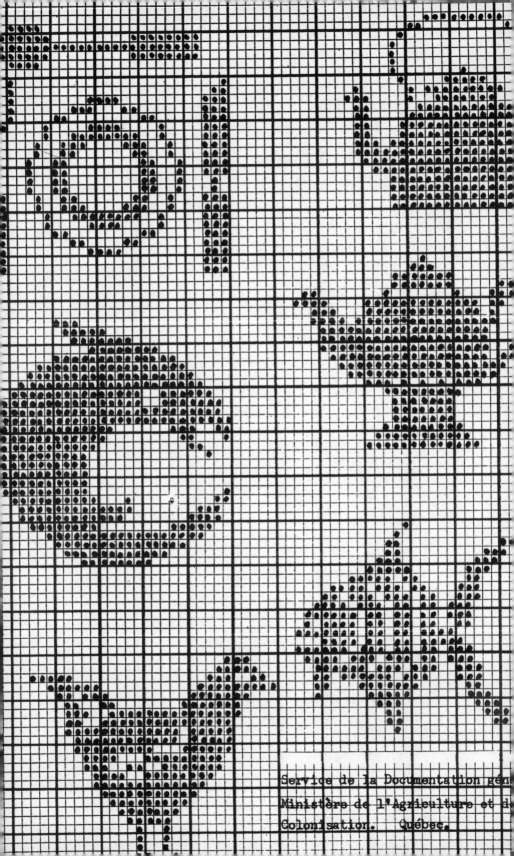

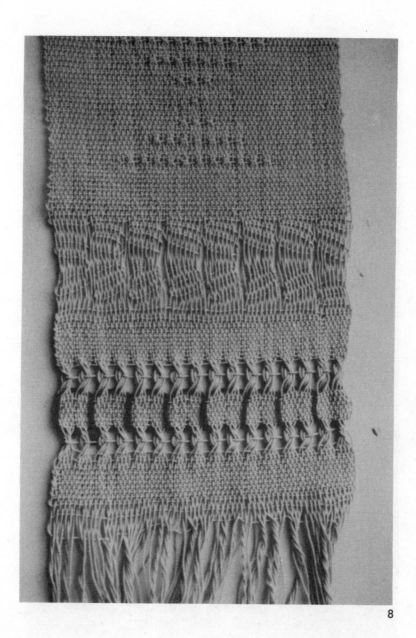

8

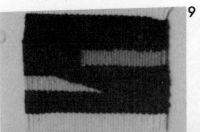

Maquette d'un tissage indien.

Différentes catalognes à carreaux et rayées, réalisées avec des vieux tissus découpés en bandelettes. En France, une catalogne ainsi tissée s'appelle une *lirette*.

La catalogne

La catalogne fut d'abord une couverture de lit. A la fin du XVIIIe siècle, on lui attribua l'usage de tapis. Certains auteurs du XVIIe siècle associent son nom au Sieur de Catalogne et à la promotion qu'il aurait faite en Europe de ces tapis venus du Québec. Une autre version associe le nom de catalogne au pays *Catalan* lui-même. La technique, originaire d'Espagne, aurait gagné le Midi de la France par les armées de Charles Quint, puis la Normandie et les Charentes et enfin la Nouvelle-France.

Si la catalogne devient définitivement un tapis de plancher au XIXe siècle, on ne continue pas moins à s'en servir comme couverture de lit dans certaines régions du Québec, surtout dans la région de Sainte-Brigitte de Laval, où plusieurs femmes tissaient de la catalogne et de la flanelle pour la clientèle de Québec. A l'Ile d'Orléans, cependant, elle a été utilisée comme tapis dès les débuts.

Les Québécoises ont continué à tisser les tissus dans les milieux ruraux, même après la venue de l'industrialisation. Dans la seule région de Charlevoix, près de Québec, on trouverait encore, aux dires de certaines artisanes de Baie-Saint-Paul, plus de quatre cents métiers.

Technique et caractéristiques

La catalogne est faite de linge ou de guenilles coupées en bandelettes et tissées comme de la laine. Elle se caractérise par:

1. l'emploi de vieux tissus (pour la catalogne authentique) ou de tissu neuf (pour la catalogne commerciale);

2. pour une catalogne de qualité, une chaîne de 24 fils au pouce, en coton 2/8 (1 fil en lisse, 2 fils en peu sur un ros 12);

3. un tissage très serré. Les raccords de tissu non visibles et les bordures régulières sont les signes d'une bonne exécution.

384

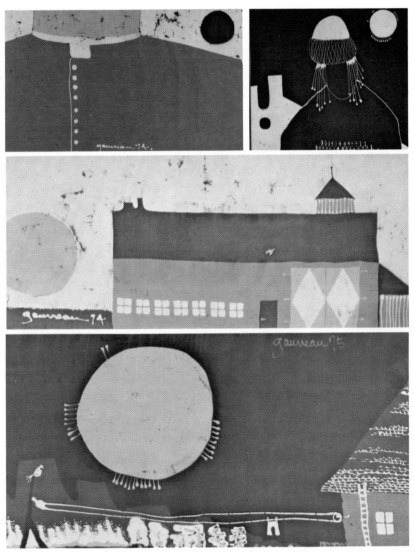

André Gauvreau signe des batiks inspirés de son environnement et de ses souvenirs: « Mgr le Curé », « Le Jardin », « Chez Aumais » et « Lunitude ».

Recherches et études de Carole Simard-Laflamme, de Saint-Lambert. Les matériaux de récupération renouvelés. (Photo Denis Laflamme)

Peintures à l'aiguille de Mireille Morency. (Photo Armour Landry)

Textiles du maître tisserand Lucien Desmarais. (Photo Formart, Editeur du Québec)

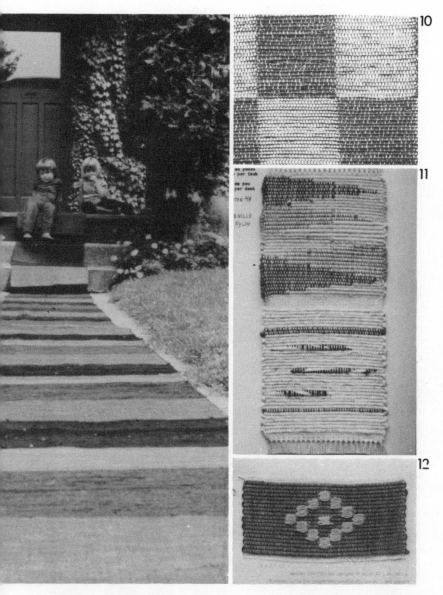

Catalogne réalisée avec des retailles de tissu par Mme Lionel Simard de Baie-Saint-Paul.

385

Catalogne à la planche

On se servait d'une planche placée derrière les lames pour retenir les fils de chaîne que l'on ne voulait pas introduire dans le tissage régulier. Ainsi retenus, ces fils choisis pour dessiner un motif demeuraient soulevés, n'ayant pas été incorporés dans la trame.

Cette couverture de lit à la planche montre le tissage régulier et le tissage à motif carré créé par les fils retenus alternativement par la planche, à chaque pouce.

Armure sergé

Couverture sergé régulière de type traditionnel. La diagonale (45°) est apparente et différencie fondamentalement cette armure de la précédente (armure toile).

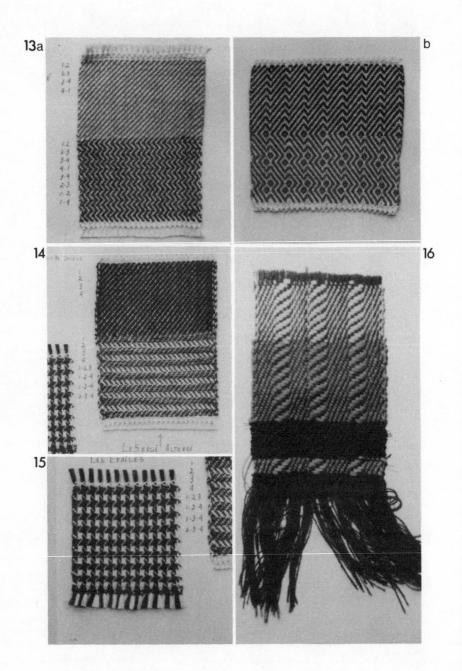

388

17

Foulard en chevron régulier réalisé par Soeur Cécile Auger, c.n.d.

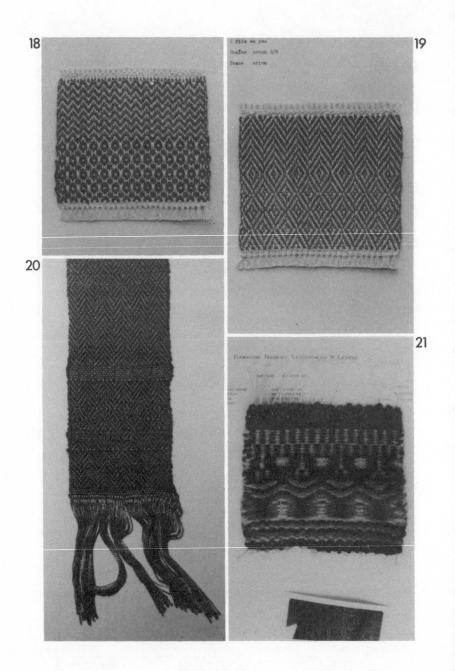

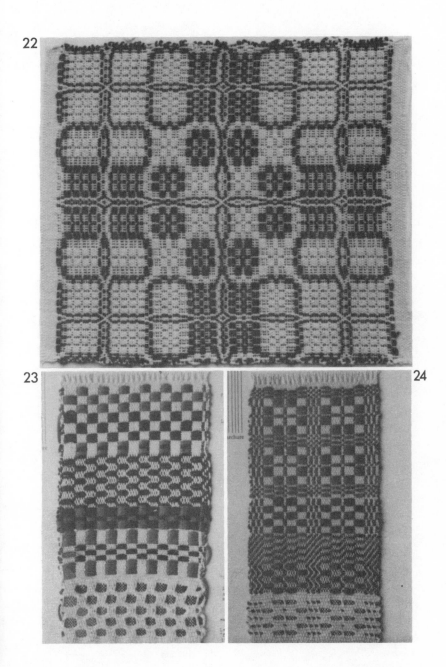

22

23

24

Chasuble en frappé réalisée par Edith Martin, de Trois-Rivières. Le tissu forme à lui seul la décoration.

24

25

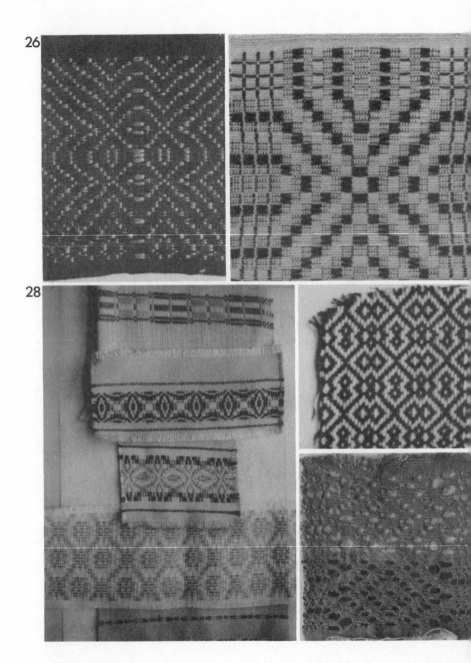

Technique de tissage double « à la chenille ».

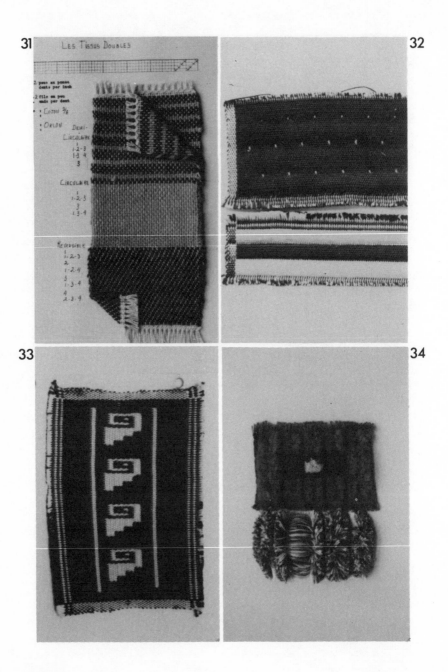

35

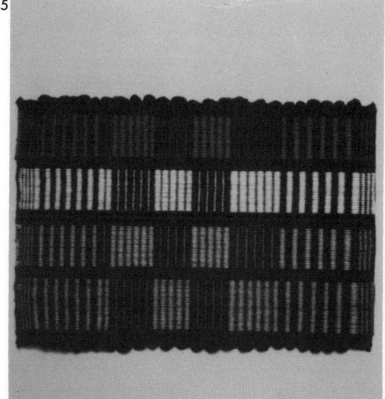

36  37

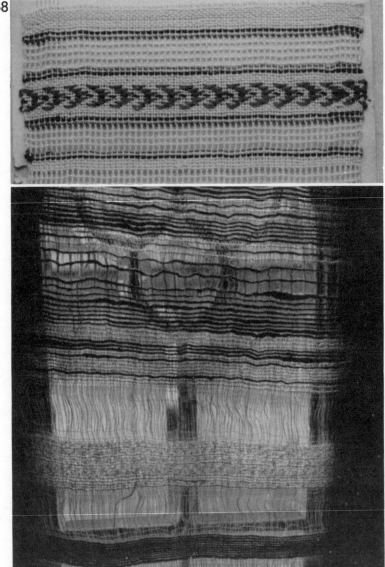

38

Création de Lucien Desmarais.

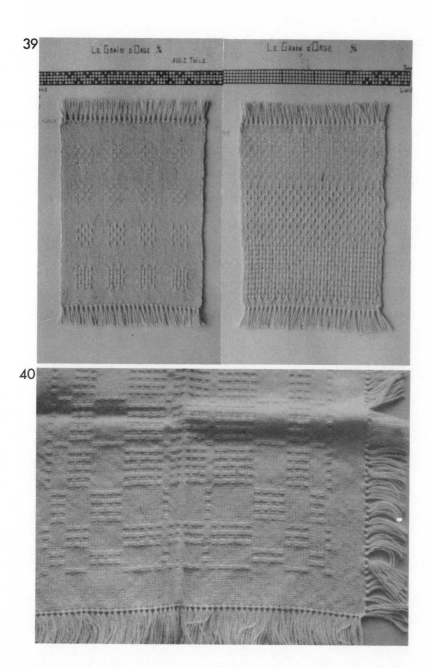

39

Le Grain d'Orge %
AVEC TOILE

Le Grain d'Orge %

40

41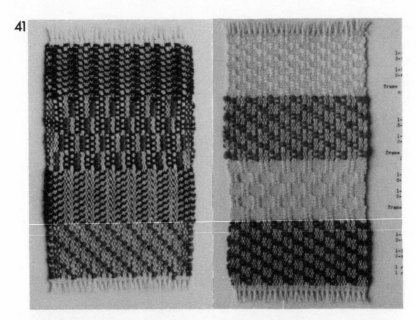

On a appelé cette technique « hiver et été » parce que ce tissu était réversible. On le plaçait côté pâle l'été et côté foncé l'hiver.

42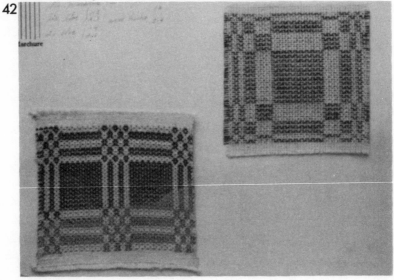

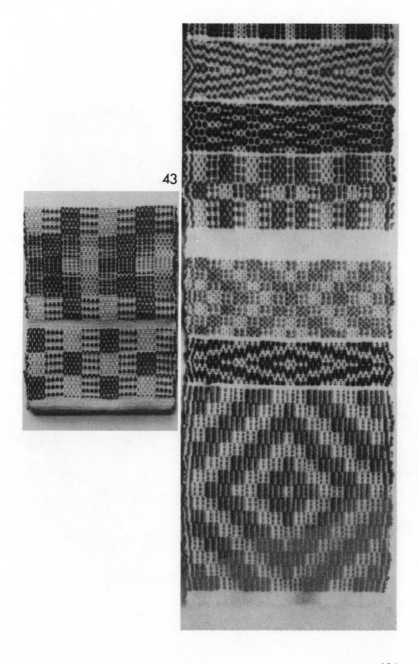

43

Couverture de laine rayée de Madame Benoit Grenier, de la Beauce. Les habits sacerdotaux font partie de la collection de Saint-Benoît-du-Lac.

Coussin à motif frappé: étoile de Bethléem.

Coussins de catalogne de l'Artisane du Vieux-Montréal, dans une armoire des Artisans du meuble québécois.

Coussin de Martine Gruber.

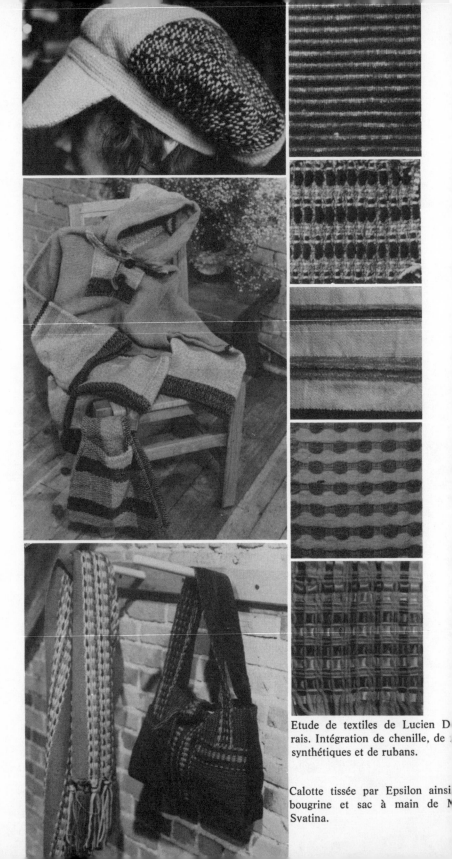

Etude de textiles de Lucien D
rais. Intégration de chenille, de
synthétiques et de rubans.

Calotte tissée par Epsilon ainsi
bougrine et sac à main de N
Svatina.

Abat-jour de Hélène Skira et laines tirées de Seniors.

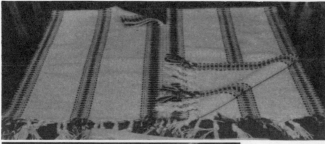

Sur la table, un poncho de M
ria Svatina. (Centrale d'arti
nat du Québec)

Dans une sculpture signée Gibeaut, une cr
vate de l'atelier Svatina.

Sur le fer ornemental, un débardeur de laine
de l'atelier Epsilon. (Gracieuseté de la boutique Le Rouet)

Poncho de Au Terroir. Technique de catalogne avec incrustation de laine.
(Centrale d'artisanat du Québec)

Les ateliers Gruber.

Différents vêtements tissés avec points et noeuds.

Une cape de Louis Heinzt.

Un chandail d'Epsilon.

Une robe de Au Terroir.

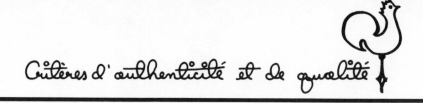

Les bonnes dimensions

Pour les produits utilitaires, il est important de respecter les dimensions standard. Si vous suivez nos recommandations (voir l'annexe présentant la liste des mesures standard) vous éviterez peut être . . .

— des napperons trop petits qui n'offrent pas de place pour les ustensiles,
— des couvre-lits trop grands pour des lits standard.

La qualité et le bon emploi
des matières premières

Les produits de la laine sont excellents. La structure particulière des fibres laineuses, creuses à l'intérieur, permet à cette matière naturelle d'emprisonner un bon volume d'air. Les lainages ont du ressort et ne s'aplatissent pas. Quant aux fibres synthétiques, elles ont le grand avantage de se laver à la machine et de bien sécher, mais l'électricité statique qu'elles dégagent attire la poussière qui s'y colle facilement. On peut cependant leur donner un traitement spécial qui élimine cet inconvénient.

Pour savoir reconnaître les fibres synthétiques, le brûlage d'un échantillon est la meilleure façon quand on n'a pas de laboratoire. La laine brûlée produit un feu orange et bleu sur les bords et sent le cheveu brûlé. Les synthétiques dégagent une flamme jaune pâle, fondent presque complètement et se transforment en petites boules.

Mais les laines synthétiques sont-elles condamnables, nous demande-t-on? Non, cela dépend de l'emploi qu'on en fait. Une des difficultés de notre artisanat traditionnel, ces dernières années, fut d'adopter les produits synthétiques. Les premières laines synthétiques n'avaient pas le duveté des laines domestiques et les teintures industrielles parfaitement uniformes n'avaient pas le chatoiement des teintures végétales. Tandis que l'industrie poursuivait ses recherches pour humaniser ses produits, les artisans, eux, se butaient à de grandes difficultés pour inventer des façons

409

nouvelles d'utiliser ces matières contemporaines et pour exploiter au maximum leurs possibilités. Toutes les sphères d'activités artisanales et industrielles ont connu des problèmes identiques. On a vu naître beaucoup d'imitations de pierre, de cuivre, de marbre et de bois avant de trouver sur le marché des objets de plastique authentiques.

La qualité de l'exécution

Dans le tissage, il faut toujours vérifier le « serré » de la texture par la densité des fils. Un tissu lâche ne résistera pas, pas plus qu'un tissu dont les fils ressortent. Il est important de vérifier la régularité de la largeur dans la catalogne, le coton ou les lainages vendus à la verge. Dans les vêtements et coussins, il faut se méfier des tissus taillés qui n'ont point de bordure cousue ou qui en ont une mais mal finie. L'effilochage est la première conséquence de ce manque de finition. Pour le meuble et les coussins, il est préférable que le tissu soit encollé à l'arrière pour offrir plus de résistance. Les décorateurs le savent.

L'étiquette d'authenticité culturelle

L'étiquette doit se conformer aux indications données au début du volume (avant-propos). De plus, on peut demander des informations concernant la composition des fibres utilisées, les dimensions de la pièce et ses facilités d'entretien: nettoyage, brossage, etc.

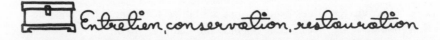

Entretien, conservation, restauration

Les tissages en coton

Pour fixer la couleur, lorsqu'il s'agit de laver un tissu de coton pour la première fois, il est recommandé d'ajouter à la première eau de lavage un quart de tasse de gros sel ou de vinaigre par gallon d'eau.

Les cerfs-volants de Claude Tibaudeau se pavanent dans le ciel et porte-
ront bientôt des tissus bien à nous, peints ou sérigraphiés par nos plus
grands artistes.

411

Les tissages en laine

Il est préférable de les laver à la main ou de les confier à un bon nettoyeur. Le séchage exige que la pièce soit bien remise en forme à plat.

Les tissages en lin

Pour les blanchir et les adoucir, l'ancienne méthode consistait à les placer sur un banc de neige pendant tout l'hiver.

Aujourd'hui, il faut se méfier de la machine comme pour tout tissage de fantaisie. Le lin se repasse humide avec un fer chaud.

Les tissages en fibres synthétiques

En général, ces fibres se lavent très facilement dans une eau savonneuse et tiède. Elles n'exigent pas (ou très peu) de repassage; si cela est nécessaire, le faire avec un fer modérément chaud.

Les tissages en fils métalliques

Nettoyage à sec seulement.

 Lectures suggérées

ATWATER, Mary Meigs, *The shuttle, Hand Weaving*, Craft Book of America, septième édition, MacMillan, N.Y., 1966.

BÉRIAU, Oscar-A., *Tissage domestique*, ministère de l'Agriculture, Québec, 1943.

BLOUNT, Mme Godfrey, *La fabrication de l'étoffe du pays*, traduction publiée dans l'Almanach du peuple, librairie Beauchemin Ltée, Montréal, 1917.

BOUCHARD, Georges, *Vieilles choses, vieilles gens*, Le Mercure, Montréal, 1929.

BURNHAM and BURNHAM, *Keep me warm one night*, University of Toronto Press, 1972. 387 pages.

BEUTLICK, Tradek, *The technique of woven-tapestry*, Watson-Guptill Pub., 1967. 128 pages.

CLOUTIER, BÉDARD, DUMOUCHEL, RACINE, *Les instruments d'artisanat*, collection au Québec, Editions Brault et Bouthillier, Montréal, 1973. Description technique avec photos et diapositives.

CROFF, E., *Nos ancêtres à l'oeuvre à la Rivière-Ouelle*, Documents historiques, Editions Albert Lévesque, Montréal, 1931.

DAVIDSON, Marguerite P., *A Handweaver's pattern Book*, publié par l'auteur, Swarthmore, Pennsylvanie, septième édition, 1966.

DAWSON, Nora, *La vie traditionnelle à Saint-Pierre (Ile d'Orléans)*, Les archives du folklore no 8, Les Presses universitaires de Laval, Québec, 1960.

DESMARAIS, Lucien, *Le tissage de basse lisse*, Editions Formart no 11, Editeur du Québec, 1972. Desmarais est connu comme l'un des grands spécialistes du textile au Québec.

DION, Gaby, *Les textiles de base et l'identification des tissus*, Institut des textiles du CEGEP de Saint-Hyacinthe.

DUCHEMIN, M., *Le tissage à la main*, Dessain et Tolra, Paris.

FRÈRE GILLES, *Les choses qui s'en vont*, librairie Granger Frères Ltée, Montréal, 1945.

HÉRON, Marie-Françoise, *Laine et tricotine*, collection Kinkajou, Gallimard, 1974. Petit livre pour enfants et grandes personnes. Présentation humoristique et exceptionnelle. Prix populaire.

LÉVESQUE-DUBÉ, Alice, *Il y a soixante ans*, éditions Fides, Montréal, 1943.

LOURD, Jacques, *Le lin et l'industrie linière*, collection Que sais-je? no 1108, Presses universitaires de France, Paris, 1964.

MASSICOTTE, Edouard-Zotique, *Le foulage de l'étoffe*, Almanach du Peuple, librairie Beauchemin Ltée, Québec, 1921.

Ministère de l'Agriculture du Québec, Service d'informations, *Tissage*, Editeur du Québec. Les différentes armures, méthode pour monter un métier, titrage de base pour les fils et les laines. 86 pages.

MORIN, Louis, *Le calendrier folklorique de Saint-François-de-la-Rivière-du-Sud*, Société historique de la Côte-du-Sud, La Pocatière, 1972.

PILISI, Jean, *Marchands et Métiers au Moyen Age* (partie textile), Documentation photographique no 6009, Paris, 1974.

PLATH, Iona, *Handweaving*, Charles Scribner's Sons, New York, 1959 et 1964.

RYALL, Pierre, *Le tissage à la main*, impression Presses de l'Est, Montbéliard. 405 pages. L'auteur affirme être le seul auteur français à traiter du tissage en profondeur. Ce volume de 400 pages contient des documents précieux. Les artisans doivent lire le chapitre 13 intitulé: « Comment le tisserand peut-il gagner sa vie? » C'est un texte habilement rédigé.

SÉGUIN, Robert-Lionel, *Le costume civil en Nouvelle-France*, bulletin no 215, Musée national du Canada, Ottawa, 1968.

SÉGUIN, Robert-Lionel, *L'équipement de la ferme canadienne aux XVIIe et XVIIIe siècles*, librairie Ducharme Ltée, Montréal, 1959.

SOEUR MARIE-URSULE, *Civilisation traditionnelle des Lavalois*, Les archives de folklore 5-6, Les Presses universitaires de Laval, Québec, 1951.

SPENCER, Audrey, *Spinning and weaving at Upper Canada Village*, St. Lawrence Parks Commission, Canada, 1964.

ZIELINSKI, S. A., *Encyclopedia of Hand-Weaving*, Funk & Wagnalls Company, N.Y., 1959. 190 pages.

ZNAMIEROWSKI, Nell, *Step-by-step Weaving*, Golden Press, New York, 1967. 96 pages.

Galerie nationale, Ottawa. Collection Desgagné: couvre-lits anciens du Québec.

Musée du Québec, Plaines d'Abraham, Québec.

Musée National de l'Homme, Ottawa.

Centrale d'artisanat du Québec. Collection de l'Ecole des arts appliqués.

Robert-Lionel Séguin (collection privée). Exposition à Paris en 1975 (voir Perspectives 19 avril, 1975.)

Royal Ontario Museum: la plus importante collection canadienne de tissage.

Musée historique du comté de Stanstead, 100 Main Street, Stanstead. Ouvert au public: du 1er juillet au 31 août. Salle de costumes.

Musée historique de Coaticook, 34 est, rue Main, Coaticook. Heures d'ouverture au public à déterminer. Collection de vêtements du début du siècle.

Musée McCord, 690 ouest, rue Sherbrooke, Montréal. Ouvert au public: les vendredi, samedi et dimanche. Collection de costumes la plus valable au Québec et l'une des plus importantes au Canada.

Moulin à cardes François-Xavier Simard, Saint-Hilarion, Charlevoix.

Le moulin à cardes, Saint-Hilarion, Charlevoix

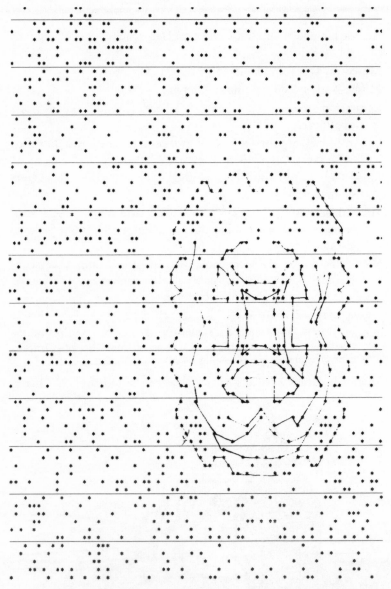

Perspective d'avenir ou disparition de l'artisanat? L'électronique au service des designers qui cherchent des motifs nouveaux.

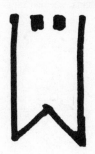

La tapisserie

*Car le Seigneur avait appelé Béséléel,
fils d'Uri et lui a associé Ooliab,
fils d'Achisemech, et il les a remplis
tous deux de sagesse pour faire tous
ouvrages qui se peuvent faire en bois,
en étoffes de différentes couleurs
et en broderie d'hyacinthe, de
pourpre, d'écarlate teinte deux fois et
de fin lin, afin qu'ils travaillent à
tout ce qui se fait avec la tissure
et qu'ils fassent toutes sortes
d'inventions nouvelles.*

Exode chap. 35, v. 25

Georges-Edouard Tremblay accroche ses tapis au mur. Il est un des premiers artisans de la tapisserie québécoise. (Photo Gouvernement du Québec)

La tapisserie a déjà une longue et glorieuse tradition, et la prodigieuse aventure qu'elle connut au XXe siècle fut pour ainsi dire l'une des plus captivantes révolutions artistiques de notre temps.

Les ateliers de basse lisse d'Aubusson (VIIIe siècle), devenus manufacture royale par la volonté de Colbert en 1665, les ateliers de haute lisse des Gobelins, créés par Henri IV en 1604, les célèbres tapis de la Savonnerie et de la manufacture de Beauvais nous rappellent que l'origine de la tapisserie est très ancienne. Après plusieurs siècles d'asservissement à la peinture, la tapisserie connut vers 1940 une renaissance grâce à Jean Lurçat qui opéra le retour aux sources de cet art. Avec des cartons originaux, il ramena la tapisserie à sa vocation première, celle d'un art de création qui avait déjà donné à la France du Moyen Age et de la Renaissance une floraison de chefs-d'oeuvre, comme les tapisseries de la Reine Mathilde, de « La Dame à la Licorne » ou de la « Chaise-Dieu ».

Il n'est guère possible de parler de l'évolution des arts de la lisse sans citer l'apport de l'architecte Le Corbusier, qui revalorisa les qualités pratiques, artistiques, visuelles et tactiles de la tapisserie en l'intégrant aussi bien dans les appartements privés que dans les grands espaces des édifices publics. Il n'est guère possible de parler de révolution en oubliant l'importance historique des grandes biennales internationales de tapisserie en Europe depuis une quinzaine d'années, biennales qui eurent l'immense mérite de bouleverser de fond en comble les arts de la lisse et de remettre en question cette définition classique de la tapisserie donnée par Lurçat: « La tapisserie, c'est un carton qui est exécuté par certains artisans spécialisés, les lissiers ».

Traditionnellement, il existait une différence entre le tissage et la tapisserie; le tissage laissait la chaîne et la trame apparentes alors que la tapisserie faisait disparaître complètement le fil de chaîne, et c'était le fil de trame qui formait le dessin.

Aujourd'hui, étant donné que les frontières s'élargissent et que l'esprit créateur se renouvelle sans cesse, que de nouvelles techni-

Tapisserie des Gobelins. Visite du roi Louis XIV à la Manufacture des Gobelins, 1667. Exposée à l'Hôtel de Ville de Montréal en mai 1948.

« L'Eté », de Jean Lurçat, carton exécuté en 1932 à Aubusson. Tapisserie contemporaine exposée à Montréal en mai 1948.

ques sont exploitées, qu'elles se mélangent et s'entrecroisent, que des matériaux nouveaux sont découverts chaque jour, que la machine vient aider l'homme, aujourd'hui, une nouvelle définition s'impose. Comme cette nouvelle aventure du fil provoque et soulève beaucoup de questions, laissons quelques artistes québécois s'exprimer eux-mêmes selon leurs propres tendances.

Lucien Desmarais: « La tapisserie, ce n'est pas n'importe quel textile que l'on accroche au mur, c'est une façon de s'exprimer comme la peinture; techniquement, c'est intégrer les fils de trame à travers des fils de chaîne de façon à reproduire les formes exprimées « au carton ».

Denise Beaudin: « La tapisserie, qu'elle soit murale ou sculpturale, doit s'intégrer à son environnement et remplir une fonction décorative à l'échelle architecturale. Aujourd'hui, la forme contemporaine permet de travailler avec un grand esprit d'aventure, d'audace et d'invention. Peu importe que l'on manipule de la laine ou des fibres synthétiques, l'important est de le faire à l'aide d'une technique souple. Une grande imagination suggérera des formes variées et fantaisistes, dont l'expression correspondra à l'esprit et à la sensibilité de notre époque ».

Mariette Vermette: « La tapisserie me donne une liberté d'expression que j'échange d'abord avec l'architecte, puis avec le public. Mes compositions, je les pousse à leur plus simple expression. Je cherche une sérénité que je voudrais partager. Je crois en des techniques solides, en un travail de réalisation qui atteindrait la perfection si c'était possible. Pourquoi des matériaux naturels, tels que la laine et la fourrure? Ils sont près de la nature et peuvent exprimer le calme et la beauté dont tous ont besoin. Pourquoi de grandes dimensions me plaisent? J'en sens le besoin dans l'architecture actuelle. Mes tapisseries sont des murs dynamiques. Je les veux intégrées et non ajoutées ».

En tant que directrice de la Boutique Soleil, Suzelle Carle nous livre son opinion:
« Pour le Québécois, tout ce qui est couleur est attirant. Dans la tapisserie, on trouve, en plus de la couleur, cette texture qui

Tapisserie-vêtement de Lucien Desmarais, réalisée en collaboration avec Irène Chiasson et présentée à Paris en 1974.

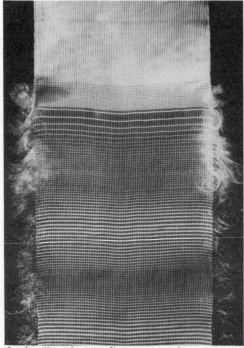

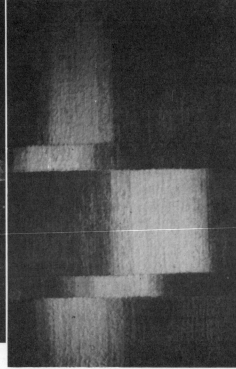

La lumière devient flamme avec les fibres synthétiques de Denise Beaudin. (Photos Patricia Ling et Beaudin)

Les laines de l'Ile-aux-Coudres tissées par Mariette Rousseau-Vermette.

va au coeur de tous. Ainsi, la tapisserie devient presque un art populaire, une force d'expression. Ce qui se passe, c'est que souvent les amateurs sont considérés sur le marché au même titre que les professionnels étant donné qu'il n'y a pas de critères établis et que les prix sont les mêmes pour tous. Comme dans tout, la recherche n'appartient qu'à quelques-uns. On fait énormément de copies, sans éthique. On vend des copies . . . et personne ne dit rien. Il n'y a pas d'autorité dans ce sens. Dans d'autres pays, il y a moins de prétention: la tapisserie devient un art populaire, une oeuvre de folklore. Ici, on veut la vedette et on reconnaît rarement sa juste place. Remarquons que c'est un problème qui se situe davantage au niveau culturel et social qu'au seul niveau de la tapisserie. Evidemment, chacun a ses droits à l'artisanat mais chacun doit prendre sa place ».

Au moyen âge, la tapisserie était à la fois un luxe et une nécessité. Un luxe, car elle était la propriété des grands seigneurs; elle devenait alors une valeur transportable, donc sûre et négociable. Une nécessité, car elle servait de coupe-froid, en couvrant les immenses murs des forteresses des châteaux médiévaux. Aussi, de par sa propre nature, cette liaison du textile et de l'architecture a existé de tout temps.

Aujourd'hui, la tapisserie se doit de suivre les tendances actuelles de l'architecture moderne. Ainsi, le langage de la tapisserie deviendra celui de l'architecture: on parlera alors de mur de béton, de masse d'acier à réchauffer, d'espace, de luminosité et d'environnement.

Ainsi, naît une nouvelle classification de la tapisserie, en général, que nous propose André Kuenzi, dont le volume *La nouvelle tapisserie* est considéré comme la bible moderne de cet art. A la lumière de ces travaux, nous avons tenté de classifier les oeuvres qui nous entourent de la façon suivante:

Classification de la tapisserie nouvelle

a) *la tapisserie murale:* sa fonction est de recouvrir une paroi;
   — elle peut être classique et conventionnelle;
   — elle peut, toutefois, être sans relief, avec relief ou tridimen-
   sionnelle;

1. Monique Mercier a fondé le premier atelier de haute lisse au Québec.
2.« Hommage à la dernière coya », tapisserie de Marcel Marois, de Québec.
(Photo Yves Martin)

b) *la tapisserie spatiale:* elle occupe l'espace à la façon d'une
   sculpture;

« La Riveraine », tapisserie spatiale
de Maria Svatina, Hull. (Photo *Décormag*)

c) *la tapisserie d'environnement:* elle définit un espace dans lequel il faut pénétrer.

1.Tapisserie d'environnement de Marie-Paulette Sauvé. Des fils ... des fils
... et de la lumière.
2.« La Forêt Blanche », tapisserie d'environnement de Louise Panneton. Des
panneaux suspendus dans l'espace. (Photo Harvey Rivard)

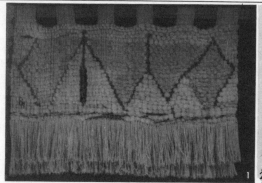
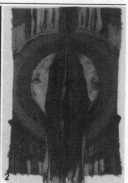

Georges-Edouard Tremblay (signature GET), dans son atelier.

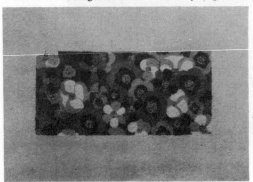

« Fond beige et fleurs modernes », Irène Auger, de Québec (5½ pi x 7 pi).

Au Québec, vers les années 40, Jean-Marie Gauvreau secondait Georges-Edouard Tremblay dans sa recherche de quelques « crocheteuses » pour exécuter selon la technique ancienne des interprétations de ses peintures à l'huile. Il en était de même pour Irène Auger qui exécutait ses propres cartons et ceux de Pellan. La tapisserie québécoise venait-elle de connaître ses premiers cartons et ses premiers exécutants? Peut-être. Tissage ou tapisserie, peu importe ... Les écoles d'art domestique, les communautés religieuses, les cercles de fermières ont tous joué un rôle dans cette belle histoire.

Nées de ce bouillon de culture, les années 1950 à 1960 se dessinent comme l'époque du grand réveil de la création pure.

De grands noms tracent la voie. Anne-Marie Matte-Desrosiers crée les plus belles peintures à l'aiguille de notre histoire et Mireille Morency poétise dans la même lignée les visages québécois. Jeanne-d'Arc Corriveau, professeur aux Beaux-Arts de Québec, perpétue la technique de la haute lisse et Lucien Desmarais intègre de nouvelles fibres dans le métier de basse lisse. Mariette Rousseau-Vermette est la première à tisser les laines québécoises de l'Ile-aux-Coudres en s'inspirant de la catalogne. Micheline Beauchemin donne de l'ampleur et de la somptuosité à la matière avec ses rideaux de théâtre. Fernand Daudelin accentue ses reliefs et installe la réversibilité dans ses travaux. Les cartons de Fernand Leduc sont exécutés par Gaby Pinsonneault. La géométrie s'installe avec le peintre Anne Paré. Monique Mercier fonde un atelier de tapisserie et exécute les cartons de Pellan et de Lacroix. Elle libère à sa façon le métier de haute lisse.

Toutefois, la tradition de cartonnier et de lissier n'est guère connue chez nous, comme dans les autres pays d'Europe. A part quelques exceptions, l'artiste est souvent à la fois créateur du carton et exécutant de l'oeuvre, ce qui permet souvent quelques improvisations en cours de réalisation.

Louise Panneton (élève de Jordi Bonet et de Léon Bellefleur), Carmelle Gascon, Andrée Beauregard, Maria Svatina, Anke Van Ginhoven, Bernatchez-Rousseau, Marcel Marois, Denise Bossé (qui, à partir du canevas, exploite plusieurs médiums), Véronique Desgagné-Couture et les Auclair (connus également par l'enseigne-

427

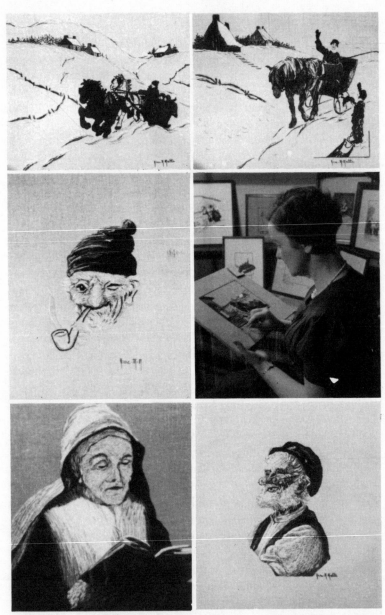

Peintures à l'aiguille de Anne-Marie Matte-Desrosiers, internationalement reconnue.

Tapisseries à l'aiguille de Mireille Morency. (Peinture contemporaine à l'aiguille.

Peinture à l'aiguille, selon la méthode traditionnelle, exécutée aux Iles-de-la-Madeleine.

ment qu'ils dispensent à leur atelier-école) sont autant d'artistes qui apportent des variantes aux infinies possibilités qu'offrent la couleur, la fibre et le relief . . .

Les Seniors ont le goût du gigantesque, Nicole Elliott-Ledoux intègre à ses oeuvres plusieurs matériaux et objets, Paulette Sauvé s'oriente vers la tapisserie d'environnement, Tyopora Levy exploite la transparence spatiale, Carole Simard-Laflamme redonne aux techniques traditionnelles québécoises leur expression contemporaine et Edith Martin « fait grimper » la laine sur les murs du Bas-du-Fleuve. Mario Boivin s'aventure à la découverte de nouvelles armures. Jacques Blackburn parle de paysages de soie et de neige. La signature Presho indique des espaces. Madeleine Arbour tente de redonner un nouveau langage à la tapisserie conçue sans métier, Yolande Dupuis-Leblanc et Lisette Hains-Lacroix retournent au terroir tandis que Normand Laliberté pavoise le monde de ses « banderoles ». Les Gruber, en plus d'exploiter les fibres brutes et naturelles sur les murs, s'orientent vers la fabrication de vêtements et d'objets de décoration intérieure toujours avec un souci de l'exécution qui leur fait honneur et leur apporte la renommée.

430

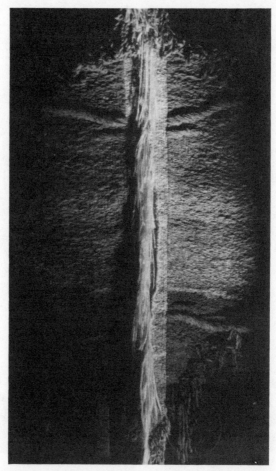

« Natashquan », de Louise Panneton, 16 pi x 6 pi 3 po. (Photo Harvey Rivard)

« Genèse d'un pays ». Haute lisse de Carmelle Gascon. (Photo Patricia Ling)

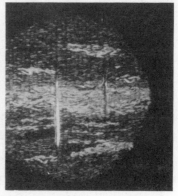

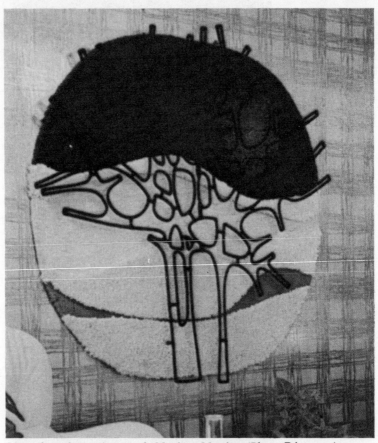

L'une des « deux saisons », de Monique Mercier. (Photo *Décormag)*
Haute lisse de Andrée Beauregard. (Photo Patricia Ling)

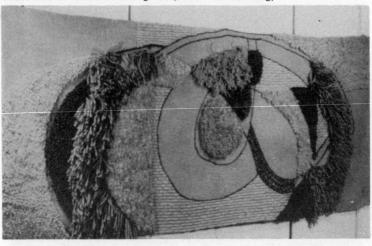

« Fibres miocardiques », tapisserie de haute lisse de Marcel Marois, 1973. ▷
(19 po x 43 po)

« Célébration », de Anke Van Ginhoven. Magnifique à l'envers comme à l'endroit. (Photo Patricia Ling)

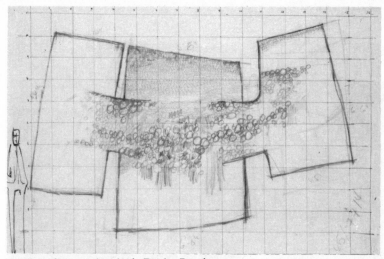

Esquisse d'une tapisserie de Denise Bossé.

Maquette, réalisation et détail d'une tapisserie en grosse laine de Denise Bossé, faite au point d'aiguille traditionnel.

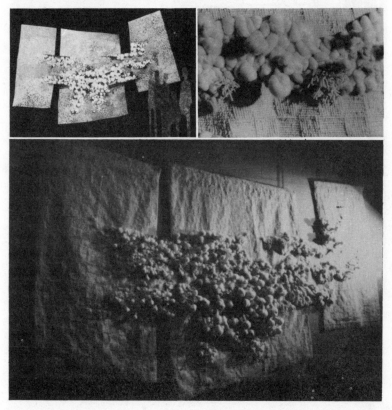

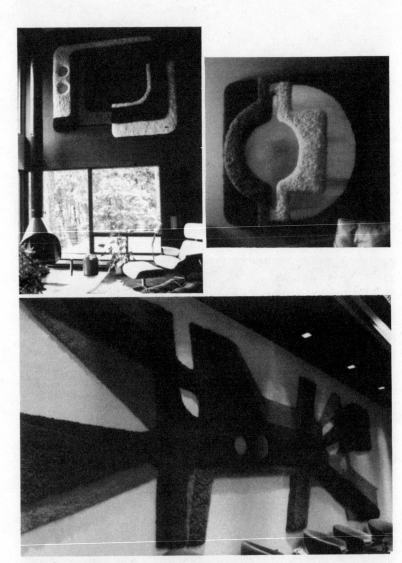

Trois oeuvres de Véronique Desgagné-Couture;

1) un crocheté sur canevas avec laine peignée et montée sur cuivre;
2) une tapisserie avec contour montée sur baguette;
3) une tapisserie exposée à la Banque provinciale du Canada, Place de la Capitale, Québec (10 pi x 31 pi 6 po).

436

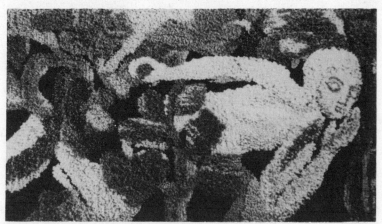

Haute laine sur canevas de Jeanne C. Auclair, 4 pi x 10 pi, d'après un bas-relief de la cathédrale d'Autrun. (Photo Denise Sanche)

Haute lisse de Louis Auclair. Tapisserie d'environnement. (Photo Michel Gascon)

Tapisserie au Corning Hilton Inn, New York, réalisée par Design Senior
Reg'd. (Photo Boutique Soleil)

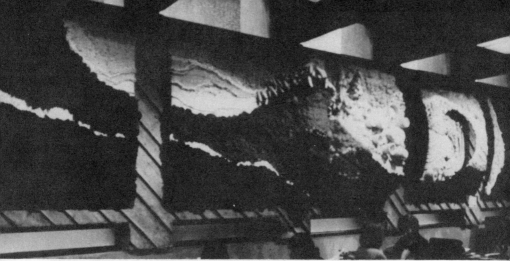

Expression québécoise contemporaine avec techniques traditionnelles par Carole Simard-Laflamme. Caisse populaire Saint-Nicolas, Montréal.

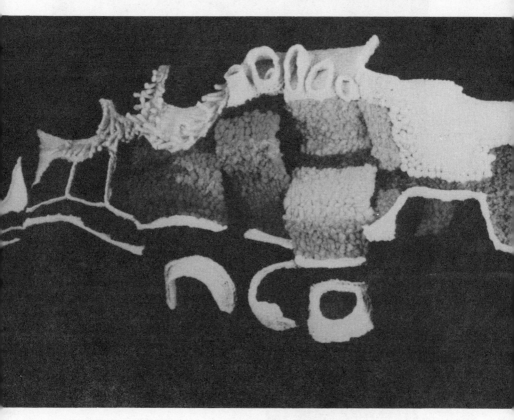

Tapisserie de Carole Simard-Laflamme, à Lacolle. (10 pi x 21 pi)

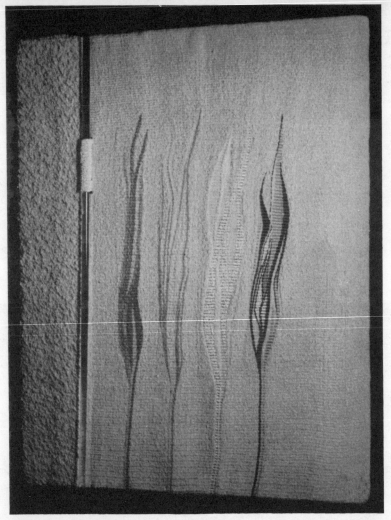

« La danse des saisons », de Jacques Blackburn. Soie naturelle et acrylique. (Photo Boutique Soleil)

Signé Presho. (Photo Boutique Soleil)

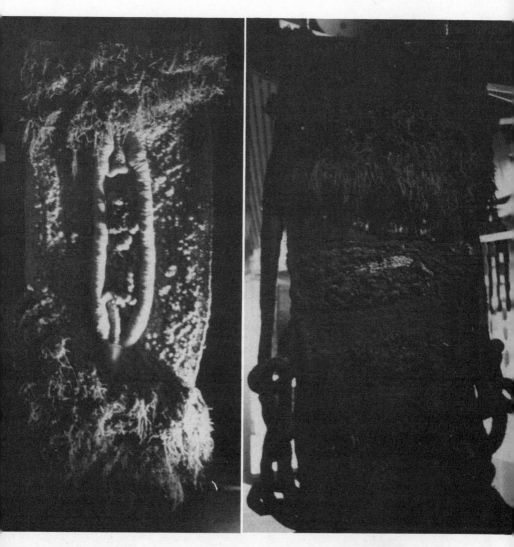

Tissage de basse lisse d'une seule couleur, de
Moritz Gruber.

Tapisserie spatiale de Martine Gruber.

Lizette Hains-Lacroix, de Trois-Rivières, reprend le crocheté de Tremblay avec ses laines chatoyantes. (Photo Armour Landry)

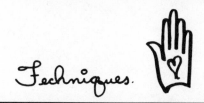

Techniques.

Qu'elle soit murale, spatiale ou d'environnement, la tapisserie tire partie des éléments suivants: forme, relief, texture, superposition, transparence, espace, environnement.

Au moyen âge, un mètre carré de tapisserie exigeait du lissier une année entière de travail. Aujourd'hui encore, aux Gobelins de Paris, malgré la réduction de la palette des couleurs, l'emploi des fibres plus grosses, etc., un artisan lissier produira en moyenne de un à trois mètres carrés dans un mois de travail. Au Québec, où la tradition de la tapisserie est presque inexistante, le temps d'exécution d'une tapisserie varie évidemment selon sa grandeur, le nombre d'exécutants et leur expérience, la grosseur des fibres, la façon de procéder et la technique employée. Plusieurs de nos artisans sont fidèles à la « technique classique » du métier tandis que la tapisserie nouvelle trouve de plus en plus d'adeptes.

1. Les techniques de fabrication

Les techniques classiques de fabrication

a) *Basse lisse* (type Aubusson): métier sur table, à l'horizontale. L'exécutant lissier fait son modèle soit à l'endroit, soit à l'envers. Dans ce dernier cas, il se servira d'une glace pour voir son modèle.

« Feux doux », oeuvre de basse lisse, de Paulette Sauvé. Laine du Québec filée par l'artiste. A l'Institut de l'hôtellerie de Montréal (6 pi x 23 pi). (Photo Gilles Dempsey)

b) *Haute lisse* (type Gobelins): métier vertical où l'artisan peut facilement voir le dessin qu'il exécute puisqu'il est en hauteur. L'artisan peut travailler sur son métier à l'endroit ou à l'envers.

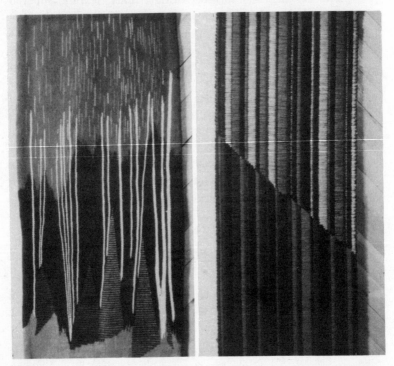

« Sous-bois », de Ghyslaine B. Paquin. Oeuvre de Jean Brunelle, de Mont-
(Photo Patricia Ling) réal. (Photo Patricia Ling)

Les techniques nouvelles de fabrication

Pour trouver une voie nouvelle et retrouver l'essence même du tissage, les artistes actuels opèrent un retour aux sources les plus anciennes de leur art, c'est-à-dire aux métiers primitifs, aux techniques sans métier, bref, un retour aux traditions folkloriques internationales.

Plus près de nous, cela signifie: la tradition pré-colombienne connue pour ses étoffes décorées, la tradition péruvienne pour ses laines de lama et ses brillants coloris, la tradition iroquoise et algonquine pour ses broderies sur peaux à l'aide de poils de porc-épic et d'orignal, ses assemblages colorés de perles et ses lanières de cuir.

Pour ce qui est de la jeune tapisserie québécoise, que nous le voulions ou non, elle subit l'influence de ce détour et le manifeste par l'emploi de noeuds, franges, laines lisses, plumes, écorces, bois, cuir, plastique, laines floues et tombantes. Une connaissance toute neuve du tissage, que l'artiste découvre au fur et à mesure que l'oeuvre prend vie, a donné naissance à un art nouveau. C'est ainsi que l'on distingue les procédés contemporains de la façon suivante:

a) AVEC ARMATURE: support tissé en même temps que l'exécution de l'oeuvre.

— *Sur métier classique* « libéré » (en ce sens que l'artisan échappe aux contraintes de la technique classique et traditionnelle)
avec basse lisse exclusivement
— avec haute lisse exclusivement
— avec basse et haute lisse combinées (bonded loam)

— *Sur canevas* (toile de fond tissée à la main ou de fabrication industrielle comme le jute)
— points noués
— points crochetés
— points brodés (broderie)
— appliqués

— *Sur cadre* (montage de cordes)
— métiers primitifs
— points noués
— points crochetés, etc.

445

« Douces vibrations », tapisserie-tenture en cours d'exécution, par Louis Auclair. Haute lisse. Montage sur un cadre fixé au plafond et au plancher, 7 pi x 18 pi. (Photo Michel Dubreuil)

« La chute d'Icare », oeuvre de Micheline Beauchemin, à la Place des Arts. (Studio Welsch)

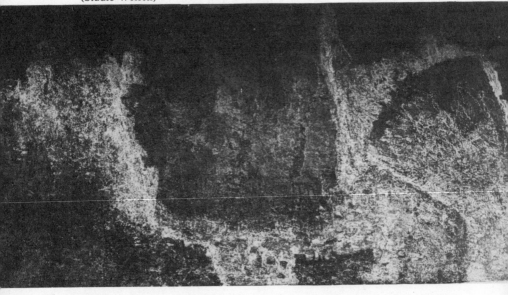

 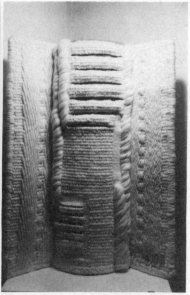

« L'ange », de Kina Reusch. (Photo Mobilier Nordesign)

« La Colombe », de Louise Panneton, haute lisse sur cadre, 5 pi x 3½ pi. (Photo Harvey Rivard)

Tapisserie de Kina Reusch. Haute lisse. (Photo Patricia Ling)

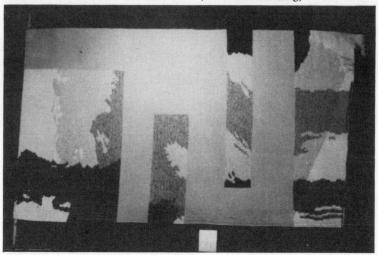

Tapisserie à claire-voie, avec armature et sur cadre, de Madeleine Arbour.
(Photo Paul Michaud)

b) SANS ARMATURE: aucun support tissé (off loam)

— macramé
— fléché
— tressage
— dentelle
— cartes (technique égyptienne)
— filet
— à la broche (tricot)
— « hangings », etc.

Tapisserie de Betty White Strauss. Sans cadre. (Photo Patricia Ling)
« Papoose », de Betty White Srauss. (Photo Patricia Ling)

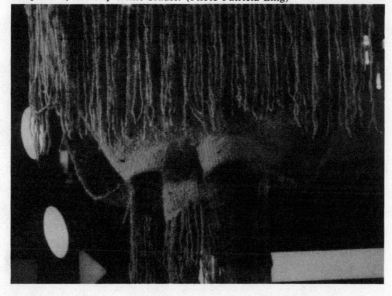

Tapisserie-dentelle sans armature, de Denise Bossé. (Photo Jean Mercier, Centrale d'artisanat du Québec)

2. Les processus de création

La façon de créer une tapisserie varie évidemment selon que l'on est créateur, exécutant ou les deux à la fois.

D'une façon générale, chaque créateur doit faire les choix suivants selon ce qu'il veut faire:

— *choix du carton:* pour exprimer une idée figurative ou abstraite, un message, une exploitation de la matière ou un langage de la forme;

— *choix des points:* pour exprimer les textures désirées;

— *choix des fibres:* pour parler en couleurs, avantager la texture et former des ombres et des espaces.

Voici plus précisément les principaux processus de création connus dans ce domaine actuellement:

a) La création en collaboration (artiste, peintre ou cartonnier et tisserand)

Un artiste pense formes et couleurs et fait un dessin appelé « carton ». Ensuite, le tisserand (lissier ou exécutant) réalise l'oeuvre selon sa spécialité technique. Une collaboration étroite est nécessaire pour l'unité de l'oeuvre.

b) La création personnelle avec ou sans carton

AVEC CARTON

L'artiste cartonnier exécute l'oeuvre en entier. C'est le cas de la plupart de nos grands artistes comme Beauchemin, Panneton, Daudelin, etc. Certains artistes travaillent à partir d'un carton très précis qu'ils reproduisent sans changement. D'autres composent des maquettes de base, établissant les thèmes principaux et les grandes lignes de l'oeuvre à construire. Les variations s'ajustent en cours de route aux espaces réels.

SANS CARTON

L'artiste lissier compose son oeuvre en s'exprimant librement en fonction de sa technique ou du matériau employé et des possibilités offertes par l'aventure du moment. C'est une sorte de recherche permanente tout au long de l'exécution. On appelle ces oeuvres des « hangings ».

c) La création communautaire

Il s'agit d'ateliers de création communautaires où le travail se fait en équipe, tantôt librement, tantôt de façon organisée. Quoique expérimentale, cette initiative est souvent le résultat de recherches en nouvelles méthodes pédagogiques: animation sociale ou dynamique de groupe résultant alors d'une implication sociale ou thérapeutique. Certains lissiers de grand talent s'engagent dans ces projets, comme Carmelle Gascon, aux Jeux du Québec à Trois-Rivières en 1975, et les Auclair, au Centre d'art du Mont-Royal. Le Fil d'Ariane, dans le Vieux-Montréal, et Centrap, dans l'Est du Québec, sont des exemples d'atelier communautaires.

Tapisserie-happening sous la direction des Auclair, Centre d'art du Mont-Royal, 1974.

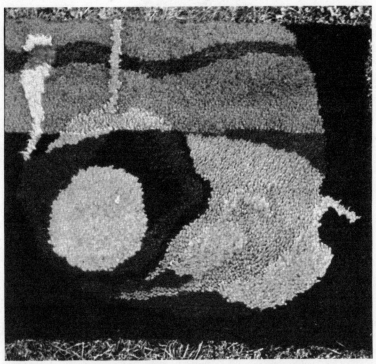

Création communautaire, Centrap, Gaspésie. (Photo *Décormag)*

3. Les matériaux, les couleurs et les textures

Traditionnellement, on ne travaillait qu'avec des fibres nobles et pures telles la laine, la soie et l'or. La teinture végétale de la laine était un secret bien gardé car chaque teinturier avait sa propre spécialité. Cette laine était par la suite cardée et filée. On a connu un temps où la palette des coloris s'élevait jusqu'à 15,000 nuances. La laine, une fois teinte, était filée de façon ancestrale, pour être ensuite tissée; quelquefois, la pièce terminée, on trempait la tapisserie dans des bains, pour lui donner plus de résistance (foulage) et pour en faire ressortir davantage les couleurs.

Au Québec, il ne faut pas remonter bien loin pour savoir que nos grand-mères faisaient elles-mêmes leurs propres teintures à ba-

Atelier communautaire Le Fil d'Ariane. (Photo Jean-Pierre Beaudin)

Tapisserie modulaire créée par l'Atelier du Fil d'Ariane. (Photo Serge Laurin)

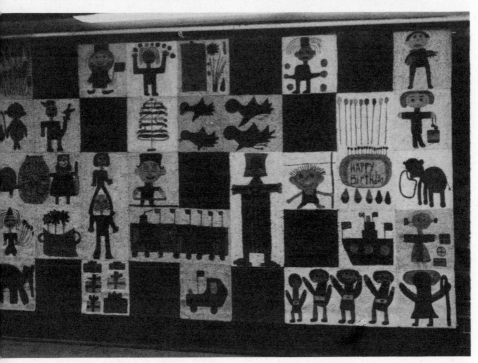

se de produits végétaux (voir chapitre « Les teintures végétales »).
Maintenant, c'est l'affaire des spécialistes car de nouvelles teintu-
reries et filatures se sont développées, lesquelles produisent quantité de coloris, de fibres, de laines cardées, filées ou non, qui nous
permettent mille et une fantaisies des plus inattendues.

Désormais, la matière a repris son expression et il n'y a plus
de fausse matière en autant qu'elle soit exprimée dans sa vérité
et son authenticité. Le matériau devient tantôt flexible, tantôt
malléable, tantôt rigide. L'artiste exploite la qualité essentielle
commandée par son matériau, et sa texture est devenue un moyen
d'expression autonome et sensible. Cette nouvelle conquête de la
tapisserie a envahi nos demeures et nos endroits publics.

Critères d'authenticité et de qualité

Bon choix des matériaux

— La bonne exploitation de la matière sur le plan plastique
comme la mise en valeur du duvet des laines ou de la
luminosité des fibres synthétiques;

— le bon choix du matériau qui assure la résistance de
l'oeuvre au temps (matériaux antimites et ignifuges si
possible, coloris solides).

Qualité d'exécution

— Selon l'option choisie, le travail devra être exécuté parfaitement, qu'il soit conçu avec ou sans armature, de
type classique ou nouveau tel que défini précédemment.
Il est important que la technique soit bien expliquée et
que l'on puisse distinguer entre une irrégularité volontaire
et un défaut de fabrication. Certaines négligences sont
trop souvent camouflées en improvisations voulues (comme les rétrécissements latéraux);

456

— la qualité et le prix d'une oeuvre devraient dépendre, entre autres, de la perfection dans les détails, de la finition et de la qualité du montage, de la présentation de l'oeuvre, incluant le système d'accrochage.

Il y a tellement de « genres » et de « fantaisies » qu'il est impossible de donner des critères complets et définitifs. Le meilleur conseil est de s'assurer de l'authenticité par un contact personnel avec l'artisan ou une maison responsable.

L'étiquette d'authenticité culturelle

Toutes les tapisseries doivent porter les informations suivantes sur le carton arrière:

- le nom et l'adresse de l'artiste
- la date d'exécution
- la mention « création » pour les différencier des modèles tout préparés ou des reproductions commerciales
- la grandeur de l'oeuvre et les détails techniques concernant l'entretien et la conservation
- la signature est obligatoire et doit être intégrée à l'oeuvre.

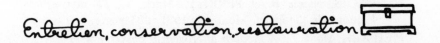

Les tapisseries classiques doivent être traitées par des spécialistes puisqu'il est assez difficile d'en connaître la composition exacte et la solidité des teintures, surtout dans le cas des plus anciennes.

Pour les tapisseries nouvelles, l'artisan doit fournir ces informations, étant donné la variété des techniques, des procédés et des matériaux. Le consommateur qui paye « le prix » est en droit d'obtenir les garanties concernant la conservation et la restauration des « oeuvres de maître ».

Lectures suggérées

BEAUDIN, Denise, *La tapisserie sculpturale,* Editions Formart, no 16, Editeur du Québec, 1972.

BLUMENEAU, Lili, *Creative design in wall hangings,* Crown Publishers, N.Y., 1975. 213 pages.

CHAMBERLAIN, Maria et CROCKETT, Candace, *Beyond Weaving,* Watson-Guptill Publications, N.Y., 1974. 191 pages.

COFFINET, Julien et PIANZOLA, Maurice, *La tapisserie,* Les Editions de Bonvent, Genève, 1971. 191 pages.

CONSTATINE, M., *Beyond Craft: The art fabric,* J.L. Larsen, N.Y., 1973. 254 pages.

HARTING, Ralf, *Fils et tissus, travaux textiles,* Collection « Le jeu qui crée », Dessain et Tolra, Editeurs, 28, rue d'Assas, Paris, 1970.

JARRY, Madeleine, *La tapisserie, des origines à nos jours,* Editions Hachette, Paris, 1968.

KAUFMANN, Ruth, *The new american tapestry,* Reinhold Book Corporation, N.Y., Amsterdam, Londres, 1968.

KUENZI, André, *La nouvelle tapisserie,* Les Editions Bonvent, Lausanne, 1973. La bible moderne de la tapisserie. 303 pages.

LANGLOIS, Nicole B. et PERRIER, Marie T., *La tapisserie,* Editions de l'Homme, Montréal, 1971. 283 pages.

MEILACH, Dona Z., *A modern approach to basketry with fibers and grasses,* Crown Publishers Inc., N.Y., 1974. 246 pages.

MEILACH, Dona Z., *Soft Sculpture,* Crown Publishers Inc., N.Y., 1973. 248 pages.

MEILACH, Dona Z. et ERLIN, Snow Lee, *Weaving off-loom,* Crown Publishers Inc., N.Y. 202 pages.

ROBERT, Guy, *L'art au Québec depuis 1940,* Editions La Presse, Montréal, 1974. 501 pages.

ROUSSEAU-VERMETTE, Mariette, *La tapisserie murale,* Editions Formart no 7, Editeur du Québec, 1973.

ROSSBACH, *Baskets as Textile Art,* Van Nostrand Reinhold Co., N.Y., 1973. 199 pages.

ROY, Soeur Pauline, *La nature et l'artisanat,* Editions de l'Homme, Montréal, 1975. 120 pages.

RYALL, Pierre, *Le tissage à la main,* Presses de l'Est, France. Historique du tissage et de la tapisserie. Un des plus beaux livres pratiques sur l'art de tisser. 405 pages.

WILLCOX, Donald J.,, *New design in stitchery,* Van Nostrand Reinhold Co., N.Y., 1970. 119 pages.

ZNAMEROIOSKI, *Les tapis,* Manu Presse, Dessain et Tolra, Paris. 95 pages.

Catalogues d'exposition

Biennales de Lausanne, catalogues publiés par le Centre international de la tapisserie ancienne et moderne et le Musée cantonnal des Beaux-Arts, Lausanne.

4e biennale 1969
5e biennale 1971
6e biennale 1973
7e biennale 1975.

JAGODA BURIC: *Formes tissées,* Musée d'art moderne, Paris, 1975.

Hommages aux mains, artisanat contemporain mondial, publié à Toronto pour le congrès du Conseil mondial de l'artisanat. 218 pages.

(Voir également la bibliographie au chapitre du tissage.)

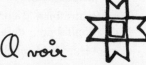

Tapisseries de grandes dimensions dans les endroits publics

AUCLAIR, Louis et Jeanne:
— Eglise Saint-Damien de Brandon
— Séminaire de Montréal
— Hôtel Mont-Royal, Montréal

BEAUCHEMIN, Micheline:
— Rideau de scène de la Place des Arts, Montréal
(Salle Wilfrid Pelletier)
— Tapisserie « Icare », Place des Arts, Montréal
— Hall d'entrée du *Montreal Star,* rue Notre-Dame, Montréal
BEAUREGARD, André:
— Hôtel Reine-Elizabeth, Montréal
DESGAGNÉ-COUTURE, Véronique:
— Hôpital de la Baie des Ha! Ha!, Bagotville
— Hôpital de Dolbeau, Dolbeau
— Banque Provinciale du Canada,
Place de la Capitale, boul. Saint-Cyrille, Québec
— Immeuble Saint-Cyrille, Place de la Capitale, Québec
— Université Laval (salle du Conseil), Québec
— Télé-Métropole, boul. de Maisonneuve, Montréal

FIL D'ARIANE (LE)

Tapisseries de grands formats
— Ministère des Travaux publics, Ottawa
(cette tapisserie décore le bureau du Premier ministre,
M. Pierre-Elliot Trudeau)
— Reader's Digest Canada, Montréal
— McLaren Advertizing Company, Montréal
— La Banque provinciale du Canada, Montréal, Service
international
— Centre Jean-Michel, Longueuil
(hôpital pour enfants paralytiques cérébraux)
— Aéroport Mirabel, salon des V.I.P.

GASCON, Carmelle:
— Auberge des Gouverneurs, Québec
— Succursale Bombardier, Boucherville
— Caisse Populaire Laurier, Québec
MARTIN, Edith:
— Rideau de scène du CEGEP Rivière-du-Loup
— Rideau de scène de la polyvalente de Trois-Pistoles
— Rideau de scène de la polyvalente de Cabano

— Rideau de scène de la polyvalente de Squattech, Temiscouata
— Centre culturel de Rivière-du-Loup, 1966
— Centre culturel de Trois-Pistoles (expression contemporaine du frappé)
— Caisse Populaire Saint-Pierre-Apôtre, Longueuil, 1975
— Caisse Populaire de La Pocatière (moblier recouvert de tapisserie)
— Hôpital Sainte-Anne-des-Monts

MERCIER, Monique:
— Musée du Québec, Québec (2 tapisseries)
— Restaurant Le Fiacre, Québec
(Tapisserie de haute lisse)
— Auberge des Gouverneurs, Québec
(Tapisserie de haute lisse)

PANNETON, Louise:
— La Presse, Montréal
— Hôtel de Ville de Trois-Rivières
— Musée du Québec, Québec

ROUSSEAU-VERMETTE, Mariette:
(liste partielle)
— Régie des Alcools, Place Ville-Marie, Montréal
— Hôtel Hilton, Dorval
— Tour de la Bourse, Place Victoria, Montréal
— Bibliothèque de Ville Saint-Laurent
— Banque Provinciale, Saint-Hyacinthe
— Palais de Justice de Percé, Percé
— Eglise anglicane Saint-Georges, Sainte-Anne de Bellevue
— Palais de Justice, Montréal
— Edifice Radio-Canada, Montréal
— Banque Canadienne Nationale,
Place d'Armes, Montréal
— Hôpital de Shefford, Granby
— Rideau de scène du Centre canadien des arts, Ottawa
— Rideau de scène du Théâtre Maisonneuve, Place des Arts, Montréal

— Rideau de scène, Salle Eisenhower, John Kennedy Centre for Performing Arts, Washington, D.C., Etats-Unis

SAUVÉ, Paulette-Marie:
— Institut du tourisme, Montréal

SENIORS, Raymond:
— J. Walter Thompson, rue de La Montagne, Montréal
— Rideau de scène, Théâtre Bernard Slorio, Toronto

SIMARD-LAFLAMME, Carole:
— Caisse Populaire Saint-Nicolas, Montréal
— Caisse Populaire Saint-Joseph, Longueuil
— Poste des douanes de Lacolle
— Le Square, Longueuil
— Holiday Inn, Place Dupuis, Montréal
— Caisse Populaire Sault-au-Récollet, Montréal

SVATINA, Maria:
— Département des Travaux Publics, Hull
— Compagnie Duparil, Siège social, Montréal
— Collection Alcan, Place Ville-Marie, Montréal

VANASSE, Jeanne:
— Centre d'art de Pointe-Claire
— Maison des arts de Chicoutimi
— CEGEP de Trois-Rivières

décembre 1975

Les vinaigriers du Cap aux Corbeaux, Baie Saint Paul,

MESURES STANDARD

Couvertures de lit

lit simple:	de 66 po à 72 po x 90 po	1,66 à 1,82 m x 2,28 m
lit trois quarts:	72 po x 90 po	1,82 m x 2,28 m
lit double:	80 po x 100 po	2,03 m x 2,54 m
lit « queen »:	80 po x 100 po	2,03 m x 2,54 m
lit « king »	108 po x 110 po	2,54 m x 2,79 m

Couvre-lits

1. façon contemporaine (surface du lit au plancher)

lit simple:	de 66 po à 76 po x 114 po	1,66 à 1,93 m x 2,88 m
lit trois quarts:	78 po x 114 po	1,98 m x 2,89 m
lit double:	de 84 po à 90 po à 114 po	2,13 à 2,28 m x 2,89 m
lit « queen »:	90 po x 130 po	2,28 m x 3,30 m
lit « king »:	110 po x 130 po	2,79 m x 3,30 m

2. façon traditionnelle (surface du lit plus un contour de 10 pouces soit 25,40 cm)

lit simple:	60 po x 90 po	1,52 m x 2,28 m
lit double:	74 po x 92 po	1,88 m x 2,34 m
lit « queen »:	80 po à 94 po x 96 po	2,03 à 2,39 m x 2,44 m
lit « king »:	100 po x 114 po	2,54 m x 2,89 m

Nappes

circulaires:

60 po	1,52 m	(diamètre)
66 po	1,66 m	
68 po	1,72 m	

carrées:

50 po x 50 po	1,27 m x 1,27 m
52 po x 52 po	1,32 m x 1,32 m
54 po x 54 po	1,37 m x 1,37 m

rectangulaires:

52 po x 60 po	1,32 m x 1,52 m
54 po x 72 po	1,37 m x 1,82 m
60 po x 90 po	1,52 m x 2,28 m

Serviettes de table

12 po x 12 po	0,30 m x 0,30 m

Napperons

12 po x 18 po	0,30 m x 0,45 m

Index technique

465

Achevé d'imprimer sur les presses de
L'IMPRIMERIE ELECTRA *
pour
LES EDITIONS DE L'HOMME LTÉE

* Division du groupe Sogides Ltée

Ouvrages parus chez les Éditeurs du groupe Sogides

Ouvrages parus aux ÉDITIONS DE L'HOMME

ART CULINAIRE

Art d'apprêter les restes (L'),
 S. Lapointe, **4.00**
Art de vivre en bonne santé (L'),
 Dr W. Leblond, **3.00**
Boîte à lunch (La), L. Lagacé, **4.00**
101 omelettes, M. Claude, **3.00**
Cocktails de Jacques Normand (Les),
 J. Normand, **3.00**
Congélation (La), S. Lapointe, **4.00**
Conserves (Les), Soeur Berthe, **4.00**
Cuisine chinoise (La), L. Gervais, **4.00**
Cuisine de maman Lapointe (La),
 S. Lapointe, **3.00**
Cuisine de Pol Martin (La), Pol Martin, **4.00**
Cuisine des 4 saisons (La),
 Mme Hélène Durand-LaRoche, **4.00**
Cuisine en plein air, H. Doucet, **3.00**
Cuisine française pour Canadiens,
 R. Montigny, **4.00**
Cuisine italienne (La), Di Tomasso, **3.00**
Diététique dans la vie quotidienne,
 L. Lagacé, **4.00**
En cuisinant de 5 à 6, J. Huot, **3.00**
Fondues et flambées, S. Lapointe, **4.00**
Fruits (Les), J. Goode, **5.00**

Grande Cuisine au Pernod (La),
 S. Lapointe, **3.00**
Hors-d'oeuvre, salades et buffets froids,
 L. Dubois, **3.00**
Légumes (Les), J. Goode, **6.00**
Madame reçoit, H.D. LaRoche, **4.00**
Mangez bien et rajeunissez, R. Barbeau, **3.00**
Poissons et fruits de mer,
 Soeur Berthe, **4.00**
Recettes à la bière des grandes cuisines
 Molson, M.L. Beaulieu, **4.00**
Recettes au "blender", J. Huot, **4.00**
Recettes de gibier, S. Lapointe, **4.00**
Recettes de Juliette (Les), J. Huot, **4.00**
Recettes de maman Lapointe,
 S. Lapointe, **3.00**
Régimes pour maigrir, M.J. Beaudoin, **4.00**
Tous les secrets de l'alimentation,
 M.J. Beaudoin, **2.50**
Vin (Le), P. Petel, **3.00**
Vins, cocktails et spiritueux,
 G. Cloutier, **3.00**
Vos vedettes et leurs recettes,
 G. Dufour et G. Poirier, **3.00**
Y'a du soleil dans votre assiette,
 Georget-Berval-Gignac, **3.00**

DOCUMENTS, BIOGRAPHIE

Architecture traditionnelle au Québec (L'),
 Y. Laframboise, **10.00**
Art traditionnelle au Québec (L'),
 Lessard et Marquis, **10.00**
Acadiens (Les), E. Leblanc, **2.00**
Bien-pensants (Les), P. Berton, **2.50**

Bolduc (La), R. Benoît, **1.50**
Bourassa-Québec, R. Bourassa, **1.00**
Camillien Houde, H. Larocque, **1.00**
Canadiens et nous (Les), J. de Roussan, **1.00**
Ce combat qui n'en finit plus,
 A. Stanké,-J.L. Morgan, **3.00**
Charlebois, qui es-tu?, B. L'Herbier, **3.00**

Des hommes qui bâtissent le Québec, collaboration, **3.00**

Deux innocents en Chine rouge, P.E. Trudeau, J. Hébert, **2.00**

Drapeau canadien (Le), L.A. Biron, **1.00**

Drogues, J. Durocher, **3.00**

Egalité ou indépendance, D. Johnson, **2.00**

Epaves du Saint-Laurent (Les), J. Lafrance, **3.00**

Ermite (L'), L. Rampa, **4.00**

Exxoneration, R. Rohmer, **7.00**

Fabuleux Onassis (Le), C. Cafarakis, **4.00**

Félix Leclerc, J.P. Sylvain, **2.50**

Fête au village, P. Legendre, **2.00**

France des Canadiens (La), R. Hollier, **1.50**

Francois Mauriac, F. Seguin, **1.00**

Greffes du coeur (Les), collaboration, **2.00**

Han Suyin, F. Seguin, **1.00**

Hippies (Les), Time-coll., **3.00**

Imprévisible M. Houde (L'), C. Renaud, **2.00**

Insolences du Frère Untel, F. Untel, **2.00**

J'aime encore mieux le jus de betteraves, A. Stanké, **2.50**

Jean Rostand, F. Seguin, **1.00**

Juliette Béliveau, D. Martineau, **3.00**

Lamia, P.T. de Vosjoli, **5.00**

Louis Aragon, F. Seguin, **1.00**

Magadan, M. Solomon, **6.00**

Maison traditionnelle au Québec (La), M. Lessard, G. Vilandré, **10.00**

Maîtresse (La), James et Kedgley, **4.00**

Mammifères de mon pays, Duchesnay-Dumais, **3.00**

Masques et visages du spiritualisme contemporain, J. Evola, **5.00**

Michel Simon, F. Seguin, **1.00**

Michèle Richard raconte Michèle Richard, M. Richard, **2.50**

Mozart, raconté en 50 chefs-d'oeuvre, P. Roussel, **5.00**

Nationalisation de l'électricité (La), P. Sauriol, **1.00**

Napoléon vu par Guillemin, H. Guillemin, **2.50**

Objets familiers de nos ancêtres, L. Vermette, N. Genêt, L. Décarie-Audet, **6.00**

On veut savoir, (4 t.), L. Trépanier, **1.00 ch.**

Option Québec, R. Lévesque, **2.00**

Pour entretenir la flamme, L. Rampa, **4.00**

Pour une radio civilisée, G. Proulx, **2.00**

Prague, l'été des tanks, collaboration, **3.00**

Premiers sur la lune, Armstrong-Aldrin-Collins, **6.00**

Prisonniers à l'Oflag 79, P. Vallée, **1.00**

Prostitution à Montréal (La), T. Limoges, **1.50**

Provencher, le dernier des coureurs des bois, P. Provencher, **6.00**

Québec 1800, W.H. Bartlett, **15.00**

Rage des goof-balls (La), A. Stanké, M.J. Beaudoin, **1.00**

Rescapée de l'enfer nazi, R. Charrier, **1.50**

Révolte contre le monde moderne, J. Evola, **6.00**

Riopelle, G. Robert, **3.50**

Struma (Le), M. Solomon, **7.00**

Terrorisme québécois (Le), Dr G. Morf, **3.00**

Ti-blanc, mouton noir, R. Laplante, **2.00**

Treizième chandelle (La), L. Rampa, **4.00**

Trois vies de Pearson (Les), Poliquin-Beal, **3.00**

Trudeau, le paradoxe, A. Westell, **5.00**

Ultimatum, R. Rohmer, **6.00**

Un peuple oui, une peuplade jamais! J. Lévesque, **3.00**

Un Yankee au Canada, A. Thério, **1.00**

Une culture appelée québécoise, G. Turi, **2.00**

Vizzini, S. Vizzini, **5.00**

Vrai visage de Duplessis (Le), P. Laporte, **2.00**

ENCYCLOPEDIES

Encyclopédie de la maison québécoise, Lessard et Marquis, **8.00**

Encyclopédie des antiquités du Québec, Lessard et Marquis, **7.00**

Encyclopédie des oiseaux du Québec, W. Earl Godfrey, **8.00**

Encyclopédie du jardinier horticulteur, W.H. Perron, **8.00**

Encyclopédie du Québec, Vol. I et Vol. II, L. Landry, **6.00 ch.**

ESTHETIQUE ET VIE MODERNE

Cellulite (La), Dr G.J. Léonard, **4.00**
Chirurgie plastique et esthétique (La),
   Dr A. Genest, **2.00**
Embellissez votre corps, J. Ghedin, **2.00**
Embellissez votre visage, J. Ghedin, **1.50**
Etiquette du mariage, Fortin-Jacques,
   Farley, **4.00**
Exercices pour rester jeune, T. Sekely, **3.00**
Exercices pour toi et moi,
   J. Dussault-Corbeil, **5.00**
Face-lifting par l'exercice (Le),
   S.M. Rungé, **4.00**
Femme après 30 ans, N. Germain, **3.00**

Femme émancipée (La), N. Germain et
   L. Desjardins, **2.00**
Leçons de beauté, E. Serei, **2.50**
Médecine esthétique (La),
   Dr G. Lanctôt, **5.00**
Savoir se maquiller, J. Ghedin, **1.50**
Savoir-vivre, N. Germain, **2.50**
Savoir-vivre d'aujourd'hui (Le),
   M.F. Jacques, **3.00**
Sein (Le), collaboration. **2.50**
Soignez votre personnalité, messieurs,
   E. Serei, **2.00**
Vos cheveux, J. Ghedin, **2.50**
Vos dents, Archambault-Déom, **2.00**

LINGUISTIQUE

Améliorez votre français, J. Laurin, **4.00**
Anglais par la méthode choc (L'),
   J.L. Morgan, **3.00**
Dictionnaire en 5 langues, L. Stanké, **2.00**

Petit dictionnaire du joual au français,
   A. Turenne, **3.00**
Savoir parler, R.S. Catta, **2.00**
Verbes (Les), J. Laurin, **4.00**

LITTERATURE

Amour, police et morgue, J.M. Laporte, **1.00**

Bigaouette, R. Lévesque, **2.00**

Bousille et les justes, G. Gélinas, **3.00**

Candy, Southern & Hoffenberg, **3.00**

Cent pas dans ma tête (Les), P. Dudan, **2.50**

Commettants de Caridad (Les),
   Y. Thériault, **2.00**

Des bois, des champs, des bêtes,
   J.C. Harvey, **2.00**

Ecrits de la Taverne Royal, collaboration, **1.00**

Hamlet, Prince du Québec, R. Gurik, **1.50**

Homme qui va (L'), J.C. Harvey, **2.00**

J'parle tout seul quand j'en narrache,
   E. Coderre, **3.00**

Malheur a pas des bons yeux (Le),
   R. Lévesque, **2.00**

Marche ou crève Carignan, R. Hollier, **2.00**

Mauvais bergers (Les), A.E. Caron, **1.00**

Mes anges sont des diables,
   J. de Roussan, **1.00**

Mon 29e meurtre, Joey, **8.00**

Montréalités, A. Stanké, **1.50**

Mort attendra (La), A. Malavoy, **1.00**

Mort d'eau (La), Y. Thériault, **2.00**

Ni queue, ni tête, M.C. Brault, **1.00**

Pays voilés, existences, M.C. Blais, **1.50**

Pomme de pin, L.P. Dlamini, **2.00**

Printemps qui pleure (Le), A. Thério, **1.00**

Propos du timide (Les), A. Brie, **1.00**

Séjour à Moscou, Y. Thériault, **2.00**

Tit-Coq, G. Gélinas, **4.00**

Toges, bistouris, matraques et soutanes,
   collaboration, **1.00**

Un simple soldat, M. Dubé, **4.00**

Valérie, Y. Thériault, **2.00**

Vertige du dégoût (Le), E.P. Morin, **1.00**

LIVRES PRATIQUES – LOISIRS

Aérobix, Dr P. Gravel, 3.00
Alimentation pour futures mamans,
  T. Sekely et R. Gougeon, 3.00
Apprenez la photographie avec Antoine
  Desilets, A. Desilets, 5.00
Armes de chasse (Les), Y. Jarrettie, 3.00
Bougies (Les), W. Schutz, 4.00
Bricolage (Le), J.M. Doré, 4.00
Bricolage au féminin (Le), J.-M. Doré, 3.00
Bridge (Le), V. Beaulieu, 4.00
Camping et caravaning, J. Vic et
  R. Savoie, 2.50
Caractères par l'interprétation des visages,
  (Les), L. Stanké, 4.00
Ciné-guide, A. Lafrance, 3.95
Chaînes stéréophoniques (Les),
  G. Poirier, 6.00
Cinquante et une chansons à répondre,
  P. Daigneault, 3.00
Comment prévoir le temps, E. Neal, 1.00
Comment tirer le maximum d'une mini-
  calculatrice, H. Mullish, 4.00
Conseils à ceux qui veulent bâtir,
  A. Poulin, 2.00
Conseils aux inventeurs, R.A. Robic, 3.00
Couture et tricot, M.H. Berthouin, 2.00
Dictionnaire des mots croisés,
  noms propres, collaboration, 6.00
Dictionnaire des mots croisés,
  noms communs, P. Lasnier, 5.00
Fins de partie aux dames,
  H. Tranquille, G. Lefebvre, 4.00
Fléché (Le), L. Lavigne et F. Bourret, 4.00
Fourrure (La), C. Labelle, 4.00
Guide complet de la couture (Le),
  L. Chartier, 4.00
Guide de l'astrologie (Le), J. Manolesco, 3.00
Hatha-yoga pour tous, S. Piuze, 4.00
8/Super 8/16, A. Lafrance, 5.00
Hypnotisme (L'), J. Manolesco, 3.00
Informations touristiques, la France,
  Deroche et Morgan, 2.50
Informations touristiques, le Monde,
  Deroche, Colombani, Savoie, 2.50

Interprétez vos rêves, L. Stanké, 4.00
J'installe mon équipement stéréo, T. I et II,
  J.M. Doré, 3.00 ch.
Jardinage (Le), P. Pouliot, 4.00
Je décore avec des fleurs, M. Bassili, 4.00
Je développe mes photos, A. Desilets, 6.00
Je prends des photos, A. Desilets, 6.00
Jeux de société, L. Stanké, 3.00
Lignes de la main (Les), L. Stanké, 4.00
Massage (Le), B. Scott, 4.00
Météo (La), A. Ouellet, 3.00
Nature et l'artisanat (La), P. Roy, 4.00
Noeuds (Les), G.R. Shaw, 4.00
Origami I, R. Harbin, 3.00
Origami II, R. Harbin, 3.00
Ouverture aux échecs (L'), C. Coudari, 4.00
Photo-guide, A. Desilets, 3.95
Plantes d'intérieur (Les), P. Pouliot, 6.00
Poids et mesures, calcul rapide,
  L. Stanké, 3.00
Poissons du Québec, Juchereau-
  Duchesnay, 2.00
Pourquoi et comment cesser de fumer,
  A. Stanké, 1.00
La retraite, D. Simard, 2.00
Tapisserie (La), T.-M. Perrier,
  N.-B. Langlois, 5.00
Taxidermie (La), J. Labrie, 4.00
Technique de la photo, A. Desilets, 6.00
Techniques du jardinage (Les),
  P. Pouliot, 6.00
Tenir maison, F.G. Smet, 2.00
Tricot (Le), F. Vandelac, 3.00
Trucs de rangement no 1, J.M. Doré, 3.00
Trucs de rangement no 2, J.M. Doré, 4.00
Vive la compagnie, P. Daigneault, 3.00
Vivre, c'est vendre, J.M. Chaput, 4.00
Voir clair aux dames, H. Tranquille, 3.00
Voir clair aux échecs, H. Tranquille, 4.00
Votre avenir par les cartes, L. Stanké, 4.00
Votre discothèque, P. Roussel, 4.00
Votre pelouse, P. Pouliot, 5.00

LE MONDE DES AFFAIRES ET LA LOI

ABC du marketing (L'), A. Dahamni, 3.00
Bourse (La), A. Lambert, 3.00
Budget (Le), collaboration, 4.00
Ce qu'en pense le notaire, Me A. Senay, 2.00
Connaissez-vous la loi? R. Millet, 3.00
Dactylographie (La), W. Lebel, 2.00
Dictionnaire de la loi (Le), R. Millet, 2.50

Dictionnaire des affaires (Le), W. Lebel, 3.00
Dictionnaire économique et financier,
  E. Lafond, 4.00
Divorce (Le), M. Champagne et Léger, 3.00
Guide de la finance (Le), B. Pharand, 2.50
Loi et vos droits (La),
  Me P.A. Marchand, 5.00
Secrétaire (Le/La) bilingue, W. Lebel, 2.50

PATOF

Cuisinons avec Patof, J. Desrosiers, 1.29
Patof raconte, J. Desrosiers, 0.89

Patofun, J. Desrosiers, 0.89

SANTE, PSYCHOLOGIE, EDUCATION

Activité émotionnelle (L'), P. Fletcher, 3.00
Apprenez à connaître vos médicaments,
  R. Poitevin, 3.00
Caractères et tempéraments,
  C.-G. Sarrazin, 3.00
Comment nourrir son enfant,
  L. Lambert-Lagacé, 4.00
Comment vaincre la gêne et la timidité,
  R.S. Catta, 3.00
Communication et épanouissement
  personnel, L. Auger, 4.00
Complexes et psychanalyse,
  P. Valinieff, 4.00
Contraception (La), Dr L. Gendron, 3.00
Cours de psychologie populaire,
  F. Cantin, 4.00
Dépression nerveuse (La), collaboration, 3.00
Développez votre personnalité,
  vous réussirez, S. Brind'Amour, 3.00
Douze premiers mois de mon enfant (Les),
  F. Caplan, 10.00
Dynamique des groupes,
  Aubry-Saint-Arnaud, 3.00
En attendant mon enfant,
  Y.P. Marchessault, 4.00
Femme enceinte (La), Dr R. Bradley, 4.00
Guérir sans risques, Dr E. Plisnier, 3.00
Guide des premiers soins, Dr J. Hartley, 4.00

Guide médical de mon médecin de famille,
  Dr M. Lauzon, 3.00
Langage de votre enfant (Le),
  C. Langevin, 3.00
Maladies psychosomatiques (Les),
  Dr R. Foisy, 3.00
Maman et son nouveau-né (La),
  T. Sekely, 3.00
Parents face à l'année scolaire (Les),
  collaboration, 2.00
Personne humaine (La),
  Y. Saint-Arnaud, 4.00
Pour vous future maman, T. Sekely, 3.00
15/20 ans, F. Tournier et P. Vincent, 4.00
Relaxation sensorielle (La), Dr P. Gravel, 3.00
S'aider soi-même, L. Auger, 4.00
Volonté (La), l'attention, la mémoire,
  R. Tocquet, 4.00
Vos mains, miroir de la personnalité,
  P. Maby, 3.00
Votre écriture, la mienne et celle des
  autres, F.X. Boudreault, 2.00
Votre personnalité, votre caractère,
  Y. Benoist-Morin, 3.00
Yoga, corps et pensée, B. Leclerq, 3.00
Yoga, santé totale pour tous,
  G. Lescouflar, 3.00

SEXOLOGIE

Adolescent veut savoir (L'),
  Dr L. Gendron, 3.00
Adolescente veut savoir (L'),
  Dr L. Gendron, 3.00
Amour après 50 ans (L'), Dr L. Gendron, 3.00
Couple sensuel (Le), Dr L. Gendron, 3.00
Déviations sexuelles (Les), Dr Y. Léger, 4.00
Femme et le sexe (La), Dr L. Gendron, 3.00
Helga, E. Bender, 6.00
Homme et l'art érotique (L'),
  Dr L. Gendron, 3.00
Madame est servie, Dr L. Gendron, 2.00
Maladies transmises par relations
  sexuelles, Dr L. Gendron, 2.00

Mariée veut savoir (La), Dr L. Gendron, 3.00
Ménopause (La), Dr L. Gendron, 3.00
Merveilleuse histoire de la naissance (La),
  Dr L. Gendron, 4.50
Qu'est-ce qu'un homme, Dr L. Gendron, 3.00
Qu'est-ce qu'une femme,
  Dr L. Gendron, 4.00
Quel est votre quotient psycho-sexuel?
  Dr L. Gendron, 3.00
Sexualité (La), Dr L. Gendron, 3.00
Teach-in sur la sexualité,
  Université de Montréal, 2.50
Yoga sexe, Dr L. Gendron et S. Piuze, 4.00

SPORTS (collection dirigée par Louis Arpin)

ABC du hockey (L'), H. Meeker, 3.00
Aïkido, au-delà de l'agressivité,
  M. Di Villadorata, 4.00
Baseball (Le), collaboration, 2.50
Bicyclette (La), J. Blish, 4.00
Comment se sortir du trou au golf,
  Brien et Barrette, 4.00
Course-Auto 70, J. Duval, 3.00
Courses de chevaux (Les), Y. Leclerc, 3.00

Devant le filet, J. Plante, 3.00
Entraînement par les poids et haltères,
  F. Ryan, 3.00
Expos, cinq ans après,
  D. Brodeur, J.-P. Sarrault, 3.00
Football (Le), collaboration, 2.50
Football professionnel, J. Séguin, 3.00
Guide de l'auto (Le) (1967), J. Duval, 2.00
  (1968-69-70-71), 3.00 chacun

Guide du judo, au sol (Le), L. Arpin, 4.00
Guide du judo, debout (Le), L. Arpin, 4.00
Guide du self-defense (Le), L. Arpin, 4.00
Guide du trappeur,
  P. Provencher, 4.00
Initiation à la plongée sous-marine,
  R. Goblot, 5.00
J'apprends à nager, R. Lacoursière, 4.00
Jocelyne Bourassa,
  J. Barrette et D. Brodeur, 3.00
Karaté (Le), Y. Nanbu, 4.00
Livre des règlements, LNH, 1.50
Lutte olympique (La), M. Sauvé, 4.00
Match du siècle: Canada-URSS,
  D. Brodeur, G. Terroux, 3.00
Mon coup de patin, le secret du hockey,
  J. Wild, 3.00
Moto (La), Duhamel et Balsam, 4.00
Natation (La), M. Mann, 2.50
Natation de compétition (La),
  R. Lacoursière, 3.00
Parachutisme (Le), C. Bédard, 4.00
Pêche au Québec (La), M. Chamberland, 5.00
Petit guide des Jeux olympiques,
  J. About, M. Duplat, 2.00

Puissance au centre, Jean Béliveau,
  H. Hood, 3.00
Raquette (La), Osgood et Hurley, 4.00
Ski (Le), W. Schaffler-E. Bowen, 3.00
Ski de fond (Le), J. Caldwell, 4.00
Soccer, G. Schwartz, 3.50
Stratégie au hockey (La), J.W. Meagher, 3.00
Surhommes du sport, M. Desjardins, 3.00
Techniques du golf,
  L. Brien et J. Barrette, 4.00
Techniques du tennis, Ellwanger, 4.00
Tennis (Le), W.F. Talbert, 3.00
Tous les secrets de la chasse,
  M. Chamberland, 3.00
Tous les secrets de la pêche,
  M. Chamberland, 3.00
36-24-36, A. Coutu, 3.00
Troisième retrait (Le), C. Raymond,
  M. Gaudette, 3.00
Vivre en forêt, P. Provencher, 4.00
Vivre en plein air, P. Gingras, 4.00
Voie du guerrier (La), M. di Villadorata, 4.00
Voile (La), Nik Kebedgy, 5.00

Ouvrages parus à
L'ACTUELLE JEUNESSE

Echec au réseau meurtrier, R. White, 1.00
Engrenage (L'), C. Numainville, 1.00
Feuilles de thym et fleurs d'amour,
  M. Jacob, 1.00
Lady Sylvana, L. Morin, 1.00
Moi ou la planète, C. Montpetit, 1.00

Porte sur l'enfer, M. Vézina, 1.00
Silences de la croix du Sud (Les),
  D. Pilon, 1.00
Terreur bleue (La), L. Gingras, 1.00
Trou (Le), S. Chapdelaine, 1.00
Une chance sur trois, S. Beauchamp, 1.00
22,222 milles à l'heure, G. Gagnon, 1.00

Ouvrages parus à
L'ACTUELLE

Aaron, Y. Thériault, 3.00
Agaguk, Y. Thériault, 4.00
Allocutaire (L'), G. Langlois, 2.50
Bois pourri (Le), A. Maillet, 2.50
Carnivores (Les), F. Moreau, 2.50
Carré Saint-Louis, J.J. Richard, 3.00

Centre-ville, J.-J. Richard, 3.00
Chez les termites,
  M. Ouellette-Michalska, 3.00
Cul-de-sac, Y. Thériault, 3.00
D'un mur à l'autre, P.A. Bibeau, 2.50
Danka, M. Godin, 3.00
Débarque (La), R. Plante, 3.00

Demi-civilisés (Les), J.C. Harvey, **3.00**

Dernier havre (Le), Y. Thériault, **2.50**

Domaine de Cassaubon (Le),
G. Langlois, **3.00**

Dompteur d'ours (Le), Y. Thériault, **3.00**

Doux Mal (Le), A. Maillet, **3.00**

En hommage aux araignées, E. Rochon, **3.00**

Et puis tout est silence, C. Jasmin, **3.00**

Faites de beaux rêves, J. Poulin, **3.00**

Fille laide (La), Y. Thériault, **4.00**

Fréquences interdites, P.-A. Bibeau, **3.00**

Fuite immobile (La), G. Archambault, **3.00**

Jeu des saisons (Le),
M. Ouellette-Michalska, **2.50**

Marche des grands cocus (La),
R. Fournier, **3.00**

Monsieur Isaac, N. de Bellefeuille et
G. Racette, **3.00**

Mourir en automne, C. de Cotret, **2.50**

N'Tsuk, Y. Thériault **3.00**

Neuf jours de haine, J.J. Richard, **3.00**

New Medea, M. Bosco, **3.00**

Ossature (L'), R. Morency, **3.00**

Outaragasipi (L'), C. Jasmin, **3.00**

Petite fleur du Vietnam (La),
C. Gaumont, **3.00**

Pièges, J.J. Richard, **3.00**

Porte Silence, P.A. Bibeau, **2.50**

Requiem pour un père, F. Moreau, **2.50**

Scouine (La), A. Laberge, **3.00**

Tayaout, fils d'Agaguk, Y. Thériault, **3.00**

Tours de Babylone (Les), M. Gagnon, **3.00**

Vendeurs du Temple (Les), Y. Thériault, **3.00**

Visages de l'enfance (Les), D. Blondeau, **3.00**

Vogue (La), P. Jeancard, **3.00**

Ouvrages parus aux PRESSES LIBRES

Amour (L'), collaboration **7.00**

Amour humain (L'), R. Fournier, **2.00**

Anik, Gilan, **3.00**

Ariâme . . .Plage nue, P. Dudan, **3.00**

Assimilation pourquoi pas? (L'),
L. Landry, **2.00**

Aventures sans retour, C.J. Gauvin, **3.00**

Bateau ivre (Le), M. Metthé, **2.50**

Cent Positions de l'amour (Les),
H. Benson, **4.00**

Comment devenir vedette, J. Beaulne, **3.00**

Couple sensuel (Le), Dr L. Gendron, **3.00**

Des Zéroquois aux Québécois,
C. Falardeau, **2.00**

Emmanuelle à Rome, **5.00**

Exploits du Colonel Pipe (Les),
R. Pradel, **3.00**

Femme au Québec (La),
M. Barthe et M. Dolment, **3.00**

Franco-Fun Kébecwa, F. Letendre, **2.50**

Guide des caresses, P. Valinieff, **4.00**

Incommunicants (Les), L. Leblanc, **2.50**

Initiation à Menke Katz, A. Amprimoz, **1.50**

Joyeux Troubadours (Les), A. Rufiange, **2.00**

Ma cage de verre, M. Metthé, **2.50**

Maria de l'hospice, M. Grandbois, **2.00**

Menues, dodues, Gilan, **3.00**

Mes expériences autour du monde,
R. Boisclair, **3.00**

Mine de rien, G. Lefebvre, **3.00**

Monde agricole (Le), J.C. Magnan, **3.50**

Négresse blonde aux yeux bridés (La),
C. Falardeau, **2.00**

Niska, G. Mirabelle, **12.00**

Paradis sexuel des aphrodisiaques (Le),
M. Rouet, **4.00**

Plaidoyer pour la grève et la contestation,
A. Beaudet, **2.00**

Positions +, J. Ray, **4.00**

Pour une éducation de qualité au Québec,
C.H. Rondeau, **2.00**

Québec français ou Québec québécois,
L. Landry, **3.00**

Rêve séparatiste (Le), L. Rochette, **2.00**

Séparatiste, non, 100 fois non!
Comité Canada, **2.00**

Terre a une taille de guêpe (La),
P. Dudan, **3.00**

Tocap, P. de Chevigny, **2.00**

Virilité et puissance sexuelle, M. Rouet, **3.00**

Voix de mes pensées (La), E. Limet, **2.50**

Books published by HABITEX

Wine: A practical Guide for Canadians,
P. Petel, **2.95**
Waiting for your child,
Y.P. Marchessault, **2.95**
Visual Chess, H. Tranquille, **2.95**
Understanding Medications,
R. Poitevin, **2.95**
A Guide to Self-Defense, L. Arpin, **3.95**
Techniques in Photography, A. Desilets, **4.95**
"Social" Diseases, L. Gendron, **2.50**
Fondues and Flambes, S. Lapointe, **2.50**
Cellulite, G. Léonard, **2.95**
Interpreting your Dreams, L. Stanké, **2.95**
Aikido, M. di Villadorata, **3.95**

8/Super 8/16, A. Lafrance, **4.95**
Taking Photographs, A. Desilets, **4.95**
Developing your photographs,
A. Desilets, **4.95**
Gardening, P. Pouliot, **5.95**
Yoga and your Sexuality,
S. Piuze, Dr L. Gendron, **3.95**
The Complete Woodsman,
P. Provencher, **3.95**
Sansukai Karate, Y. Nanbu, **3.95**
Sailing, N. Kebedgy, **4.95**
The complete guide to judo, L. Arpin, **4.95**
Music in Quebec 1600-1800,
B. Amtmann, **10.00**

Diffusion Europe

Belgique: 21, rue Defacqz — 1050 Bruxelles
France: 4, rue de Fleurus — 75006 Paris

CANADA	BELGIQUE	FRANCE
$ 2.00	100 FB	13 F
$ 2.50	125 FB	16,25 F
$ 3.00	150 FB	19,50 F
$ 3.50	175 FB	22,75 F
$ 4.00	200 FB	26 F
$ 5.00	250 FB	32,50 F
$ 6.00	300 FB	39 F
$ 7.00	350 FB	45,50 F
$ 8.00	400 FB	52 F
$ 9.00	450 FB	58,50 F
$10.00	500 FB	65 F